DANIEL GARCÍA-PITA PEMÁN

El abogado

Memorias

ALMUZARA

Primera edición en Almuzara: mayo de 2025

Editorial Almuzara • Colección Memorias y Biografías
Edición de Antonio Cuesta

www.editorialalmuzara.com
pedidos@almuzaralibros.com - info@almuzaralibros.com

Editorial Almuzara
Parque Logístico de Córdoba. Ctra. Palma del Río, km 4
C/8, Nave L2, n.º 3. 14005, Córdoba

Imprime: Liberdúplex
ISBN: 978-84-10528-49-9
Depósito legal: CO-897-2025
Hecho e impreso en España - *Made and printed in Spain*

Índice

SEGUNDA PARTE. DE PROFESIÓN, ABOGADO

Sobre este libro

Leo íntegramente los libros sin saltarme nada, solapas incluidas. ¿Es disciplina? ¿Es neurosis? Vaya usted a saber. Me inclino por pensar que esa costumbre empezó como un ejercicio de disciplina y con el tiempo ha derivado en neurosis, uno de los efectos secundarios más graves de la disciplina. Sé de lo que hablo. Lo cierto es que tengo aversión a los prólogos, a las introducciones, a los preámbulos, a cualquier cosa que me retrase el comienzo de la lectura del contenido principal del libro. Nadie compra un libro o lo toma de los estantes de su biblioteca para leer el prólogo. Es posible que en el nuevo mundo digital, con la extinción del «soporte papel» desaparezcan los prólogos. Sería, sin duda alguna, uno de los principales logros de la digitalización, pero yo seguiré prefiriendo los libros de siempre.

Mayor antipatía siento aún por las notas a pie de página. Interrumpen la fluidez del relato sin aportar por lo general información de verdadero interés. No son más que una manifestación vanidosa de la erudición del autor, casi siempre falsa; son un ejemplo de pedantería, de petulancia y de presuntuosidad. Hay quien llega a citar nombres de libros y de autores inexistentes.

De la misma manera que odio los prólogos, me encantan los epílogos. Ponen de manifiesto que he sido capaz de terminar la tarea de leer completo el libro, incluso aunque hubiera dejado de interesarme desde la segunda página. Me produce la agradable sensación del deber cumplido, de que uno ha sido señor de su ánimo y ha vencido la pereza y el aburrimiento. En realidad, leer un libro aburrido hasta el final no es más que una manifestación de masoquismo.

Como vehículo de dignificación cultural se ha impuesto la moda de las tesis doctorales de los políticos; pues bien, estas tesis se valoran, no tanto por la brillantez de sus razonamientos, sino por el número de notas a pie de página, por más que la mayoría sean falsas, *fake*, si se me permite el anglicismo que está tan en boga. José María Pemán, mi abuelo, se refiere en sus memorias a su tesis doctoral sobre Platón, escrita en su primera juventud. Con el sentido del humor que le caracteriza abomina de «las páginas atiborradas de citas y notas que hoy confieso pecaminosas, por lo que tienen de pedantes, simuladas e insinceras» y condena la tentación de crear «una gran fachada con poco interior tras de ella». Desde aquí quiero expresar mi agradecimiento a los autores que trasladan las notas al final del libro junto con la relación de referencias bibliográficas; al menos la penalidad se aplaza y cabe una lectura del libro seguida, sin molestas interrupciones.

Prometo remediar en lo posible mis deficiencias como escritor cumpliendo estrictamente unas normas básicas: abreviar al máximo cualquier historia; ser concreto y preciso, exagerar lo imprescindible; huir de lo tópico; no falsear gravemente los hechos; ser humilde en la narración de mis logros; sincero en el reconocimiento de mis errores; generoso con las personas que tengan la mala suerte de aparecer en mi narración; tolerante con quienes no coincido en creencias y opiniones: en síntesis, no ser la peor versión de mí mismo. También seré respetuoso con la propiedad intelectual ajena, y siempre que recurra a alguna idea o algún texto que no sea mío, lo diré en el curso de mi narración, identificaré con precisión de donde procede la cita, y, a pesar de mi aversión a las notas a pie de página, las utilizaré si procede.

DIFICULTADES A LAS QUE SE ENFRENTA EL AUTOR

La primera dificultad a la que me enfrento es la siguiente: escribir bien no es nada fácil; es sencillamente imposible si no se ha nacido con ese don —lo que es poco frecuente— o, alternativamente, si no se ha aprendido a base de práctica y de un gran esfuerzo. Los escritores de cada uno de estos dos grupos se distinguen fácilmente. Pío Baroja dice en sus memorias: «escribir satisfacciones no puede dar, porque el escribir bien es muy difícil. No hay reglas, y si las hay, no sirven para nada»[1]. Álvaro Cunqueiro es un claro ejemplo de escritor del primer grupo; también lo es mi abuelo Pemán. Cuestión distinta son los conocimientos de los muchos temas sobre los que ambos escriben. Con esos conocimientos no se nace. Es el resultado de cientos de horas de lectura.

A base de enseñanza, de esfuerzo y de práctica se aprende a escribir, pero la cosa ya no es la misma. Entre los que no nacen con el don y aprenden a base de esfuerzo está la mayoría de los escritores.

Yo no me puedo sentir satisfecho con este libro cuya escritura es manifiestamente mejorable. Pero me ha obligado a recordar y a reflexionar sobre mi vida, y eso es un razonable motivo de satisfacción.

Por mi profesión de abogado he escrito muchas páginas, pero no por eso puedo considerarme un escritor. Traté de seguir la estela de mi abuelo y me dediqué durante un tiempo a escribir Terceras en el *ABC*; no estaban mal del todo, pero tampoco eran gran cosa. Lo dejé después de más de cuarenta intentos. Comprendí entonces que lo mío eran los jeroglíficos, y, desafiando las reglas de la prudencia, me planteé durante el confinamiento de la pandemia del COVID publicar un jeroglífico diario en la página de pasatiempos de *ABC* durante julio y agosto de 2020. Se lo propuse a mi buen amigo Bieito Rubido —entonces director de *ABC*— que aceptó la propuesta. Se publicaron como un pasatiempo veraniego especial bajo el título «El jeroglífico del verano». Yo diseñaba el jeroglífico y los dibujos en color los hacía el gran dibujante J. M. Nieto. Conseguí publicar cuarenta y tres jeroglíficos entre el 19 de julio y el 31 de agosto de 2020. Lo mejor son los dibujos de Nieto, pero yo me siento orgulloso de haber cumplido mi reto.

Más adelante escribí un pequeño libro, *El caso Pemán*, en defensa de mi abuelo. Sentía que se lo debía. La llamada memoria histórica convirtió a Pemán, ilegítima e ilegalmente, en una de sus primeras víctimas. Se retiró su busto del Teatro Villamarta de Jerez y la lápida de la casa de Isabel la Católica en Cádiz. Ahora la familia está litigando para pedir la revocación de la decisión del Ayuntamiento de Cádiz de retirar todos los recuerdos públicos que en Cádiz existen en su memoria. Sea cual sea la resolución final de los tribunales, sus paisanos le seguirán recordando con cariño y admiración.

Me enfrento a un segundo obstáculo. Para escribir un libro como este se hace preciso juzgar sobre la bondad o la maldad de hechos y de personajes. Para mí no existen los matices, todo es bueno o malo, útil o inútil, blanco radiante o negro como el carbón. Sin embargo, el gris, más claro o más oscuro, es siempre el color de la vida. Salvo las de la Fe, no existen verdades absolutas, todo puede ser matizado; hasta lo más indeseable admite una visión positiva y optimista. ¿Podré superar mi tendencia al radicalismo para ver las cosas en su justo término? Lo intentaré. Recuerdo un cuento de Tolstói que hace muchos años le oí contar a Antonio Garrigues. Al lector podrá parecerle que se trata simplemente de literatura, es decir, de falsedad sofisticada para convertir una verdad amarga, sucia y cruel en algo atractivo y digno de admiración o de cualquier otro sentimiento amable y positivo. A mí no me lo parece. Este es el cuento de Tolstói:

Un grupo se topó con un perro muerto, atado al cuello por la cuerda que había servido para arrastrarle por el lodo. Jamás cosa más vil, más repugnante, más impura se había ofrecido a los ojos de los hombres. Y todos los que estaban en el grupo miraban hacia el suelo con desagrado.

—Esto emponzoña el aire —dijo uno de los presentes.

—Este animal putrefacto estorbará la vía mucho tiempo —dijo otro.

—Mirad su piel —dijo un tercero—; no hay un solo fragmento que pudiera aprovecharse para cortar unas sandalias.

—Y sus orejas —exclamó un cuarto— son asquerosas y están llenas de sangre.

—Habrá sido ahorcado por ladrón —añadió otro.

Jesús iba con ellos, los escuchó, y dirigiendo una mirada de compasión al animal inmundo, dijo:

—¡Sus dientes son más blancos y hermosos que las perlas!

Me pregunto si el cuentecito de Tolstói es una alegoría o si el perro es un símbolo. Son cosas diferentes. Lo explica muy claramente Max Brod en su magnífica biografía de Kafka:

> «No se debe confundir alegoría con símbolo. Kafka jamás es alegórico y sí, en cambio, simbólico en el más alto sentido de la palabra. Se crea una alegoría cuando se dice algo ‹por medio de algo distinto›, es decir, que este ‹algo distinto› no tiene mayor importancia en sí. El ancla que significa la esperanza no nos interesa para nada en sus propiedades de ancla. Son indiferentes su color, su forma, su tamaño. Por eso está allí, como un mero signo jeroglífico, terminante y nítidamente trazada para significar ‹esperanza›. Pero el ‹estoico soldadito de plomo› del cuento de Andersen, que tal vez expresa un corazón bueno, resistente y lleno de amor y muchas cosas más hasta el infinito, se nos acerca también con su destino personal detallado. El soldado de plomo ya no es una alegoría, sino un símbolo».

Es evidente que el perro del cuento de Tolstói es un símbolo dentro de una alegoría. El mundo es siempre más complejo que lo que parece, incluso a la vista de un literato importante. Las opiniones de los que observan al perro se dividen en dos grupos: las negativas, que metafóricamente podemos considerar de color negro, y la positiva, que, asimismo metafóricamente, identificamos con el color blanco. Quizás haya un único color, el gris, los espectadores ocultan la parte de la realidad que no les interesa ver y se inventen unos colores puros. La realidad pone de manifiesto que el negro o el blanco son inexistentes. Las alegorías y los símbolos son, por lo general, cosa peligrosa.

LA CONVENIENCIA DE RECORDAR

Yo no debería de escribir este libro. Sin embargo, mi socio, jefe, maestro, amigo y colega, Antonio Garrigues, piensa que, aunque no se nazca con el don de escribir, es admisible hacerlo sobre asuntos cuyo conocimiento sean de general conveniencia, para dar testimonio de la época en que uno ha vivido. Yo me acojo a ese consejo, y, a pesar de que mi estilo tienda al gris oscuro, creo, quizá presuntuosamente, que puedo dar testimonio y reflexionar sobre algunos hechos de un cierto interés. Es posible que me fuera mejor si en lugar de escribir este libro dedicara el tiempo que me queda de existencia a meditar en silencio sobre mi vida, a guardar mis recuerdos y mis reflexiones para mí mismo, y a no martirizar al prójimo escribiéndolos. Es un pensamiento que me inspira la sensatez, pero a la sensatez le prestaré oídos sordos una vez más.

En definitiva, siendo más concreto, ¿a qué recuerdos me voy a referir? Lo tengo perfectamente decidido. No voy a contar mi vida. Reflexionaré sobre la España que yo viví hasta los primeros años de este siglo, que es algo muy diferente a contar la vida de uno. Esa será la primera parte del libro. En la segunda trataré de la nueva abogacía que introdujo en España Antonio Garrigues como impulsor del bufete J&A Garrigues, del que fui miembro desde los veintidós años, y me referiré a los casos más emblemáticos en los que intervine —entre otros Conde/Banesto, Ibercorp, Rumasa, Caro Baroja/Editorial Planeta— y también a las personalidades a las que tuve el privilegio de conocer, como por ejemplo Kissinger. En la tercera parte me ocuparé del que llamo el glamuroso mundo de los consejos de administración; he participado en un número importante de consejos, y contaré algunos casos curiosos. Por último, en la cuarta parte narraré mis experiencias en la transición política, durante la que tuve la oportunidad de asistir en primera fila a muchos acontecimientos de aquella apasionante época.

Cuando Cicerón abandonó la actividad política y la abogacía, se retiró a una de sus numerosas posesiones para escribir dos majestuosos tratados filosóficos: *De la vejez* y *De la amistad.* Lo hizo para aliviar la pesadumbre del retiro, y afortunadamente los finalizó antes de que le asesinaran. En aquellos tiempos el asesinato era un procedimiento relativamente frecuente para acabar con los adversarios políticos. Parece ser que lo que motivó la muerte de Cicerón fueron sus célebres Filípicas, pero podía haber sido cualquier otra de sus numerosas actuaciones políticas, o profesionales, como abogado. Soy consciente de que estoy a muchas leguas de Cicerón y de ninguna manera me comparo con él, no soy tan necio; pero es legítimo haberle tenido como un modelo a imitar en la política, en la abogacía, y, ahora, al final de mi vida, en mi retiro. Todo el mundo tiene sus ídolos y Cicerón es el mío. Bobbio, gran sabio y estupendo escritor, ha titulado su último libro *De senectute*, como Cicerón.

Tengo a Cicerón y a Bobbio como modelos a imitar. Podría parecer presuntuoso por mi parte, demostración de vanidad. La vanidad es un gran pecado, aunque a mi edad sea el único que se puede cometer con ciertas garantías de éxito. Pero no estoy dispuesto a aceptar la acusación de vanidad, salvo que se me impute en grado de falta leve, no como falta grave, ni menos aún como delito. La dogmática penal es una convención admirable a la hora de calificar la conducta humana y encaja la maldad en muchas modalidades. En su grado máximo, la vanidad conduce a comportamientos ridículos. Recuerdo un caso en el que la vanidad se convierte en ridiculez. Merece la pena contarlo.

Un grupo de aprendices de literatos se reunía habitualmente a tomar café e intercambiar las normales fantasías y mentiras sobre sus respectivos trabajos en curso. El cabecilla de la peña les anunció que había conseguido que nada menos que el premio nobel Jacinto Benavente les invitara a merendar en su casa. El cabecilla miró a uno de los contertulios y le anunció que él no podría ir con el resto del grupo; era un «pelota» que abusaba del elogio con desmesura y les haría sentir a todos vergüenza ajena durante la visita. El contertulio en cuestión se sintió castigado injustamente. El castigo directo sin justificación, como una orden militar, es muchísimo más llevadero que el que se razona; el razonamiento de la culpabilidad hace más cruel la sanción; en ausencia de razonamiento, a uno le queda, al menos, el consuelo de pensar que se trata de un castigo injusto y le abre el camino a la dulce autocompasión. Pero la Ley es taxativa y exige que las condenas sean siempre razonadas hasta el mínimo detalle para que el sancionado pueda ejercitar con conocimiento de causa su derecho a la defensa. Así pensaba el jefe de la peña, con el que no estoy de acuerdo. Sigo con el relato.

El contertulio excluido de la visita a Benavente prometió y juró por todos sus muertos que se comportaría con decoro y que de su boca no saldría una sola alabanza, ni el más pequeño ditirambo; amenazó con suicidarse como Larra si le dejaban fuera de la visita y usó, finalmente, el argumento definitivo: no solo se suicidaría, sino que previamente dispararía sobre los demás contertulios. A la vista de este último razonamiento, el jefe de la peña accedió a incluirle.

Llegó la gran tarde. Subieron todos hasta el piso de Don Jacinto, tocaron el timbre y el propio nobel abrió la puerta. Se produjo entonces lo que todo el grupo temía; el contertulio adulador se puso de rodillas, y con cara de cordero degollado declamó más que dijo: «Don Jacinto, este es el momento más feliz de mi vida. Es usted el fénix de la literatura universal, por favor déjeme besarle sus babuchas». Los demás compañeros creyeron morir de rubor y de vergüenza ajena. Durante toda la merienda el contertulio pelota reiteró sus manifestaciones de adulación. Los miembros del grupo se juraron a sí mismos matarle en cuanto cruzaran la puerta de la calle.

Pero ocurrió algo inesperado para aquel grupo de inexpertos jovencitos. Al terminar la visita, Don Jacinto los acompañó a la puerta, y, después del reglamentario «vuelvan cuando quieran», tomó del brazo al líder de la peña, lo llevó aparte y le susurró: «por favor, no se olvide usted de traer a su nuevo amigo; es muy simpático».

La vanidad ofrece a los demás lo peor de cada uno. Sin embargo, considero que el Eclesiastés exagera un poco: «Vanidad de vanidades, dijo el Predicador; vanidad de vanidades, todo es vanidad... Porque en la mucha sabiduría hay mucha molestia; y quien añade ciencia, añade dolor». El Eclesiastés es de gran belleza, pero también un monumento de pesimismo; su lectura deprime. Admito, no obstante, que hay casos de vanidad que justifican el rigor del Eclesiastés y merecen una condena severa. Como mucho, yo puedo ser acusado de autoestima, que es algo razonable. La autoestima tiene el riesgo de degenerar en vanidad, pero creo que estoy aún lejos de ese desenlace.

Uno de mis principales clientes en el bufete era un importante inmobiliario. Le recomendé la lectura del libro de memorias de un que estuvo muy de moda entre los jóvenes tiburones de las finanzas; luego se convirtió nada menos que en presidente de los Estados Unidos. Me estoy refiriendo a Trump. Su libro de memorias se titula *The art of the deal* y tiene algunas revelaciones interesantes: por ejemplo, una de las personas que asesoraba a Trump en sus singulares negocios en Nueva York era el padre de Macri, el mismo que fue presidente de Argentina. Tuve el gusto de conocerle. Durante su primera presidencia de los Estados Unidos, Trump apoyó de manera decisiva a Argentina ante el Fondo Monetario Internacional y consiguió su ingreso en la OCDE. El presidente de Argentina era entonces Macri, el hijo de su «gestor» ante las autoridades municipales de Nueva York. Nunca he leído nada sobre la amistad personal de Trump y Macri. Se investiga poco.

Mi cliente no quería ser menos que Trump y decidió que se merecía una detallada biografía. Se la encargó a un buen amigo mío. Me pasé muchas horas dándole al biógrafo datos y más datos sobre las operaciones financieras más importantes del biografiado en las que yo había intervenido como abogado. Mi nombre no aparece ni una sola vez en el libro; silencio absoluto sobre mi persona. Tengo al escribidor por persona honorable, lo que me lleva a la conclusión de que mi ausencia en el libro fue decisión de mi cliente para evitar tener que compartir, aunque solo fuera un poco, el éxito de sus operaciones. ¿Mi enfado por no salir en el libro era vanidad? ¿Sufrí una cura de humildad merecida? No lo creo así. Lo de la cura de humildad es una majadería. La humildad se siente y es aconsejable practicarla, pero no ante un ninguneo sufrido sin razón ni justicia. De la sinrazón y de la injusticia se derivan las revoluciones, los cabreos, el deseo de venganza, pero no la humildad. He considerado la posibilidad de vengarme del ninguneo del libro de memorias de mi cliente.

San Pablo en su epístola a los romanos recuerda las palabras del Deuteronomio: «No os venguéis vosotros mismos, amados míos, dejad lugar a la ira de Dios; porque escrito está: Mía es la venganza, yo pagaré, dice el Señor». Seguiré el mandato del Deuteronomio. A estas alturas, además, mi venganza sería inútil, y una venganza inútil merece una condena adicional por estupidez.

Me enfrento a la ineludible obligación de ver a vuelo de pájaro algunas partes de mi vida, las que tienen que ver con mi ejercicio profesional de abogado, con mi experiencia como miembro del consejo de administración de muchas sociedades y con mi modesta trayectoria política en la transición.

También me encuentro ante la desagradable situación de reconocer que estoy, no solo al final de la penosa tarea que me ha supuesto escribir este libro, sino, cada vez, más cercano del final de todo. Hoy en día se vive mucho más que lo que vivieron las generaciones anteriores. Eso no quiere decir que uno se aproxime a la inmortalidad, por más que haya gente, que, conscientemente o no, actúe como si lo creyera. En parte se ha retrasado la llegada a la vejez y en parte se ha alargado su duración. Se es anciano durante mucho más tiempo que antes, pero no es razonable ignorar que llega un momento en el que uno ya es viejo, por mucho que le pese, o por bien que uno se encuentre. Yo soy viejo. A mi edad hay que reconocerlo. Ya no estoy como Dante *nel mezzo del camin di nostra vita*, sino *nel fine del camin di nostra vita*.

Siendo muy joven oía recitar la *Divina Comedia* a mi tía María (Nena) Pemán que solía alojarse en mi casa cuando venía a Madrid. Siempre le pedía que me recitase la estrofa del canto XXI cuando en el infierno el diablo jefe hacía sonar su culo como una trompeta.

> «*l'argine sinistro volta dienno;*
> *ma prima avea ciascun la lingua stretta*
> *coi denti, verso lor duca, per cenno;*
> *ed elli avea del cul fatto trombetta*».[2]

Es un magnífico eufemismo escatológico del culo y del pedo, pero no es nada original. Hay docenas de dibujos medievales, en pergaminos y en paredes, de ángeles y de demonios, sobre todo, tocando la trompeta con salva sea la parte. Pero esta no es la cuestión. Vuelvo a las dos primeras estrofas de la *Divina Comedia*:

> *Nel mezzo del cammin di nostra vita*
> *mi ritrovai per una selva oscura*
> *ché la diritta via era smarrita.*

Ahi quanto a dir qual era è cosa dura
esta selva selvaggia e aspra e forte
che nel pensier rinova la paura!

He llegado a la edad en la que ya no queda casi nada de *camin* que seguir y extraviarse de la *diritta via* —si es que alguna vez el camino de mi vida lo fue— puede ser un error irremediable. Me paro a pensar y me encuentro ante la evidencia de que la diferencia entre mi vida de hoy y la que hacía mientras fui un ciudadano productivo y entusiasta es total. Ahora, por poner un ejemplo, me abrumo cada vez que tengo que subirme a un avión: me angustia perder el vuelo y llego con muchísima anticipación al aeropuerto; una vez allí vigilo constantemente la pantallita donde se anuncia la puerta de embarque, y compruebo cada dos minutos que mi tarjeta de embarque y mi DNI siguen en el bolsillo. No es histeria, sino conciencia de la pérdida de capacidad por el paso del tiempo. ¿Qué dirección debo seguir cuando ya tengo andado prácticamente todo el camino? Cada día me enfrento a la necesidad de tomar muchas decisiones, demasiadas. Pero, sobre todo, hay una decisión previa muy importante de carácter formal, o quizá sería más correcto decir de carácter metodológico: con qué espíritu me enfrento al cada vez más próximo final. Se me plantea una difícil disyuntiva.

La primera opción se me ofrece con la apariencia de ser fruto de la sensatez y de conducirme a una reconfortante paz interior. La podríamos denominar la «solución Bobbio». Norberto Bobbio, el gran filósofo italiano, es el que la recomienda con elegancia en su libro *De senectute.* Solo a Bobbio, por su inteligencia, se le puede permitir sin reproche tomar prestado el título que usó Cicerón cuando escribió en el retiro uno de sus dos últimas obras. Así dice Bobbio en su libro de título ciceroniano:

«Que te sea permitido vivir hasta que los recuerdos te abandonen y tú puedas a tu vez abandonarte a ellos. La dimensión en la que vive el viejo es el pasado. El tiempo del futuro es demasiado breve para que se preocupe por lo que sucederá... El mundo de los viejos, de todos los viejos, es, de forma más o menos intensa, el mundo de la memoria. Se dice: al final eres lo que has pensado, amado, realizado. Yo añadiría: eres lo que recuerdas. Una riqueza tuya, amén de los afectos que has alimentado, son los pensamientos que pensaste, las acciones que realizaste, los recuerdos que conservaste y no has dejado borrarse, y cuyo único custodio eres tú».

Más drástico es aún Luis Rojas Marcos, psiquiatra sevillano emigrado a los Estados Unidos, que ha desempeñado el cargo de director de los servicios médicos y hospitales del Estado de Nueva York; titula así uno de sus libros: «Eres tu memoria». Creo que Rojas Marcos exagera. Por el contrario, la visión de la vejez de Bobbio me parece llena de buen sentido; es realista. Me parece un buen consejo buscar la tranquilidad y huir de la acción, manipular los recuerdos y recostarse plácidamente en ellos. Pero inmediatamente la rechazo. No quiero seguirla. Es un camino de pesimismo ante la imposibilidad de cambiar lo que ya no puede ser cambiado. Es una visión desesperanzadora, un reconocimiento de la brevedad del tiempo que nos queda por delante. ¿Por qué preocuparse por un futuro que ya no existe? Conduce a la angustia y desde la angustia solo se cometen errores. Lo rechazo.

La segunda vía que se me presenta es convertirme en señor de mi ánimo. Una de las primeras novelas de mi abuelo Pemán se titulaba precisamente así: *Señor de su ánimo.* Es una expresión de fortaleza de espíritu, de estoicismo, de victoria sobre las adversidades, de ver con esperanza el futuro que queda por delante por escaso que sea. Recuerdo en este sentido algo que me sucedió hace muchos años siendo yo secretario de la Junta Directiva de un antiguo y muy prestigioso club de golf en Madrid. Lo contaré brevemente.

Como es lo usual, los socios estaban obligados a pagar una cuota para el mantenimiento de las instalaciones del club. En el caso de que un socio se trasladara a vivir fuera de Madrid, los estatutos reducían esta cuota que, en tanto durase la ausencia, quedaba en una cantidad mucho menor. Durante ese tiempo, por si ocasionalmente viajaban a Madrid, se les permitía usar las instalaciones del club, pero durante un número muy reducido de días. Cada vez que había una subida en las cuotas, los socios ausentes aumentaban de forma sospechosa, y había la certeza de que se hacía un uso abusivo del beneficio previsto en los estatutos. Vistos los precedentes, con motivo de una subida en las cuotas, la Junta Directiva exigió que los socios que pasaran a la situación de ausentes firmasen una declaración formal dando cuenta del motivo de su ausencia y de su nuevo lugar de residencia. La medida fue eficaz, y en esta ocasión el número de socios ausentes disminuyó de manera considerable.

Recibí la llamada de un socio que quería plantearme una cuestión relativa a la declaración que debía firmar su hija como socia ausente.

Nos vimos en el club. Me expuso la imposibilidad de que su hija, a pesar de residir en Madrid, tenía la condición de socio ausente desde hacía muchos años y no podía firmar la declaración exigida. Así fue nuestra conversación:

—Pues verá usted —me dijo mi anciano consocio sin más preámbulo— a pesar de estar en Madrid entiendo que mi hija tiene la condición de ausente y no está obligada a firmar la carta.

—Pero si vive en Madrid, su hija no es ausente —le contesté.

—Sí, señor, lo es —me replicó—, vive en Madrid desde que nació, pero es ausente porque es clarisa de clausura y no puede salir del convento.

Me quedé descolocado por un momento, pero, inmediatamente, recordé a la cocinera de mis abuelos. Mi abuelo Daniel murió cuando yo era muy pequeño. Le recuerdo sentado en su escritorio con sus gafas redondas. Tenía numerosas parcelas de tierra en el monte por la zona de Villarrube al sur de la ría de Cedeira. En Galicia a un mínimo minifundio se le llama finca, lo que podría resultar presuntuoso para un terrateniente del sur, pero es un término jurídicamente preciso. La cocinera intervenía con frecuencia como árbitro entre los campesinos para resolver disputas por los límites de sus respectivas fincas. Los gallegos aman los pleitos.

Los contendientes se presentaban en nuestra casa; la cocinera, que era analfabeta, los oía, tomaba de la librería un libro gordo que podía ser el *Quijote* o unas novelas completas de Tolstói. Ella decía que se trataba del código civil y le llamaba «o códogo»; lo abría ceremoniosamente y pasaba sus páginas tratando de encontrar el precepto adecuado. De repente paraba la búsqueda como si ya lo hubiese encontrado, hacía como si lo leía muy lentamente, se quedaba pensativa un momento, y, con gran solemnidad, apuntando con el índice a uno de los dos litigantes, dictaminaba con voz firme «o códogo di: ti tes razón». La sentencia era inapelable. A continuación les cobraba sus aranceles a los litigantes, unos pocos céntimos. Yo creo que la cocinera de mi abuela hizo por el Derecho más que muchos sesudos académicos.

Enfrentado al problema que me planteaba mi anciano consocio, decidí hacer lo mismo que la cocinera de mis abuelos. Abrí el librito de los estatutos del club, hice como si lo leía, aparenté meditar unos segundos la contestación; cerré el librito; y le dije a mi anciano consocio con gran seriedad:

—Su interpretación del espíritu de la norma sobre ausentes es la correcta; olvídese de la carta y siga pagando la cuota reducida de su hija. Es legalmente ausente. ¿Por cierto, cuántos años tiene su hija?

—Pues tiene setenta y dos, y es clarisa desde los dieciocho años.

—¿No cree usted —le dije cuando salí de mi asombro— que lo lógico sería darla de baja para no tener que pagar cuota alguna?

—No, señor —me contestó con firmeza—, con los jóvenes nunca se sabe; lo mismo se sale de clarisa y ya no podría volver a ser socia. No, no, lo suyo es que siga como socia ausente.

Creo que la cocinera de mi abuela fue la que me inculcó mi gusto por el Derecho y mi vocación de abogado.

He dudado mucho si atenerme al consejo de Bobbio y descansar durante la escritura de este libro, plácidamente recostado en los recuerdos del pasado; o bien enfrentarme al tiempo que me quede con el optimismo de mi anciano consocio del club de golf; esto es, pensar que, al fin y al cabo, el destino es inescrutable, y que nunca se sabe lo que va a pasar en el futuro. La vida de los antiguos patriarcas llegaba, según la Biblia, hasta los novecientos años. Admito que el precedente no parece de fácil repetición, pero vete tú a saber.

Por un momento olvido a Bobbio y trato de hacer mío el optimismo de mi anciano consocio. Un minuto después, comprendo que es un error y vuelvo de inmediato a Bobbio.

EL TÍTULO DEL LIBRO Y EL CASTAÑO DE INDIAS

Una vez que he decidido escribir este libro me pongo a ello. En verano lo hago cerca del mar en la provincia de Cádiz, salvo los días de levante en calma. El levante en calma provoca una humedad pegajosa, inaguantable, y me pone de mal humor. El resto del año estoy en Madrid y escribo en mi jardín debajo de un castaño de indias plantado cerca de un tejo. Están excesivamente cerca y se estorban, pero ambos han comprendido con la sabiduría de Galicia, su tierra de origen, que así es el mundo. El castaño de indias se ha hecho un árbol alto y frondoso, aunque sus castañas son traicioneras: brillantes y apetecibles, pero amargas. No se pueden comer.

Cuando llega el buen tiempo, la comida familiar de los domingos se celebra a la sombra de las ramas del castaño, que casi llegan al suelo como una especie de cabaña de grandes hojas verdes. Me encanta tener a mi familia reunida debajo del castaño de indias. El refugio que nos ofrece tiene el inconveniente de que no deja pasar la escasa brisa del Madrid veraniego y el calor se hace insoportable. Mi familia huye en cuanto puede y busca la frescura del porche. Yo, sin embargo, no me doy por enterado y continúo impasible, sentado debajo del castaño, hasta llegar a un punto próximo a la deshidratación.

El tejo crece muy lentamente. Es un árbol mágico para la vida y para la muerte. A partir de su corteza, siguiendo en todos sus pasos una antiquísima receta celta, se produce el taxol, una sustancia que acelera la sinapsis cerebral, y que también se utiliza como medicamento exitoso en la lucha contra el cáncer. Por su estimulación neuronal, los druidas preparaban con el taxol un brebaje que los llevaba al éxtasis necesario para una correcta adivinación. Los celtas usaban también un veneno preparado a partir de las hojas del tejo para suicidarse después de las derrotas. A diferencia de los celtas, los romanos, mucho más civilizados, usaban el brebaje preparado con las hojas del tejo como antídoto eficacísimo contra el veneno de la cobra. Lo leo en el capítulo dedicado a Tiberio en el libro de Suetonio sobre los doce césares desde Julio César a Domiciano. Yo me inclino por la teoría celta del veneno.

En Europa, según el gran Álvaro Cunqueiro, quedan siete naciones celtas, que cito por orden de importancia: Galicia, Irlanda, Escocia, Gales, Bretaña, Cornualles e Isla de Man. No sé si en algunas de ellas se siguen utilizando los utilísimos productos derivados del tejo; en Galicia me consta que no.

El laurel es el más útil de mis tres árboles por sus sabrosas hojas, aprovechables durante todo el año. Castaño, tejo y laurel proceden de Cedeira y me recuerdan diariamente mi origen gallego; mi origen parcialmente gallego, para ser preciso. Fueron un regalo de José, del que antes o después no podré evitar hablar por mucho que me pese. José me recuerda la mayor humillación que he sufrido en mi vida de profesional. Cuando me trajo el plantón del tejo disimulado entre el castaño de indias y el laurel, pensaba probablemente que mi sentido de la dignidad me conduciría a un honorable suicidio con el brebaje de sus hojas, siguiendo el viejo procedimiento de nuestros antepasados. En algún momento, como digo, no tendré más remedio que contar esa historia.

Puestos a la tarea de escribir el libro, me enfrento al problema del título. He considerado varios posibles. Me incliné inicialmente por «Debajo del castaño de indias», porque cuando escribo bajo sus ramas recuerdo a mi abuelo materno leyendo o escribiendo debajo de un gran árbol en el almijar de su finca jerezana. No era un castaño de indias, se trataba de una morera, pero esta precisión botánica me parece irrelevante. Admito que lo del «castaño de indias» puede resultar presuntuoso y me pregunto si no bastaría simplemente con castaño, sin especificar subespecie alguna. Un castaño de indias es en realidad más vulgar que un castaño normal, pero el lector urbano tiene raramente conocimientos en esta materia y la mención de la India le da al título un exotismo atrayente; es casi una sugerencia erótica. La referencia a las indias, en plural, es, incluso, más sugerente aún. «¿Qué habrá pasado debajo del castaño de indias?», se preguntará el comprador del libro, y sentirá el deseo irrefrenable de leerlo cuanto antes.

Pensé también, como opción, «Mirando hacia atrás desesperadamente». Lo de mirar hacia atrás desesperadamente está plenamente justificado. Solo se puede mirar al pasado de esa manera, tanto si uno recuerda las malas experiencias como si recuerda las buenas: las primeras ya no se pueden cambiar, ese es el principal problema del pasado; las buenas tampoco se pueden revivir porque se diluyeron en el transcurso del tiempo como lágrimas en la lluvia, según dice el replicante en *Blade Runner*, que es una «película de culto» entre intelectuales progres. Ellos usan mucho esta expresión de «película de culto». Para el público en general, *Blade Runner* es algo así como una entrega más de la guerra de las galaxias.

En definitiva, al pasado solo se le puede mirar sin esperanza, desesperadamente. La esperanza, cuando se tiene ese don divino y escaso, es únicamente posible respecto del futuro. Como fórmula transaccional consideré una combinación de ambos títulos: «Mirando hacia atrás, desesperadamente debajo del castaño de Indias». Creo que en este caso se me podría acusar, con justicia, de usar un número de preposiciones excesivo. Como alumno de postguerra, o, para ser más preciso, de tardo-postguerra, me encantan las preposiciones. Después de un titánico esfuerzo de varios meses, conseguí recitar las preposiciones, una a una, sin olvidar ni «cabe» ni «so», de cuyo significado nunca he estado del todo seguro; fue, en verdad, uno de los días más felices de mi infancia.

Mi conciencia me hace ver que usar el título de un libro como cebo es una forma de engaño y que me comporto como un vulgar agente comercial de los que antiguamente iban por las casas vendiendo enciclopedias, tratados de egiptología u otras cosas análogas. Peor aún. Me dice mi conciencia que parezco uno de esos vendedores de crecepelos y de medicinas milagrosas que aparecen en las viejas películas del oeste. Me quedo con los vendedores de enciclopedias, que ofrecen, al menos, un producto de un cierto valor cultural. Recuerdo a uno que me visitó hace muchos años. Se presentó citando a un supuesto amigo mío, desde luego inexistente; a pesar de ello, me dio la apariencia de hombre serio y honrado, y no tuve otro remedio que comprarle una enciclopedia de jardinería en catorce tomos lujosamente encuadernados; lo de «lujosamente encuadernados» lo repitió varias veces. Comprendí que no comprar la enciclopedia de jardinería era un error del que me arrepentiría toda mi vida. En aquel momento yo vivía en un adosado a las afueras de Madrid y disponía solamente de un pequeño jardín trasero de unos veinte metros cuadrados. Los profundos conocimientos de jardinería que adquirí los pude aplicar plantando una enredadera, un pino piñonero, y dos o tres flores que mustiaron enseguida. Fue un fracaso. Pero entonces yo estaba lleno de entusiasmo y tenía una visión optimista de la vida. Aún sigo pagando los plazos de la enciclopedia.

Para darle más empaque al título había pensado en añadir un subtítulo en letra más pequeña, naturalmente. Me gustaba mucho el de *Conversaciones contra mí mismo.* Lo lógico sería *Conversaciones conmigo mismo,* pero ese título lo ha usado Nelson Mandela y no quiero líos de derechos de autor. Por si fuera poco, Juan Pardo tiene una canción con el mismo título. La Academia de Estocolmo ha unido música y literatura con el sorprendente premio Nobel a Bob Dylan, que yo sigo sin entender. A lo mejor se lo han dado por el título de alguno de sus discos. Lo cierto es que conversar con uno mismo se ha convertido en algo próximo a un lugar común en música y en literatura.

Con el fin de no correr riesgos inútiles, consideré sustituir «conversación» por «diálogo». Al margen de una inútil disquisición etimológica, la diferencia entre ambos términos es evidente. Platón nos enseña como el diálogo es un método para llegar al conocimiento, y no una manera de pasar el tiempo como sucede con la simple conversación. Un diálogo jamás degenera en tertulia por muchos que sean los dialogantes; una conversación casi siempre; en España siempre.

Se dice que tertulia proviene de Tertuliano, aunque la etimología no es totalmente segura. Tertuliano fue un padre de la Iglesia algo conflictivo, hasta el punto de que es el único de entre todos ellos que no fue canonizado. Para separarme más de Mandela, de Tertuliano, y de Juan Pardo, pensé en situar a mi conciencia como interlocutor en el diálogo. Todo el que recuerda, sobre todo si al tiempo reflexiona, dialoga con su conciencia. Dice Kafka en una conversación con Max Brod, su biógrafo, que «Reflexionar es consejo de reptil. Pero también es bueno y humano. De lo contrario, estaría uno perdido».

Yo siempre reflexiono cuando dialogo con mi conciencia; pero ella va por un camino y yo suelo tirar por el opuesto, de manera que lo nuestro es más una discusión que un diálogo. Citar a la conciencia en el subtítulo puede atraer a menos lectores, porque son muchos los que huyen con su sola mención. En definitiva, el subtítulo me ha creado graves problemas y por ahora no lo tengo claro.

Pío Baroja escribió sus memorias en dos tomos de setecientas cincuenta páginas cada uno, de párrafos apretados y letra pequeña. Las titula «Desde la última vuelta del camino». Opta, pues, como imagen de la vida la de una carretera que se recorre durante la existencia. También lo hace Dante en la *Divina Comedia*: «*Nel mezzo del camin di nostra vita*». No es una imagen especialmente original y puede conducir al error de pensar en trayectos ya trazados. Yo creo que uno traza su propio camino y no recorre ninguna senda preestablecida. Me sorprende que Baroja, después de un alarde de mil quinientas páginas de recuerdos, afirme que no tiene memoria, pero lo explica: «He tenido poca memoria, sobre todo de lo leído... Los que no tenemos memoria tenemos que tomar notas y poner los datos en el papel; pero es mucho mejor tener los datos en la cabeza... Esto de las papeletas (fichas) a Unamuno le parecía muy mal... Pero el que no tiene memoria no puede hacerlo de otra manera, y vale la pena de que lo haga, porque se puede tener buen juicio y mala memoria».

Yo no me acuerdo prácticamente de nada: ni de fechas, ni de nombres, ni de lugares, y lo que es peor, no tengo notas, ni diarios, ni archivos donde acudir para remediar ese defecto de memoria; es posible que existan, pero no recuerdo donde puedan estar, y si alguien amable y bienintencionado sintiera compasión y me dijera a donde debo de acudir para llenar mis lagunas, se lo agradecería mucho, pero me daría una pereza de muerte ponerme a investigar en carpetas, papeles y legajos. Abandonaría de inmediato el intento. Mi memoria es un vacío realmente preocupante. Lo mejor es reconocerlo, afrontarlo, hacer de la necesidad virtud y suplirla con reflexiones sobre lo poco que recuerde. En su consecuencia, el subtítulo podría ser «Yo creo que fue así». Lo pensaré.

SENTIMIENTO DE SOLEDAD

Espero que escribir este libro me ayude a superar el abatimiento y la soledad que a veces siento desde que he dejado de trabajar. Cada día que pasa esa sensación se va haciendo más insoportable. Me recuerda mi conciencia que estoy rodeado permanentemente de familia, de amigos, de colegas, por no mencionar a mis dos perros. Es decir, que poca gente puede proclamarse solo con menos motivo; en todo caso debería de estar abrumado por el exceso de compañía, agobiado como en un vagón de metro en hora punta. En soledad —me dice mi conciencia— están los ancianos abandonados a su suerte, los presos en sus celdas, los navegantes solitarios cruzando el Atlántico, los ermitaños... Pero yo, ni de broma.

Hablando de ermitaños me viene a la memoria la historia del marqués de Puertohermoso, tan curiosa como edificante. La conocí por mi abuela de quien era primo. En Jerez todo el mundo es primo de todo el mundo.

El marqués de Puertohermoso era diplomático, cosmopolita, elegante, sofisticado y *bon vivant*. Sintió el agobio de la soledad espiritual y se propuso combatirlo con el de la soledad física. Los homeópatas dicen que *«similia similitur curantur»*, principio al que luego me referiré con más detalle. Siguiendo ese principio, Puertohermoso decidió ingresar en la Cartuja. Durante los años previos, en tanto se iba fraguando su decisión, tenía la costumbre de rezar sus oraciones mientras se vestía con la ayuda de su viejo criado, que acabó aprendiéndoselas; ambos lo hacían en un perfecto dúo. Rezaban en latín. Lo del latín quizá sea una exageración de mi abuela, pero en todo caso es una cuestión irrelevante; lo que importa es que el marqués decidió tomar los hábitos de cartujo.

A los pocos meses el criado se presentó en la cartuja y solicitó permiso para seguir al servicio de su viejo señor, al que echaba de menos. La petición no le fue aceptada inicialmente, por más que el viejo criado le razonó al prior que los votos no le preocupaban: ganaba un sueldo muy pequeño, como era la costumbre entonces, por lo que no le abrumaba el voto de pobreza; en cuanto al de obediencia, llevaba muchos años de servidor fiel y disciplinado; y, por último, qué decir del voto de castidad a sus años... Tanto insistió el criado que finalmente se le permitió ingresar como un hermano cartujo más.

Muchas veces me los he imaginado al atardecer, subiendo en silencio desde la huerta con los brazos cruzados y las manos dentro de las mangas del hábito para ir al rezo de las vísperas y las completas. No sé quién fue el primero en fallecer. De lo que estoy seguro es de que, a pesar del silencio, la cartuja representó para ellos una soledad fecunda y trascendente.

Pensar que únicamente existe la soledad física es una visión pedestre de la soledad. La verdadera soledad es espiritual, trasciende del mundo físico de los sentidos, se siente incluso en medio de una multitud, se pierde cualquier sensación de conexión con las personas que te rodean, no se comparte nada de lo que se siente. Por un curioso mecanismo de mis neuronas, escribir mis recuerdos me libera de mi soledad.

Considero que para aliviar la soledad sería, quizá, más sencillo ir a la consulta de un buen profesional, un psiquiatra o un psicólogo. A lo mejor, en unas pocas sesiones me evitarían la incomodidad de tener que sentarme debajo del castaño de indias y mirar desesperadamente al pasado, lo que me acabará produciendo una tortícolis espantosa. En sentido figurado, se entiende. Además, mi familia y mis amigos agradecerían verse libres de la amenaza que se cierne sobre ellos, de tener que leer mi libro, o, lo que es más probable, de tener que mentir diciendo que lo han leído. Admito que la visita al psiquiatra o al psicólogo es una opción que debería considerar. Conozco a varios y muy buenos. Pero inmediatamente rechazo esta solución.

Ir al psiquiatra o al psicólogo es algo parecido a ir al fisioterapeuta, gremio que considero un escalón previo al del asesino en serie. Si a causa de un poco más de ejercicio del normal se me producen unas vulgares agujetas, jamás se me ocurriría acudir a un fisio. Se lanzan sobre ti como un buitre hambriento, y con verdadera ferocidad te machacan, te golpean, te retuercen y acaban con varias llaves de judo hasta que el dolor se extiende por todo el cuerpo, de modo y manera que las agujetas quedan necesariamente olvidadas; más aún, las agujetas se convierten en un recuerdo dulce y agradable en comparación con el destrozo infligido por el fisio.

Creo sinceramente que los fisios actúan siguiendo instrucciones del cártel mundial de fabricantes de prótesis óseas, que les paga una sustanciosa comisión por cada cliente que acaba en el traumatólogo. Yo he tenido ya varias experiencias y juro que nunca me volverán a ver en manos de un fisio, de un osteópata, de un masajista, o de cualquier otro oficio análogo. ¡Jamás! Media hora con ellos es peor que una sesión del látigo de las nueve colas. No recuerdo en este momento si el famoso látigo era de nueve o de siete colas; en la duda me he inclinado por las nueve colas, por más que se trata, en todo caso, de una precisión irrelevante.

El psicólogo y el psiquiatra siguen una técnica muy parecida a la del fisioterapeuta, aunque su actuación es más condenable porque actúan sobre el alma y los sentimientos. Se empeñan en hundirte dentro de tus miserias a base de golpearte con la realidad de tus problemas para que, herido y abrumado, reconozcas lo que tú ya sabías muy bien antes de empezar. Se supone que asumir la cruda realidad de tu vida te permite emerger como un hombre nuevo; pero es tal el encarnizamiento al que te someten, que lo admirable es que después de una de esas sesiones de jiu-jitsu moral no se acabe en el suicidio o, como mínimo, en una depresión incurable. He vivido de cerca la experiencia en cabeza ajena y no pienso acercarme a esos nuevos representantes de la Inquisición medieval.

Fisios y psiquios —perdón por el neologismo— distorsionan el principio de los homeópatas clásicos al que me he referido más arriba: *«similia similitur curantur»*. Unos y otros tratan al dolor físico con más dolor físico y al dolor moral con más sufrimiento del alma. Los homeópatas clásicos siempre me parecieron unos camelistas, pero estos seguidores especializados en el mundo de la fisiología y de la psiquiatría deberían de tener estrictamente prohibida sus peligrosísimas prácticas por el bien de la humanidad. Son una demostración de la sabiduría de Heráclito, el filósofo oscuro y enigmático de Éfeso: «El bien y el mal son uno. Los médicos cortan, queman, torturan de todos los modos y haciendo a los enfermos un bien que parece un mal, exigen una recompensa». Y eso que Heráclito no estaba al corriente, supongo yo, de las nuevas técnicas de los fisiólogos y masajistas.

Y termino.

Recuerdo al lector la oportunidad que tiene de cerrar este libro de manera inmediata cuando comprenda que mi narración no le va a interesar lo más mínimo.

PRIMERA PARTE

EN UNA ESPAÑA GRIS

I. LA CONSTELACIÓN DE LA BANCA ROTA

La astronomía es una de mis grandes lagunas. Lo reconozco. No es la única. Hay otras muchas más que se irán poniendo de manifiesto a lo largo de estas páginas. No destaco tampoco en imaginación figurativa. Lo he intentado muchas veces, pero jamás he sido capaz de distinguir en el cielo estrellado los osos, los toros, los perros, los escorpiones, los héroes, los carros y otros artefactos, que, según se dice, por allí se mueven. De esta ignorancia se deriva, muy probablemente, mi escasa fe en astrologías, horóscopos y adivinaciones.

Dicho esto, tengo la seguridad de que, aunque los astrólogos lo ignoren, por alguna parte del éter debe de flotar la constelación de la banca rota: un conjunto de estrellas figurando a genoveses airados rompiendo la banca de un cambista insolvente. De esta costumbre genovesa viene la palabra bancarrota con la que aún se sigue denominando la quiebra. La constelación de la banca rota ha marcado tenazmente la historia de mi familia. Confío que cuanto antes sea absorbida por un gigantesco aspirador estelar desde el fondo de un agujero negro. Así podré yo librarme de su terrible influjo, a pesar de que, en cierta medida, las quiebras familiares han contribuido a mi vocación de mercantilista.

Para llegar a la primera bancarrota que tuvo lugar en mi familia he de remontarme a bastantes generaciones atrás, y, por desgracia, la genealogía es otra de mis muchas lagunas. La única genealogía que he conocido de manera completa es la de los reyes godos; los llegué a recitar de memoria gracias a la musiquita que era una fantástica herramienta memorística: Ataulfo, Sigerico, Teodoredo, tralarála, tralarála... Esa cualidad pedagógica de la música se conocía desde antiguo y se había usado siempre para aprender las tablas de multiplicar. Hoy se considera un error, se ha dejado de utilizar. Muy probablemente ha influido en la ignorancia rampante de las nuevas generaciones.

Por fortuna, la incapacidad para llevar a cabo una investigación genealógica de mi familia materna la suplen los buenos historiadores de Jerez de la Frontera. Fátima Lassaleta ha biografiado a mi antepasado Don Julián Pemartín Rodez, bearnés de Oloron, nacido bajo el signo dominante de la constelación de la banca rota.

En 1787, a los diecisiete años, había emigrado a México y allí se hizo hombre rico con la explotación de minas de plata en Zacatecas. Tuvo un enfrentamiento con el Santo Oficio a causa de poseer un libro prohibido, problema que consiguió resolver, aunque no sé exactamente con qué artes. Más tarde, al comienzo de los conflictos que culminaron con la independencia de Nueva España, los insurgentes de Hidalgo llegaron a tomar Zacatecas y sus minas.

Pemartín se vio obligado a trasladar su domicilio a la ciudad de México, y poco tiempo después vendió sus minas y se trasladó definitivamente a España. Se asentó primero en Cádiz, y luego pasó a Jerez, donde tenía conocidos y parientes. Allí adquirió viñas —entre ellas la del Cerro de Santiago— donde yo pasé los mejores momentos de mi infancia. Fundó la bodega Julián Pemartín & Cía., y se dedicó con éxito al negocio del vino. Gracias a sus contactos se convirtió en el mayor exportador de vinos de Jerez y aumentó su fortuna. En Estados Unidos un jerez se pedía como «a Pemartin», según está debidamente acreditado por la ilustre historiadora jerezana Lassaletta.

Al morir Julián, su hijo mayor, del mismo nombre, le sucedió en la gestión de la bodega. El negocio bodeguero jerezano podía considerarse en aquellos tiempos una actividad propia de personas de carácter prudente. Así siguió siendo hasta Julián Pemartín hijo. Era un despilfarrador sin límite. Encargó a Garnier, el más famoso arquitecto de Europa en aquellos tiempos, los planos para un palacio —el Recreo de las Cadenas— siguiendo las líneas de la ópera de París. La obra la dirigió el arquitecto francés Ravel.

Los demás hermanos Pemartín decidieron separarse del pródigo Julián y le compraron su parte en la bodega familiar. Julián constituyó entonces su propia compañía y continuó con sus dispendios. Para financiarlos obtuvo del escocés George Sandeman, su importador de vinos en Inglaterra, anticipos cada vez mayores a cuenta de futuras entregas de vino. Como había previsto Sandeman, llegó un momento en que Pemartín no pudo atender al pago de su deuda.

Sandeman le demandó y Pemartín se vio obligado a declararse en bancarrota. La quiebra arrastró también a sus hermanos, porque la originaria compañía, Julián Pemartín & Cía, estaba gravada con avales en garantía de las deudas anteriores de Julián. Sandeman se hizo con todos sus activos. Los hermanos Pemartín mantuvieron la propiedad del nombre y consiguieron reactivar el negocio, aunque a un nivel mucho más modesto.

Uno de los hermanos del despilfarrador Pemartín, se casó con una señora gaditana de familia adinerada. Esto le permitió mantener la propiedad de la viña del Cerro de Santiago, que tiene una maravillosa fachada, obra también de Revel. Al morir, el Cerro pasó a su hija María, casada con el gaditano Juan Gualberto Pemán Maestre, abogado y diputado en todas las legislaturas de la restauración. Fueron los padres de mi abuelo, el escritor José María Pemán Pemartín, que heredó el Cerro de Santiago.

Al morir mi abuelo, el albacea y contador partidor de la herencia, su sobrino, Cesar «Titín» Pemán, hizo las nueve partijas correspondientes a los nueve hijos. A mi tía Carmen, monja esclava del Sagrado Corazón, le adjudicó unos retratos de cuerpo entero de los reyes Carlos IV y María Luisa, supuestamente de Goya, que habían adornado el comedor del palacio Domecq. La monja no podía llevarse los cuadros al convento y los acabó comprando un empresario jerezano. Visité al albacea y le trasladé, sin resultado, el deseo de mi madre de que se le adjudicara el cortijo y la viña del Cerro. Ahora, después de casi doscientos años, el Cerro ha dejado de pertenecer a la familia y es propiedad de un rico italiano.

Me hubiese gustado montar una pequeña bodega en el Cerro. No pudo ser. Pero no abandoné la idea, y desafiando el influjo de la constelación de la banca rota, comencé un negocio bodeguero en Aranjuez. Por ahora, gracias a la dedicación de dos de mis hijos, Isabel y Daniel, nuestra pequeña bodega puede considerarse un éxito; ciertamente modesto, pero que me ha permitido cumplir mi deseo de ser bodeguero.

En una nueva actitud de claro desafío a la maldita constelación de la banca rota, compré con un grupo de amigos una finca en Valladolid, plantamos una viña y pusimos en marcha una bodega con el asesoramiento del gran Peter Sissek. Peter produce el excelente Pingus que se vende a mil dólares la botella.

Ocuparse a distancia de un negocio es una tarea imposible, por lo que propuse a los socios vender la bodega de Valladolid. Así pude esquivar la maldición familiar de la constelación de la banca rota que nos sigue persiguiendo. Al menos, por ahora.

MI TATARABUELO EL CURA

Uno de mis tatarabuelos, por parte de padre, agricultor modesto, procedía de la Terra Chá —la Tierra Llana— de Lugo, concretamente del lugar de Bañobre en la parroquia de Santa María de Labrada. La parroquia es la unidad de población por excelencia en la Galicia rural. Santa María de Labrada pertenece hoy a la provincia de Lugo, pero fue parte de la de Mondoñedo hasta la reforma territorial de Javier de Burgos en 1833. Esta reforma, con la desaparición de las provincias de Mondoñedo, Betanzos y Tuy, redujo a cuatro las siete provincias gallegas que existían hasta entonces.

El paisaje en la Terra Chá es de una gran belleza y no debe diferir mucho de lo que fue el paraíso terrenal. La planificación urbanística no ha variado desde que en ese mismo lugar se asentaron los celtas. Es una zona de prados, arroyos, altos árboles, y «lugares» de pocas casas construidas con lajas de pizarra y tejado de láminas finas también de pizarra. Se llaman «lugares» en Galicia a los pequeños asentamientos que componen una parroquia; son el equivalente a los «places» ingleses.

Algunas casas tienen hórreo, y otras un cobertizo para guardar la leña y unos pocos aperos. Para preservar mejor el calor que ofrecía la lareira —el lar— las casas no tienen más de uno o dos ventanucos pequeños. En la lareira se cocía y se mantenía caliente la única comida de los campesinos: un caldo con berzas, patatas, y, en raras ocasiones, algo de unto.

El paisaje de los lugares en la Terra Chá sigue hoy igual que siempre, aunque con una importante diferencia: sus vecinos viven humildemente, pero no en la pobreza; las casas se han reformado interiormente, tienen luz, antena de televisión, y en los cobertizos anexos hay uno o dos coches aparcados. Las casas no habitadas no han variado desde hace siglos.

En la parroquia de Santa María de Labrada hay un lugar que se llama Xove Vello, en castellano Joven Viejo. La antinomia del nombre es una maravillosa manifestación de la complejidad de todo lo que tiene que ver con Galicia. Para solucionar la contradicción, algunos de los habitantes de Xove Vello cruzaron un par de bosques hacia el noroeste y fundaron Xove Novo. La antinomia quedó compensada con una redundancia, y aquí paz y después gloria.

Procedente de Xove Vello, Crisanto Jove, mi segundo tatarabuelo, se trasladó a vivir al lugar de Bañobre. Las pocas casas del lugar están en el extremo más alto de una pradera de hierba espesa con flores silvestres de colores azulados y amarillos. La pradera está rodeada por altísimos árboles —castaños, robles y algunos nogales— que mantienen oculta la vista de las casas.

LAS TRUCHAS NO ESTÁN DE ACUERDO Y HAN ABANDONADO EL ARROYO

El bosque se abre en la parte baja de la pradera hacia un largo horizonte verde de más prados y más bosques. Por allí pasa un pequeño arroyo cuya corriente no se agosta ni en los años de mayor sequía. Con el fin de asegurar la entrada de la luz necesaria para la vida de truchas, los vecinos segaban regularmente la hierba de sus riberas. Hoy, esa actuación se considera gravemente atentatoria contra el medio ambiente. Las truchas se han ido.

Crisanto Jove se casó con Doña Alejandra Fernández de Ulloa, procedente de Monfero. Primero, con la dote, y luego, con la herencia de su mujer, Crisanto mejoró sustancialmente su posición económica. Tuvo once hijos, entre ellos Francisco María, mi tatarabuelo, padre de dos hijas, enviudó y se fue a la primera guerra carlista.

Al poco de volver dejó a sus dos hijas al cuidado de un pariente, e influido por las terroríficas pinturas del infierno que adornan las paredes de la iglesia de Santa María de Labrada, ingresó en el seminario de Mondoñedo. Estudió los años preceptivos y fue ordenado sacerdote bajo la fórmula canónica de cura «patrimonista». Esta fórmula le obligaba a hacerse cargo de su propio mantenimiento y a renunciar a cualquier subvención o pago por parte de la Iglesia.

Al poco tiempo, fue designado párroco de Villarrube, pequeña aldea al sur de la ría de Cedeira, a la vera del camino que lleva a San Andrés de Teixido. Se trasladó allí con sus dos hijas. Compró el pazo de San Martín de Villarrube a un caballero de la Orden de Malta y lo dividió en dos partes, una para cada hija. También edificó una nueva iglesia parroquial junto al pazo. En Villarrube nació mi abuelo Daniel, único hijo de la mayor de las hijas del párroco, casada con un agrimensor de Ferrol.

Una vez hice valer en la clase de religión mi condición de tataranieto de cura para darme importancia. Fui inmediatamente expulsado por el profesor, un cura que ejercía su ministerio en la parroquia de las Rozas. Yo hubiese esperado algo más de solidaridad profesional con el descendiente de un colega en el ministerio sacerdotal. La directora del colegio, Doña Laura, me llamó para hacerme ver la gravedad de mi falta, pero yo me mantuve firme y aseguré que mi padre corroboraría mi ascendencia clerical.

No me libré del castigo.

Por entonces no sabía que me había convertido también en hermano de leche del hijo de otro clérigo. Si algo tan inocuo como ser tataranieto de cura me había supuesto un castigo, confesar mi hermanamiento de leche con el hijo de un clérigo hubiera sido causa de expulsión segura.

Villarrube ha estado sumida hasta la época de mis abuelos en algo parecido a la Edad Media. Cuando mi abuela paterna acudió al pazo de San Martín para conocer a la familia de mi abuelo Daniel, el trayecto no era fácil. En Esteiro, la ría de Cedeira hace un entrante donde desemboca el río de las Ferrerías. El río se cruzaba en la barca de un paisano llamado Adán. Con la marea baja no había suficiente calado para la barca, y Adán, hombre cumplidor de su oficio, cruzaba a los viajeros sobre sus espaldas o en brazos, según sexo y tamaño. Cobraba a razón de perra gorda por persona. Este servicio de cruzar ríos a la espalda del barquero no tiene nombre propio en el viejo derecho civil, como lo tiene la servidumbre de sirga y otras instituciones análogas, pero merecería tenerlo.

La carretera de Cedeira a Ferrol, construida años después, dejó sin trabajo a Adán y contribuyó al desarrollo de Cedeira.

Villarrube, en lo alto del monte, continuaba siendo una aldea medieval muchos años más tarde, como le oí decir a Jesús Suevos, primo de mi padre y político conocido durante el franquismo, sobre todo en Madrid. Fue miembro del grupo fundador de Falange y tuvo asegurada su carrera durante la dictadura como sempiterno primer teniente de alcalde del Ayuntamiento de Madrid. Desempeñó también el cargo de director de Televisión Española, y fue presidente del Atlético de Madrid. Le recuerdo de ojos azules intensos y saltones.

Le encargaban habitualmente el pregón de las fiestas patronales de Cedeira. Hablaba sobre el estrado levantado para la orquesta en la plaza Do Peixe, justo debajo del balcón de la casa de mi tío Eduardo, que era un hombre ecuánime y ordenado: fumó cuatro pitillos diarios hasta el día antes de su muerte; ni tres ni cinco, cuatro.

Mi otro tatarabuelo por parte de padre, médico, se estableció en Cedeira y uno de sus hijos le sucedió como médico de la aldea. Fue un médico rural abnegado. Yo no le llegué a conocerle, pero sí a mi bisabuela a la que por costumbre de aquella tierra llamábamos madrina. Esto me creó algún problema, porque mi verdadera madrina era mi bisabuela materna y yo no llegaba a entender cómo una de ellas vivía en un gran palacio en Jerez y la otra en una casucha pequeña en Cedeira.

Concluí, por mí solo, que en España, al menos en materia de bisabuelas, había grandes diferencias sociales.

La biografía de Pío Baroja, a la que ya me he referido, me ha traído el recuerdo de mi bisabuelo, médico rural. Don Pío fue médico rural en Cestona y visitaba los caseríos en su caballo, de la misma manera que lo hacía mi bisabuelo cedeirés por los lugares escondidos en los montes y bosques que rodean Cedeira. Un día decidió que ya estaba bien, vendió el caballo, se metió en la cama, y no volvió a levantarse hasta que varios años después murió. La cita de Baroja que seguidamente transcribo difiere en muy poco de lo que mi padre me contaba de mi bisabuelo:

> «El oficio de médico de aldea era entonces, y seguirá siendo ahora, difícil, mal pagado, y de gran responsabilidad... Como tenía que ir a los caseríos y no disponía de dinero para comprar un caballo, acepté el préstamo de un viejo rocín que me dejó un cochero de San Sebastián... El caballo tenía muchos años y manifestaba en cuanto podía su mala intención. El que me lo dejó lo llamaba Pájaro».[3]

Que yo sepa, el caballo de mi bisabuelo era de su propiedad y la cuadra, según costumbre de entonces, estaba en el bajo de la casa.

Mi otra bisabuela paterna había vivido en una casa de piedra y tejado de lajas de pizarra en el medio de la nada, en un prado de la Terra Cha de Lugo, donde no había caballo en la cuadra sino, quizá, algún buey.

Las diferencias entre mi familia paterna y materna desaparecieron más adelante y mis abuelos de las dos familias se andaban ya a la par. Mi familia paterna mejoró de posición cuando, como ya he contado, mi tatarabuelo el cura se trasladó a Villarrube y compró el llamado, presuntuosamente, pazo de San Martín; más adelante mi abuelo construyó una bonita casa en Cedeira. Esto, no obstante, para que no haya duda de la diferencia entre las respectivas «soluciones habitacionales» de ambas familias, he incluido las fotografías de sus respectivas residencias. De niño yo no era consciente de esas diferencias. A mí no me afectaban. Desde niño me habían vacunado contra la desigualdad social.

UN PLEITO FAMILIAR

El negocio de la pesca es inseguro, muy arriesgado, y siempre amenazado por la siniestra constelación de la banca rota. Al negocio de la pesca se dedicaba mi familia paterna. Mi vocación de ser abogado, que, como ya he dicho, había despertado la cocinera de mis abuelos, se consolidó definitivamente cuando conocí la historia del pleito que enfrentó a mi abuelo paterno con su padrastro.

Una familia gallega que se precie debe de haber tenido al menos un pleito importante en su historia.

El litigio lo perdió mi abuelo, amargó la vida de mi familia durante mucho tiempo, y atrajo de nuevo sobre ella el influjo de la maldita banca rota. Con el paso de los años el asunto dejó de ser tema de las conversaciones familiares, pero yo no lo olvidé.

El pleito lo inició Luis Lamigueiro. Había nacido en un lugar en medio del monte, cerca de Villarrube. Debía de ser un chico despierto y mi tatarabuelo el cura decidió no perder la oportunidad de que recibiera educación. Le envió a la escuela de Cerdido, a pocos kilómetros, y el cura de la parroquia lo acogió en su casa.

Después emigró a La Habana para trabajar con un pariente que era propietario de varias zapaterías. Volvió a España con una mano delante y otra detrás. Intentó sin éxito entrar en los jesuitas de La Coruña y volvió de nuevo a Villarrube.

Ante el fracaso de la emigración y de su frustrada incorporación a la *Societate Iesu*, enamoró a mi bisabuela, mucho mayor que él, viuda y heredada, se casó con ella y consiguió convencer a su hijastro, mi abuelo Daniel, para que se asociara con él en un negocio de pesca: Pescaderías Coruñesas. Compraron los mejores barcos de la época construidos en astilleros ingleses, vagones frigoríficos para el transporte del pescado, y un inmenso centro de procesamiento y almacenaje en Madrid, que inauguró Su Majestad Don Alfonso XIII.

Al morir mi bisabuela, Lamigueiro decidió casarse con una jovencita aldeana de Villarrube.

En una nota biografía de Lamigueiro que escribió Suevos dice que se convirtió «en una de las grandes fortunas españolas de la época», lo que no pasa de ser una exageración absurda. Era generoso con el clero y las congregaciones, aunque siempre obtenía algo por su generosidad. «Tío Luis —cuenta Suevos— ayuda con sus limosnas a unas monjas a las que llama sus hijitas... Hubo otras congregaciones como Las Bernardas, a las que compra el convento también para sacarlas de apuros». ¡Las saca de apuros comprándoles el convento! ¡Sí señor! Tío Luis pone en práctica una nueva desamortización eclesiástica que, a partir de ahora, se estudiará junto con las de Mendizábal y la de Madoz.

> «Lamigueiro —continúa Suevos— se instala en una suite permanente del Hotel Palace y forma parte de la sociedad más exclusiva, siendo invitado a todos los actos, fiestas y eventos relevantes de la capital, tiene la oportunidad de relacionarse con las personas más influyentes del momento... En una ocasión quiso hacerle a Armanda (su segunda mujer) un regalo muy especial por su cumpleaños: comprarle el Pazo de Mariñán que estaba en venta. Ella le pidió por favor que no lo hiciera, porque ella donde quería estar era en Villarrube... Viste con la moda de París, acompaña a Luis al teatro, fiestas...».

Lamigueiro llevaba el negocio pesquero a la ruina y mi abuelo le vendió su parte. Al poco tiempo, como era de prever, el negocio tuvo que declararse en suspensión de pagos. Lo poco que le quedó de Pescaderías Coruñesas lo vendió Lamigueiro a un grupo leonés, propietario del emblemático restaurante Lhardy.

Lamigueiro necesitaba dinero, y formuló una serie de reclamaciones a mi abuelo en relación con la herencia de mi bisabuela.

Comienzan los pleitos. Ambas partes acuerdan terminarlos y acudir a un juicio de amigables componedores, algo parecido a un arbitraje de equidad. El voto decisivo en el tribunal de componedores se atribuyó al prior de los dominicos de la Coruña, congregación beneficiada por la generosidad de Lamigueiro.

El arbitraje debía tratar solo de cuestiones hereditarias y expresamente se excluyó cualquier cuestión derivada de la separación de los negocios pesqueros. Pero, inesperadamente, Lamigueiro presentó una reclamación adicional relativa a esta cuestión. Con el voto decisorio del dominico, y sin darle audiencia a mi abuelo, el tribunal acordó admitir a trámite la nueva reclamación, declaró que mi abuelo había incurrido en competencia desleal y le condenaron a una cuantiosa indemnización.

Tengo en mi poder los dictámenes de los mejores abogados del país: Gil Robles, José Antonio Primo de Rivera, Galo Ponte... Son rotundos en considerar la monstruosidad del laudo.

Mi abuelo no se arruinó del todo, pero el pago de la indemnización frenó gravemente el crecimiento de su nueva compañía. Se retiró y construyó una bonita casa en Cedeira, donde todos los años pasaba una larga temporada. En apariencia todo siguió igual, pero ya nada era lo mismo.

Desarrollar su nueva empresa, Pesquerías Cantábricas, fue una tarea difícil: los barcos son caros y no se construyen de un día para otro, ni tampoco los vagones frigoríficos. Cuando comenzó, por fin, a crecer, llegaron los tiempos revueltos de la república, después la guerra, después la posguerra, y en mi familia ya nada volvió a ser igual.

Suevos termina así su hagiografía del «tío» Luis Lamigueiro: «Un 18 de marzo de 1954 se fue, dejando detrás de sí una vida intensa, llena de vivencias extraordinarias».

Totalmente de acuerdo: vivencias sin duda extraordinarias, si bien, de honorabilidad discutible.

LAS ESTRELLAS SE CONJURAN POR TERCERA VEZ

Al cabo de algunos años, fui yo quien sintió de cerca, el maldito influjo de la constelación de la banca rota.

Debo de aclarar, por si el lector lo desconoce, que la pesca es un negocio arriesgado al máximo. Todos los armadores de barcos de pesca tienen espíritu de jugadores de póker. Mi padre no era una excepción.

Al morir mi abuelo, nuestra compañía se había convertido en un negocio pequeño, sin grandes sobresaltos. No tenía problemas, todo era paz y tranquilidad, es decir, lo más opuesto a la vida de un armador. Mi padre se presentó una mañana en el bufete J&A Garrigues, donde yo trabajaba, para pedirme asesoramiento en relación con la creación de una nueva compañía pesquera que había decidido constituir junto con otras dos familias gaditanas dedicadas de antiguo al negocio: los Larrañaga y los Molinero. La sociedad se llamaría «Pesquerías Gaditanas de Gran Altura», abreviadamente «Gaditanas». Quiero aclarar de inmediato, por si el lector no está impuesto en el mundo de la pesca, que lo de «gran altura» no era una mención pretenciosa, sino una clasificación técnica: hay pesca de bajura, la que se realiza cerca de la costa y el barco vuelve a puerto cada día; de altura, cuando los barcos no regresan diariamente al puerto y la marea tiene duración más larga pero inferior a tres semanas; y de gran altura, cuando la duración es superior a las tres semanas. Por marea se entiende el tiempo durante el que el barco está faenando sin volver a tierra.

La nueva empresa se iba a dedicar a la explotación de grandes barcos-factoría, llamados así porque procesaban el pescado a bordo, troceándolo, empacándolo y congelándolo para que se mantuviese en buenas condiciones durante unas mareas de varios meses de duración. Eran auténticas fábricas flotantes y tenían acceso a los lejanos caladeros de África del sur, Argentina, Chile, y otras zonas del mundo fuera del alcance de nuestros barcos hasta ese momento. Estaba también prevista la construcción de instalaciones frigoríficas de almacenamiento en tierra. Iba a ser un negocio de grandes beneficios. La aventura ya la había comenzado Pescanova, que pronto se convirtió en la primera empresa pesquera del mundo capaz de competir con las flotas japonesas. Pescanova tenía el respaldo de un gran grupo industrial. Nosotros teníamos que financiar el negocio con créditos, la construcción de los barcos, de las instalaciones de tierra y del importante capital circulante necesario para las operaciones. Con mucho trabajo, dedicación, y suerte, se consiguieron los créditos, y la nueva compañía pudo empezar sus actividades.

Yo me había comprometido con mi padre a dedicarme a mi profesión de abogado y a no entrar en el mundo de los negocios que tan mal habían resultado en nuestra familia. Ambos convinimos, no obstante, que mi simple pertenencia al consejo de administración de la nueva compañía no implicaba rotura de mi compromiso. Los consejos tenían lugar en Cádiz. Terminada la sesión, se celebraba un magnífico almuerzo en El Anteojo; su propietario era un gallego conocido como Pepiño, que llegó a ser presidente del Cádiz Club de Fútbol[4]. Después de almorzar tomaba el vuelo de vuelta de Jerez a Madrid.

En el consejo todo eran buenas noticias. Nuestros barcos faenaban en las riquísimas aguas territoriales de Namibia, por aquel entonces protectorado de la República Sudafricana. La pesca en los caladeros de Namibia generaba unos magníficos beneficios. Aquello parecía una ruleta trucada donde la bolita siempre caía en el número escogido. Era el origen de la recuperación económica de la familia. Llegamos incluso a estudiar la cotización en Bolsa de las acciones de la compañía para financiar una ampliación de la flota. Recuerdo con emoción la cara de satisfacción de mi padre cuando en el consejo yo expliqué los trámites que había que cumplir para la cotización. Sustituí a mi padre en algunos viajes a Namibia. Desde Johannesburgo volábamos en una avioneta a Walvis Bay, donde recalaban los barcos. Alberto Larrañaga, el socio de mi padre, hablaba en vascuence con los patrones de nuestros barcos. Era el lenguaje oficial de la compañía en las comunicaciones por radio para que otros buques no supiesen los resultados del caladero donde faenaban los nuestros. Fue, sin duda, una época feliz de mi vida.

La felicidad suele tener un plazo de caducidad; en mi familia se ocupaba de ello la constelación de la banca rota. Las naciones de todo el mundo se pusieron de acuerdo en ampliar el límite de sus respectivas aguas territoriales, lo que nos obligó a cambiar de caladeros. Nos trasladamos a las aguas argentinas. Como en otros países costeros, Argentina exigía que las compañías extranjeras que quisieran faenar en sus aguas tuvieran un socio local mayoritario. Nuestro socio local argentino, Diego Mauricio Weyler, resultó un desastre. Al poco, los chilenos y los argentinos decidieron amenazarse de guerra por una cuestión de límites territoriales y nuestros barcos fueron requisados por el gobierno argentino para transporte de tropas; después vino la guerra de las Malvinas, donde habíamos descubierto un buen caladero que hubo que abandonar. Era una desgracia tras otra. La ruina nos amenazaba una vez más. La salud de mi padre se debilitó, enfermó gravemente y murió a los sesenta y cuatro años. Recuerdo su tristeza en los meses previos a la muerte.

Yo no quería dedicarme a mirar cada noche con angustia las estrellas. Vendí nuestras acciones de la compañía pesquera familiar lo mejor que pude y me dediqué en exclusiva, a partir de entonces, a mi profesión de abogado.

II. UN CHURRO GADITANO

Supongo que siento cierta envidia por Abenamar, ya que en mi venida al mundo no se dieron las venturosas señales que, de acuerdo con el romance viejo, acompañaron al nacimiento del moro.

¡Abenamar, Abenamar, moro de la morería,
el día que tú naciste grandes señales había!
Estaba la mar en calma, la luna estaba crecida,
Moro que en tal signo nace no debe decir mentira...

Nací a los ocho meses de la boda de mis padres, a causa de un accidente doméstico. En Cádiz era usual hacer churros en las casas particulares; se utilizaba un artilugio que había que presionar contra la barriga para extraer la masa cilíndrica y alargada, que, luego de cortada en trozos, se freía en la sartén. El efecto de la presión del cacharro sobre la barriga de mi madre fue inmediato, y yo acompañé al churro en su salida a la luz. No era un signo nada propicio, pero siempre agradecí a mi madre ese mes adicional de existencia. Por lo demás, mi vida ha transcurrido ajena a la condición de prematuro.

No he tenido ni ventaja ni desventaja por ser ochomesino, y nunca he considerado un mal signo nacer acompañado de un churro gaditano camino de la sartén. Atribuyo a ese hecho cierta propensión que tuve al fuego; ejercía sobre mí una atracción difícil de resistir. En cuanto empecé a andar, me caí en un brasero con los que se calentaban entonces las habitaciones en Cádiz, me quemé en el brazo izquierdo y aún conservo en mi muñeca una gran cicatriz.

Al poco tiempo de mi nacimiento, tuvo lugar otro acontecimiento que no era, precisamente, señal de buenos augurios: a las afueras de la ciudad se produjo la explosión de unos polvorines de la Armada.

Los efectos de la explosión en la casa de mis padres se redujeron a algún que otro cristal roto, pero en los barrios populares de Cádiz causó muchos daños y hubo un elevado número de muertes que nunca se ha llegado a conocer con exactitud. En aquellos tiempos, la censura impedía cualquier noticia negativa del tipo que fuera. La censura que impide dar una noticia es el segundo pecado más grave que puede cometerse contra el derecho de los ciudadanos a una información veraz; el primero en gravedad es dar la noticia deformada sectariamente, distorsionando los hechos, lo que supone un mayor engaño. La falta de información en la prensa sobre la explosión no limitó ni el luto ni la tristeza de Cádiz.

Mi propensión al fuego volvió a manifestarse con motivo de la procesión de la cofradía de Jesús Nazareno, que desfilaba el Jueves Santo. Mi abuelo era el Hermano Mayor. Se trataba de un acontecimiento importantísimo en la vida gaditana. Para mantener su independencia de la familia Pemán, que era muy absorbente, mi padre se hizo hermano de la cofradía de la Vera Cruz, que desfilaba el Viernes Santo. En Cádiz las cofradías representan una tradición de mucha raigambre popular, hasta el punto de que el *Diario de Cádiz* tenía, al menos hasta hace poco, una sección dedicada a la vida de las cofradías.

Yo empecé muy pronto a salir como penitente en la procesión de Jesús Nazareno, portando el correspondiente cirio a pesar de mi corta estatura. La procesión comenzaba muy tarde en la Catedral y el sueño me vencía. Un año, en una de las largas paradas que se hacen para que alguien cante una saeta desde el balcón, no pude más y me quedé dormido de pie; poco a poco fui inclinando la cabeza sobre el cirio y empezó a quemarse el capirote. Mi madre, que me seguía de cerca, me tomó en brazos y me llevó a la cama. Al año siguiente me ascendieron y en lugar de cirio me dieron varal. Me volví a dormir, pero esta vez sin riego de incendio. El hijo del general Varela, un poco mayor que yo, desfilaba en la procesión vestido de legionario; siempre sentí hacia él una gran envidia.

Cuando el golpe frustrado de Tejero, el 23F, recuerdo a Enrique Varela, vestido de militar y muy excitado, entre el público que se fue arremolinando a la puerta del hotel Palace. No me reconoció y yo no le saludé.

A causa de mi nacimiento prematuro, mi salud no fue descollante en los primeros años. Para mayor complicación, mi madre no podía amamantarme. Nunca se lo eché en cara.

Mi abuela organizó lo que hoy se llamaría «un operativo» para conseguir un sustitutivo de leche materna. Me buscaron un ama de cría y se completó mi dieta con leche para lactantes traída de Gibraltar. El contrabando contó con la ayuda inestimable de los Triay, familia del peñón que siempre militó en el bando de las «palomas», favorable a las buenas relaciones con España; los «halcones» eran los contrarios a cualquier acercamiento. Mi abuela, que era muy práctica, rezaba a San Dimas, el buen ladrón, para que no surgieran problemas en las operaciones de contrabando de la leche. Mi abuela tenía una conciencia de las buenas prácticas comerciales y financieras muy adelantada para la época.

Mi aspecto no mejoraba, y yo llevaba el camino de convertirme en insecto.

Para librarme del calor veraniego de Cádiz, mis padres decidieron trasladarse a Cedeira a la casa de mis abuelos paternos. Allí, Cándida, una antigua criada de mi abuela, sospechó que lo del amamantamiento no funcionaba. Cándida había puesto en duda, desde el principio, la capacidad para cumplir debidamente la función de ama de cría, de alguien nacida, «terra adentro», en una región tan lejana como Andalucía. Decidió investigar. Se dio cuenta de que, al retirarse por la noche, el ama subía a su habitación un vaso de leche; miró por la cerradura y comprobó que el vaso de leche era mi cena. Según Cándida, yo no me comía el vaso de puro milagro. El ama se defendió inicialmente, pero Cándida la ordeñó a la fuerza delante de mi abuela y su sequía quedó en evidencia inapelable.

El ama fue despedida y sustituida por otra —gallega naturalmente— de capacidad y honradez fuera de toda duda. Lo acreditaba el hecho de que había ejercido su función con un hijo natural de un clérigo del lugar. Estas cosas en Galicia no llamaban la atención. En zonas de gran pobreza, una mujer sin marido que envejeciera sin el auxilio de un hijo o de una hija, y sin las fuerzas necesarias para labrar ella misma la tierra, estaba condenada al hambre. Tener un hijo constituía un activo imprescindible. El cura, por otra parte, solía ser el ciudadano más limpio y con las mayores posibilidades de dar educación y un buen futuro al hijo. La paternidad del cura de aldea fue algo habitual en los siglos pasados, y desde luego no era una práctica totalmente erradicada en los años cuarenta del siglo XX. Tiempo después supe perfectamente quién era el padre de mi hermano de leche. De niño le hice muchas veces de acólito en la Misa mañanera.

Los domingos disfrutaba oyendo cantar a mi ama de cría con una voz que ya quisiera la Caballé. En cuestión de cantar, Galicia no es una excepción al gran nivel de todo el norte de España.

SER NIETO DE PEMÁN EN CÁDIZ

Mis familias paterna y materna procedían de lugares muy distanciados entre sí, ambos alejados de Cádiz, mi lugar de nacimiento. A pesar del distanciamiento geográfico que originariamente las separaba, entre ambas familias había un fuerte lazo espiritual de unión: el maldito influjo de la constelación de la banca rota. Las ruinas de cada una de las familias habían tenido lugar en momentos distintos y en negocios muy diferentes, pero por un mismo motivo: el despilfarro, más que la avaricia. Como ya he relatado, yo mismo estuve a punto de ser absorbido por el agujero negro y tenebroso de la quiebra, pero me libré.

Mi madre era gaditana. Una vez que el primer Pemán llegó a España en el séquito del Emperador Carlos V, pasó algún tiempo en Zaragoza. Sus sucesores se dispersaron por varios lugares de la península, y la rama a la que pertenecía mi abuelo materno se instaló en Santiago de Compostela. El famoso hombre del tiempo de la televisión regional gallega, Santiago Pemán Pérez, predijo en el telediario un hecho histórico: al día siguiente no llovería en ninguna parte de Galicia. Se equivocó. El clima ha cambiado mucho con eso de los agujeros negros que se abren y se cierran según la ideología progresista o conservadora de quien hable, pero lo cierto es que ya no son infrecuentes los días en los que no llueve en toda Galicia.

Mi padre, gallego, se trasladó a Cádiz después de la guerra para ocuparse del negocio pesquero de la familia. Era muy frecuente la presencia en Cádiz de gentes de Galicia y de otros lugares del norte, vinculados con los negocios de la mar. Conoció a mi madre, once años más joven que él y muy guapa. Era la tercera de los nueve hijos del matrimonio del escritor José María Pemán Pemartín con María del Carmen Domecq Rivero. Se casaron en mayo de 1946, hicieron su viaje de novios a Mallorca, como correspondía a la época, y alquilaron una casa en la calle Cánovas del Castillo, que da a la plaza de San Antonio, la de mayor superficie y luminosidad de la ciudad, donde vivían mis abuelos.

Soy técnicamente andaluz por razón del nacimiento y por la familia de mi madre, pero también lo soy espiritualmente: siento como propio el carácter abierto y simpático de mis paisanos andaluces, siempre que no se pasen de graciosos. No hay nada peor que un andaluz «malaje» haciéndose el gracioso. Contar chistes debería requerir un examen y una autorización administrativa previa, algo así como el carné de conducir. Una vez obtenida la autorización, se perderían puntos por cada chiste malo. En Cádiz no sería necesario tomar esta medida, porque la gracia y el sentido del humor está en el ADN de los gaditanos.

En uno de mis viajes a Cádiz, ya pasada mi infancia y mi adolescencia, pude comprobar que el Séneca pemaniano sigue vivo.

Estaba yo junto a un grupo de personas esperando que un municipal nos permitiese cruzar la calle; el munícipe daba paso con la mano a los coches sin molestarse siquiera en dirigirnos la mirada; el número de personas que esperaban para cruzar crecía y crecía, pero el munícipe seguía dando paso a los coches; uno de los peatones, cuya gorra delataba claramente que se trataba de un hombre de campo, se impacientó y dijo en voz lo suficientemente audible para que el munícipe lo oyera: «me voy a tené que acordá de las castas de arguien»; el munícipe se volvió de inmediato y con cara colérica hizo ademán de dirigirse hacia él; pero el paisano le detuvo con un gesto de la mano y le dijo: «no enfadarze hombre, que e zolo una pozibilidá».

Era un razonamiento convincente.

El munícipe comprendió que la posibilidad de acordarse de las castas de alguien no debe considerarse, técnicamente, una ofensa consumada, además de que su mero anuncio abre un amplio abanico de formas no necesariamente insultantes todas ellas; comprendió que, con la severidad de su mirada al paisano, había dejado constancia de su autoridad, se dio la vuelta y siguió dando paso a los coches. Todo el grupo de peatones, sin rechistar, andamos por la acera unos cuantos metros para alejarnos del iracundo guardia, y, esquivando los coches, conseguimos cruzar la calle.

Me siento andaluz cuando estoy en Cádiz, cuando leo libros sobre Andalucía, o cuando escucho una conversación entre andaluces.

En Andalucía son varios los acentos y están bien diferenciados. El más elegante, sin duda, es el gaditano. Soy capaz de percibir matices en el acento que se le escaparían a un mesetario, y distingo perfectamente a un granadino de un cordobés o de un gaditano. Hay quien abusa del acento y lo exagera como seña de identidad. ¡Espantoso!

Echo de menos el dulce hablar gaditano de mi madre que nunca perdió a pesar de tantos años viviendo fuera de Andalucía. En Madrid, también lo conservaron hasta su muerte José Pedro Pérez-Llorca, compañero de fatigas al comienzo de mi modestísima vida política, y mi tío Patricio Pemán Medina, maestro entrañable en el ejercicio de la profesión de abogado. El acento gaditano se lo escucho ahora, con gran placer, al gran pintor Hernán Cortés. Su retrato del Rey Juan Carlos preside el *hall* del Nuevo Club desde donde arranca la escalera considerada la más peligrosa del mundo.

En la escalera del Nuevo Club, una placa recuerda a los socios muertos en la guerra civil; un gracioso hizo el comentario irreverente de que, en realidad, se trata de los socios que habían muerto bajando la escalera.

Mi infancia trascurrió en Cádiz hasta los siete años, con la interrupción de dos meses de veraneo en Cedeira, de un par de semanas por Navidad en Madrid, y de un mes en primavera en el Cerro de Santiago, también conocido como Cerro Nuevo, o, simplemente, el Cerro, que era la viña jerezana de mis abuelos maternos.

Nuestra casa de Cádiz tenía la estructura propia de las de la burguesía naviera y comercial gaditana: en la planta baja, rodeando el patio, unas habitaciones destinadas a escritorio y a almacén; las tres plantas de la casa, con galería acristalada dando al patio, estaban dedicadas a vivienda. El patio podía cubrirse con un toldo para evitar los calores veraniegos. En la terraza se erguía una torre para que el naviero pudiera avistar la llegada de los buques con tiempo suficiente para organizar el atraque y la descarga en el puerto.

Mi casa natal es hoy la sede del Partido Popular gaditano, pero de ninguna manera considero que haber nacido allí fuera un augurio político. No pertenezco a ningún partido político.

Mi vida era monótona, como correspondía a un niño de provincias. Por la mañana pasaba unas horas en un convento de monjas cercano a mi casa que cumplía la función de *kindergarten*. Allí hacía palotes y daba clases de lectura. Por la tarde salía a jugar con otros niños en la plaza de España o en el Parque Genovés. Y poco más. A veces jugaba en casa de mi amigo José María Cervelló, que vivía en la Plaza de San Antonio. Fue mi primer amigo. Podíamos pasar horas y horas con figuritas de indios en la toma de un fuerte, o con el Séptimo de Caballería arrasando las tiendas de un campamento sioux. Pronto comencé a concentrarme en la lectura del Jinete Enmascarado, de Hazañas Bélicas, y de Pulgarcito con los personajes inolvidables de Ibáñez. El nombre de *TBO*, que correspondía a la decana de las revistas infantiles de historietas, se aplicaba, como denominación genérica, a todas ellas.

Cuando nos fuimos a vivir a Madrid estaba deseando que llegara septiembre para volver a ver a mi amigo José María Cervelló. Era muy brillante y sacó muy joven la oposición de abogado del Estado; se trasladó a Madrid y comenzó a ejercer en un bufete. Un día me encontré a su hermana por la calle y me dijo que había contraído el ELA. Fue deteriorándose muy deprisa y al poco tiempo murió. Le visité una vez y no tuve el valor de volver. Aún no me lo he perdonado. Espero que él sí lo haya hecho.

Durante mi infancia en Cádiz, la condición de nieto mayor de José María Pemán fue un atributo importante. Pemán lo era todo en Cádiz. Fue un escritor prolífico en poesía, cuentos, novelas, historia, filosofía, teatro, oratoria, televisión y artículos de periódico. Lo había leído todo; su biblioteca de la Plaza de San Antonio era completísima; no era la biblioteca de un bibliófilo, sino la de un lector universal. Antonio Llaves, su secretario/bibliotecario la mantenía perfectamente ordenada, aunque mi abuelo, con su prodigiosa memoria necesitaba poca ayuda para encontrar cualquier libro. Era un orador brillante, rápido, culto, mordaz e inteligente. Su memoria era prodigiosa: yo le he visto escribir del tirón una Tercera de *ABC* con numerosas citas, que no necesitaba comprobar. En 1965 se editaron sus obras en siete grandes volúmenes de papel biblia.

Los últimos años de su vida estuvieron marcados por la tristeza que le causó la muerte de mi abuela y por un terrible Parkinson. Apenas podía sujetar la pluma con su mano de dedos retorcidos. En la recta final de su vida, Hernán Cortés, el gran pintor gaditano, le hizo un magnífico retrato que es la imagen de un alma triste dentro de un cuerpo castigado por la enfermedad. Yo heredé de mi madre otro retrato de mi abuelo de la misma época; es un buen retrato, pero en modo alguno comparable al de Hernán Cortés. Sobre ese cuadro leí una estupenda alabanza de Arcadi Espada.

Mi abuelo no dejó de escribir hasta poco antes de su último suspiro. Una tarde, a la vuelta de ver torear a Rafael de Paula en Jerez, tomó la pluma y en un tarjetón con la cruz de la Orden de Santiago, a la que pertenecía, escribió con letra temblorosa pero perfectamente inteligible estos versos:

Dios cuide poner entre el torero y el toro
blandura de almohadones.
Y al final... Sombreros y flores.

Firmó el tarjetón y lo metió en un sobre en el que escribió, también de su puño y letra, el nombre del destinatario: «D. Rafael de Paula. Matador de toros». Se acostó en su cama, cerró los ojos, entró en coma y murió a los dos días. El entierro de Pemán fue un auténtico duelo popular en Cádiz. Inicialmente se le sepultó en el cementerio junto a mi abuela; después fue trasladado junto a los restos de Falla en la cripta de la Catedral. Yo no creo que a mi abuelo le haya gustado prescindir de la compañía de mi abuela.

Pemán sigue siendo un personaje querido en Cádiz donde se le considera un gaditano total y esencial. Se cuenta que un día el célebre cantaor Pericón de Cádiz y su guitarrista pasaron por la calle de Isabel la Católica n.º 10, donde había nacido mi abuelo; en la fachada había una lápida conmemorativa de su nacimiento. Se detuvieron y el guitarrista leyó con solemnidad el texto de la placa fijada en la fachada: «Aquí nació el insigne escritor y poeta Don José María Pemán el día tal de tal y escribió su obra».. Al terminar la lectura, le dijo el guitarrista a Pericón: «qué bonito, Pericón; qué maravilla que tus paisanos te recuerden con esa admiración. Por cierto, ¿tú qué crees que pondrán en mi casa cuando yo me muera?». Pericón se quedó pensativo por unos segundos y le contestó: «*Ze* vende».

Una vez que nos trasladamos a vivir a Madrid de manera permanente, íbamos a Cádiz todos los años a pasar la Navidad y la Semana Santa, hasta que murieron mis abuelos. Entonces dejamos de ir. Años más tarde volví a Cádiz, cuando, muerto mi padre, tuve que ocuparme del negocio familiar.

Hace ya mucho tiempo que, después de haber liquidado el negocio familiar, dejé de tener que ir a Cádiz por obligación. A pesar de ello, voy todos los años para pararme unos minutos delante de mi casa en Cánovas del Castillo, tomarme un helado en Los Italianos, y entrar en la biblioteca de mi abuelo. Ahora, la biblioteca es propiedad de la Caja de Ahorros, que ha tenido el buen sentido de mantenerla abierta al público.

En definitiva, me gusta recordar mis años de infancia y de adolescencia gaditanas.

UNA CUESTIÓN DE CONCIENCIA

Los recuerdos son el terreno preferido de las conciencias; es donde se sienten seguras y pueden ejercer con plenitud su poder, muchas veces tiránico. La mía me sugiere, con aparente amabilidad, que el esfuerzo de memoria que me ha supuesto volver a mi infancia sería una pérdida de tiempo si no hago una reflexión, aunque sea breve, sobre los privilegios de que disfruté en aquellos años de pobreza en España y en Cádiz en particular. Considera, además, que es de justicia que el lector, que soporte mi larga narración, tenga acceso a esta reflexión.

A juicio de mi conciencia, debo empezar por admitir que mi narración, idílica en exceso, no ha sido completa, porque he omitido toda referencia a la pobreza que tenía tan cerca y que ignoré en mi condición de niño privilegiado, ajeno por completo a las penurias de todo tipo con las que convivía. Me acusa de haber estado, en muchas ocasiones, cercano a la pobreza, y no haber reaccionado como hubiese debido. Me llega a insinuar que mi infancia le recuerda la parábola del rico Epulón y el pobre Lázaro, quien, como todo el mundo sabe, se rebajaba hasta compararse con los perros que comían los restos de la comida que caían de la mesa de Epulón.

La referencia a la parábola evangélica del rico Epulón y el pobre Lázaro es una exageración muy propia de conciencias radicales como la que yo padezco.

Mi conciencia se olvida que era ella quien tenía la responsabilidad de haberme alertado en el momento oportuno de cuál era la situación; no ahora. No lo hizo, o, si lo hizo, no fue con la necesaria intensidad. Ella es la única responsable. Resulta injusto que ahora se empeñe en martirizarme con situaciones ocurridas en tiempos lejanos. Es cierto que, durante mi infancia, aún quedaban residuos de las penurias y escaseces que siguieron a la guerra civil. Pero la pobreza se concentraba en barrios distantes de donde yo vivía con mi familia. Es perfectamente razonable que estuviera ajeno a los problemas y a las escaseces que sufrían muchas personas de las que yo vivía alejado.

Mi conciencia es una conciencia de abogado, discutona. La conozco. Sé que insistirá, y yo tengo que defenderme. Conciencias radicales como la mía amargan la existencia, la mayoría de las veces sin la menor justificación.

Una buena defensa tiene que empezar reconociendo la verdad de los hechos si uno no quiere quedar desacreditado desde el principio frente al jurado. Los buenos abogados admiten los hechos, pero, de inmediato, llaman la atención sobre las razones que justifican la actitud del defendido y permiten excluir su culpabilidad. Lo aprendí de mi abuelo, que antes de ser escritor ejerció como abogado. Seguiré esa táctica. El abogado, pues, debe empezar con un panegírico del acusado, con una alabanza de su pasado. De esta manera llevará al subconsciente de los jurados que el crimen imputado resulta incompatible con las virtudes que adornan al acusado y les conducirá a un análisis de las pruebas favorable para el reo.

Los teóricos del comunismo siguen una táctica parecida y enraízan su movimiento en la Revolución Francesa para beneficiarse de sus méritos; distorsionan el pasado sin el menor rubor. Aprovecharse del prestigio de los demás es una técnica poco honorable, pero es eficaz.

No voy a caer en el error de ignorar que fui un niño privilegiado e indiferente a la pobreza ajena. Pero también hay que admitir que pertenezco a una generación que pasó infancia y adolescencia en una España oscura, gris, y aburrida al máximo; que yo sufría también la ausencia de muchas cosas que ahora consideramos imprescindibles; que faltaban productos que hoy son de uso o consumo diario; que la duración de la ropa se estiraba; que se ahorraba en calefacción y en electricidad, etc.

A los niños de mi generación se les educaba en la austeridad. La austeridad era una norma que se asumía, y que, con carácter general, formaba parte esencial del modelo de educación en las familias. La austeridad fue la regla moral dominante en mi educación y en la de mis amigos. El instinto te hace apreciar lo que te fortalece, y la austeridad te fortalece cuando te enseña a hacer de la necesidad, virtud. Mi generación solo ha dejado de ser austera muy recientemente. Hasta hace quince o veinte años aun teníamos espíritu de austeridad, y, salvo los nuevos ricos, sentíamos horror por la ostentación.

Mi conciencia me corta en mis pensamientos y me hace ver que la pobreza es algo muy diferente a la austeridad: viene impuesta, es frustrante, y, para sobrellevarla dignamente, se precisa una fuerza interior infinitamente superior a la que hace falta para ser austero. En la pobreza solo unos pocos elegidos son capaces de hacer de la necesidad virtud sin maldecir a su suerte. Le parece evidente a mi conciencia que ni el niño más tonto e insensible podría ignorar la diferencia entre austeridad y pobreza; que esa ignorancia es una declaración solemne de necedad y de insensibilidad.

EL CERRO DE SANTIAGO

El Cerro era la viña jerezana de mi abuelo materno; la había heredado de su madre, María Pemartín. Es un cortijo singular por su magnífica fachada neoclásica, que, como ya he dicho antes, era obra de Garnier, el gran arquitecto de la Ópera de París. Desde el patio interior se accede a la «casa de la gente», cuyo nombre es suficientemente indicativo; allí estaba la vivienda de Fernando, el encargado, de Asunción, su mujer, y de sus hijas Carmelita y Salvadora. El resto de la «casa de la gente» era un largo corredor que servía de almacén de maquinaria y de cuadra.

Al fondo comían los trabajadores que realizaban las faenas agrícolas; eran muchos en la época de la vendimia; se sentaban en círculo sobre banquetas rodeando un lebrillo con el guiso de garbanzos y patatas. Cada uno llevaba su cuchara y su hogaza de pan; comían en silencio; hundían las cucharas en el lebrillo, sujetas con el puño, cumpliendo el viejo rito de cucharada y paso atrás. Cortaban rodajas de pan con la navaja para untar en la salsa o poner sobre ellas algún trozo de tocino. Había quien llevaba su servilleta, pero la mayoría se arreglaba con la manga de la camisa.

Como espectador yo sentía una enorme envidia comparando la forma de comer de los trabajadores del campo con las mil reglas de urbanidad que a mí me imponían. El procedimiento de la cucharada y paso atrás en un plato común no es quizá lo más higiénico, pero me planteo seriamente si implantarlo los domingos cuando vienen a almorzar a mi casa hijos y nietos. En la educación de mis hijos he sido inflexible en el cumplimiento de las reglas de urbanidad en la comida. Soy consciente la envidia que sentía por «la cucharada y paso atrás» de los jornaleros es una muestra de la imbecilidad infantil que padecen los niños, incluso los más despiertos. Por lo general, desaparece al crecer, salvo que se transmute en cretinismo. En mi caso creo que ha desaparecido por completo, afortunadamente.

El Cerro era el lugar preferido de mi abuelo. Daba un paseo al atardecer acompañado de alguna de sus hijas, y el resto del día leía y escribía en el almijar a la entrada de la casa debajo de una gran morera. Para liberarle de moscas y moscones le construyeron una especie de jaula de tela mosquitera que le daba la apariencia de ser un gran pájaro prisionero. Salir de Cádiz para pasar unas semanas en el Cerro era mi mayor ilusión. Allí era libre durante todo el día, salvo las inexcusables clases de alemán y la partida de croquet a la que me obligaban; el croquet es un juego que odio desde entonces. Hoy se ha vuelto a poner de moda en los clubes elegantes y lo practican con entusiasmo muchos de mis amigos, que insisten con tenacidad que me incorpore a ese suplicio.

La capilla del Cerro tenía un precioso retablo. Había misa los domingos y festivos y rezábamos el Rosario todas las tardes dirigido por alguna de mis tías. Asistían a la Misa dominical Fernando y su familia. «El Séneca» de mi abuelo estaba inspirado en Fernando. Cuando yo veía los episodios que tanto éxito tuvieron en televisión, no necesitaba mucho esfuerzo para ver a Fernando en la pantalla en lugar del gran Antonio Mercero, que tan bien representaba su papel. Una tartana bajaba diariamente a Jerez a por el correo y la compra. A veces, yo hacía el viaje a caballo entre las piernas de mi tío Juan, que iba a pelar la pava con la que pronto fue mi tía Blanca.

Tuve el privilegio de conocer a dos de mis bisabuelas; la madre de mi abuela materna fue mi madrina por haber sido yo el primero de sus bisnietos. En ocasiones acompañaba a mi abuela a visitarla en el palacio Domecq situado frente a una alameda. Es «un edificio majestuoso» según afirma la página web de la delegación de turismo del ayuntamiento de Jerez. De niño, después de estar un ratito con mi bisabuela, me dejaban bajar a la primera planta, que ocupaba la familia de Juan Pedro, el menor de los trece hermanos de mi abuela. Sus hijos tenían un inmenso caballo de cartón en el que me balanceaba hasta que literalmente me arrancaban a la fuerza para volver al Cerro.

Años más tarde me he alojado en el palacio Domecq invitado por Ramón Mora-Figueroa, que, para bien de su conservación, se convirtió en el propietario del palacio; me correspondió dormir en una habitación junto al cuarto de jugar donde, sesenta años antes, se encontraba el gran caballo de cartón. Durante la cena los invitados hacían comentarios elogiosos sobre el palacio; yo le pregunté a Ramón por el caballo de cartón ante el asombro de los invitados; Ramón, sin mostrar la menor sorpresa, me aseguró con su proverbial *politeness*, que trataría de averiguarlo. Los demás asistentes debieron de pensar que estábamos completamente chiflados.

En el Cerro se paseaba a caballo. A la yegua Sabina la ladraba imprudentemente Nelly, la perrita bodeguera de mi tía Cristina y otro perro de cuyo nombre no recuerdo. Este último se acercó un día demasiado y la coz de Sabina lo lanzó hasta el otro lado del almijar, donde lo único que se pudo hacer fue recoger el cadáver para enterrarlo. El pastor alemán, que a mí me aterrorizaba, nunca se acercaba a Sabina. La trágica muerte del perro imprudente es el único mal recuerdo de un lugar donde fui feliz.

Mi conciencia interrumpe mis recuerdos y me pregunta por Frasquito. Frasquito es un diminutivo de Francisco usual en Andalucía.

Apareció un buen día en el Cerro. Era el hijo de uno de los jornaleros que venían a vendimiar. Me tropecé con él en lo que se llamaba «el tenis», que debió merecer ese nombre en alguna época pasada, porque lo que yo recuerdo era una superficie de cemento, cuarteada y rodeada de una maleza más propia de una selva africana que de una pista de tenis. Las raíces de los árboles levantaban el suelo de la pista por todas partes.

Aquel era el cazadero de Frasquito, un mago del tirachinas; llevaba dos, de horquillas de madera pulida, tan suave, que casi parecían barnizadas; las gomas de los dos tirachinas, exactamente iguales, estaban hechas de restos de un neumático de coche; el disparadero era de cuero perfectamente recortado. Me prestó el tirachinas de repuesto y me dio algunos consejos. Sin mediar palabra, echamos la mañana tirando a gorriones y a algún estornino despistado. Fallé en todos mis intentos, pero, a pesar de todo, llegué a casa eufórico después de la primera experiencia cinegética de mi vida.

Repetí el plan con Frasquito mañana tras mañana y fui mejorando poco a poco. Un día acerté milagrosamente a un par de gorriones. Frasquito ataba cuidadosamente las presas con una fina guita alrededor del cuellecito de los pájaros y los colgaba de la cuerda que usaba a modo de cinturón. Al terminar la partida de caza le pedí mis dos gorriones; quería enseñárselos lleno de orgullo a mi hermana. Frasquito me miró resignado y con cara de pena me dijo: «los llevo para la comida». El instinto me aconsejó renunciar a mis dos pájaros.

Mi conciencia me hace ver que pedir los pájaros a Frasquito demuestra que tenía menos sensibilidad que un traficante de esclavos. No considera válido el argumento de que yo era muy niño en aquella época. Son recuerdos infantiles y necesariamente ingenuos, pero hay niños que a mi edad de entonces tienen una sensibilidad de la que yo carecía por completo. La conclusión sigue siendo tan evidente como lamentable: la pobreza ajena no me impresionaba lo más mínimo, me hace ver mi conciencia.

No quiero darme por vencido para no crear un mal precedente e insisto en mi argumento tratando de aparentar convicción: el culpable era el ambiente que me rodeaba, a mí y a los demás españoles. La pobreza era un dato presente de manera más o menos agresiva en la vida de todos los días. Se acababa por convertir en algo invisible, inexistente. No nos generaba la menor inquietud a los niños ni a los adolescentes de mi generación. Era algo que estaba ahí, pero que no nos afectaba; un asunto que no iba con nosotros, algo a lo que no se le prestaba otra atención que la de escuchar con educación, pero sin el menor interés, las homilías dominicales que de vez en cuando abordaban el tema. La sensibilidad se conforma socialmente. Para los adolescentes de mi generación lo prioritario era el sexo, y eso no es mi culpa.

Está bien, le espero en Galicia, zanja la cuestión mi conciencia.

UN PROBLEMA AUTONÓMICO

El cumplimiento del famoso precepto socrático «conócete a ti mismo» parece fácil, pero es un obstáculo difícil de salvar. Cada vez que he querido contestar a la pregunta del filósofo, me he encontrado ante una pluralidad de «yos mismos», y no he sido capaz de decidirme por ninguno de ellos. No se trata de presumir de una personalidad rica y llena de matices; sería pretencioso por mi parte. El problema es otro. Los psicoterapeutas lo llaman trastorno de identidad disociativo, y, al parecer, es algo muy común en sus consultas. Se trata de un desdoblamiento de la personalidad que no siempre alcanza un nivel esquizoide necesitado del cuidado de psiquiatras o de psicólogos. Hay quien puede convivir pacíficamente con varias personalidades a lo largo de su existencia.

Ese es mi caso. Nunca he creído necesario someterme a un tratamiento médico especializado; conozco bien cada una de mis personalidades y he sobrellevado su convivencia con la mayor naturalidad; diría incluso que a lo largo de mi vida esa pluralidad me ha proporcionado algunas ventajas. De entre mis múltiples personalidades me atrevo a destacar dos: la radical-compulsiva y la prudente-reflexiva. La primera me hace tender muy suavemente al optimismo; la segunda, menos suavemente, al pesimismo.

Creo que el origen del problema está en mi doble condición de gallego y de andaluz. La procedencia geográfica es siempre muy importante en la formación de la personalidad de cada uno; en España es decisiva.

¿Tú qué te sientes, gallego o andaluz? Maldigo al primero que me hizo esa pregunta, luego repetida infinidad de veces a lo largo de mi vida. La necesidad de definirme sobre algo de tanta importancia me originó una terrible ansiedad. Fue como una anticipación de la España autonómica actual. Jamás he sido capaz de encontrar una respuesta rotunda. Ser gallego o andaluz no es, exclusivamente, una cuestión geográfica; puede parecer un convencionalismo vulgar, pero tiene una decisiva influencia genética. Los judíos llevan en sus genes la deportación a Babilonia y la diáspora del año 70 d. C; por eso han conservado el sentimiento nacional de pueblo y de raza a lo largo de los siglos. Yo llevo genes andaluces y gallegos y no los he perdido por haber vivido en Madrid desde los siete años.

Soy un andaluz nacido en Cádiz, pero también soy gallego, por más que sea nacido y criado *in partis infidélibus*. Si se pudieran pesar por separado mis átomos gallegos y andaluces, la balanza se equilibraría. Con el paso del tiempo, superada la angustia, he comprendido la imposibilidad de decidir, y me he decantado por una posición de compromiso: me siento igualmente gallego que andaluz. He podido superar mi identidad disociativa pluriregional perfeccionándola hasta niveles de verdadero virtuosismo; según tocara, he sido capaz de poner en práctica todas y cada una de las señas de identidad de mis dos orígenes, llegando hasta el tópico más vulgar de cada uno de ellos. Lo reconozco. Pero nunca he traspasado la línea roja que me puse desde el principio: nadie podrá acusarme de haberme visto jamás bailando una muñeira o unas sevillanas.

Mi naturaleza gallega renace cada vez que llego a Piedrafita del Cebrero camino de Cedeira. El corazón me empieza a latir de otra forma, más cautelosamente diría yo. Examino el paisaje con cuidado sin dejarme llevar por las impresiones visuales solamente y lo aprecio en toda su belleza después de un cuidadoso análisis. Los gallegos no son desconfiados y dubitativos; eso es un tópico absurdo. Lo que sucede es que son retraídos, analíticos y juiciosos; el análisis conduce a la incertidumbre y la incertidumbre a la prudencia.

Cuando abandono la A-6 a la altura de Villalba de Lugo y me encuentro en el centro de la Terra Chá de donde proceden mis antepasados, me sumerjo de lleno en Galicia. Todo son prados, casas con flores, y bosques, hoy con predominio de los eucaliptos, lamentablemente. Dejo atrás As Pontes, cruzo más bosques, más prados y más casas con flores, llego a Esteiro, veo el mar, y no sé por qué, recuerdo una maldición marinera del lugar: ¡que o demo me afunda! (que el demonio me hunda). Un poco más, y ya estoy ante la ría de Cedeira. En esos momentos, sin olvidarme de Cádiz, no me cabe la menor duda de que soy gallego.

Cedeira formó parte importante de mi vida durante muchos años, y aún hoy sigo conservando muchos recuerdos de la villa —*da vila*— como desde siempre la llaman los cedeireses para diferenciarla de un simple pueblo. Tiene una de las rías más hermosas de Galicia en la que, al atardecer, el azul del mar se tiñe con el reflejo verdoso de los eucaliptos. En Villarrube, monte arriba, presumen de tener los primeros eucaliptos que llegaron a España procedentes de Australia. Mi buen amigo Bieito Rubido me informó de que ese discutible mérito lo tenían los eucaliptos de Mariñan. Me alegré de la noticia, porque a mi entender no es motivo para sentir orgullo haber acabado con los viejos castaños y nogales.

Cedeira es mucho más que un pueblo marinero.

Cuando el acceso a la universidad era limitadísimo en España, el porcentaje de universitarios en Cedeira fue siempre singularmente elevado. Entre mis amigos cedeireses están, además de Bieito Rubido el mejor director de periódico de España, un físico que trabaja en la NASA, varios cirujanos prestigiosos, catedráticos de universidad, y un presidente del Tribunal Constitucional. La condición de ciudad y no de pueblo de Cedeira lo atestiguan su largo paseo marítimo hasta el muelle pesquero y la calle Real —así se llama habitualmente la calle principal de las ciudades gallegas— cuyas casas de varios pisos, con amplias galerías acristaladas, no tienen nada que envidiar en elegancia a las del Cantón en La Coruña.

A Cedeira íbamos en verano previa escala en Madrid, porque un trayecto directo desde Cádiz hubiese sido impensable. El trayecto de Villalba a Cedeira era la parte más larga del viaje. Las carreteras gallegas tenían el peor trazado de todo el hemisferio norte. Se debía, al parecer, al caciquismo reinante en la época de su construcción: se premiaba o se castigaba a los amigos o enemigos del cacique local haciendo pasar, o no, la carretera por sus propiedades; en un régimen de minifundios como el de Galicia, el resultado era devastador. En Galicia, la medida de distancia válida entre un punto y otro no es el número de kilómetros, sino el tiempo necesario para llegar al destino; la distancia en kilómetros es algo irrelevante.

La primera parada obligatoria del viaje era el puerto de los Leones para echar al radiador del coche el agua de una fuente. Solíamos dormir en Ponferrada, en La Bañeza, o en Astorga, con el fin de poder afrontar con fuerza, al día siguiente, el martirio del paso por los puertos del Manzanal y de Piedrafita. Era una prueba difícil de soportar con entereza. Yo me mareaba y vomitaba media docena de veces. Me esforzaba en avisar con tiempo suficiente para parar el coche y llegué a lograrlo en un porcentaje bastante alto de ocasiones.

Ya en Galicia, nos deteníamos en Villalba para comprar los célebres capones y una carga abundante de queso de San Simón, conocido por su forma como «queso de tetilla». A partir de Puentes de García Rodríguez aumentaba el número de curvas por kilómetro recorrido; eran curvas cerradas en las que a veces te topabas con un carro de bueyes. Cuando al fin llegábamos a Cedeira, agotados y exangües, sentíamos haber alcanzado el paraíso después del valle de lágrimas. En algunas ocasiones mi padre decidía evitar el martirio del viaje por carretera y tomábamos el avión a La Coruña; era un bimotor pequeño y ruidoso, pero rápido y cómodo en comparación con el coche.

El éxito del veraneo en Cedeira dependía del número de días en los que no era obligatorio el uso de botas de agua, pero como el veraneo era largo, incluso en los años más lluviosos había tiempo para disfrutar de una playa desierta, de arena finísima, y de coger berberechos en bajamar para comerlos allí mismo. Recuerdo los domingos de feria con los aldeanos protegidos de la lluvia con sus pallozas, y los vendedores de pirulís de La Habana de azúcar caramelizada. No he olvidado los paseos en chalana con el Trinta para aprender a pescar. En resumen, todo lo que han vivido los niños de mi generación que han tenido la suerte de pasar sus veranos en un pueblo a la vera del mar, sea en el Norte, el Este, el Oeste, o el Sur de España.

En Cedeira mi personaje favorito era Curro; estaba empleado en la sucursal del banco de Bilbao y entrenaba al equipo local de fútbol, el Arena de Cedeira, en el que había jugado como portero. Cuando dejó de jugar, pasó a desempeñar el papel de árbitro en los partidos del domingo. Si el balón salía del campo, decía «fora nosa» o «fora vosa», según correspondiera sacar al Arena o al equipo visitante, y dejaba clara, así, su parcialidad a favor del equipo local. Mi frustración por no llegar a fichar por el Arena de Cedeira fue grande, solo comparable con la que sentí cuando no me llamaron a la selección española de hockey sobre hierba. Lo primero estaba justificado por edad, lo segundo no tuvo más justificación que la antipatía personal que me tenía el entrenador, un santanderino antipático, que se negó a incluirme en el primer equipo del Club de Campo y me cerró cualquier opción a ser seleccionado. Nunca lo he olvidado. Son pocas las injusticias que he dejado de olvidar. No soy rencoroso, ni vengativo, ni practico el principio de Alcalá Zamora: «perdono, pero el que me la hace me la paga». Yo olvido las ofensas, salvo raras excepciones. Esta es una de ellas.

EL MÉDICO DE SOR PINILLOS

Nuestros vecinos en Cedeira eran los Pita Zumalacárregui. José María, primo hermano de mi padre y buen médico según la tradición de la familia, era marqués y residente en Cádiz. Reunía como yo la doble condición autonómica de gallego y andaluz. Estaba empeñado en enseñarme a jugar al bridge y me prestó un libro que había escrito sobre el descarte. Decidí continuar con el dominó y dejar para más adelante el estudio del descarte. Mi tío José María Pita había protagonizado un viaje de novios muy singular.

Entre la selecta clientela gaditana del doctor Pita se encontraba la familia de Don Miguel Martínez de Pinillos, uno de los navieros más poderosos de la época. Pinillos había sido bautizado en la misma pila bautismal que mi abuelo, Moret, Castelar y Falla. Así lo informa una placa de mármol en el baptisterio de la capilla del Rosario. Falta el nombre de Mendizábal, el ministro desamortizador. El párroco no lo incluyó en la placa de mármol por esa razón; se adelantó, así, a la memoria histórica de Zapatero y de Sánchez. En realidad, Mendizábal no era su verdadero apellido: se llamaba Méndez, había nacido en Chiclana, sus padres cambiaron el apellido para ocultar su origen judío, y lo llevaron a cristianar a Cádiz.

Pinillos tenía una hija única que había tomado los hábitos de monja Esclava del Sagrado Corazón en el convento que la orden tenía en Cádiz. Poco a poco fue manifestando un desorden mental que yo, en ausencia de conocimientos de psiquiatría, no puedo calificar de manera precisa. Sor Pinillos incumplía una por una todas las reglas conventuales: se levantaba cuando le venía en gana, le servían comida especial, bebía de vez en cuando una cervecita que le traían de un bar cercano, etc. etc. Como su riquísimo padre era un benefactor importante del convento, la madre superiora transigía con los caprichos de sor Pinillos para no perder las generosas donaciones del magnate. Sor Pinillos enfermó, y mi tío José María Pita se presentó inmediatamente en el convento para atenderla. A partir de ese día, las indisposiciones de sor Pinillos y las consiguientes visitas del doctor Pita se fueron repitiendo cada vez con más frecuencia. Se enamoraron, ella dijo adiós a los hábitos, y se casaron.

El viaje de novios iba a ser a Londres en uno de los barcos de la naviera en el que ocuparían el lujoso camarote del armador. Allí pasarían en él la noche de bodas, ya camino de Inglaterra. Pero sor Pinillos —en aquel momento ya ex sor Pinillos— ante la angustia del capitán del barco por el retraso en zarpar, decidió cumplir el menester propio de la primera noche matrimonial en una finca que la familia tenía en Chiclana. Finalmente, embarcaron al tercer día y el buque puso rumbo a Londres con el nuevo matrimonio a bordo. Al llegar al destino, el capitán se despidió cortésmente del nuevo matrimonio, les deseó toda clase de felicidad, y les confirmó que, una vez cumplido su plan de viaje por otros puertos ingleses, volvería a recogerlos en dos semanas para llevarlos de vuelta a Cádiz. Ex-sor Pinillos le contestó que el barco no se movería de Londres y no iría a ningún otro destino mientras ella permaneciera allí, por si decidía adelantar su vuelta a Cádiz. El capitán razonó sobre los daños que esto representaba para la compañía, pero ex-sor Pinillos no dio su brazo a torcer.

A los dos días el matrimonio decidió regresar a Cádiz, donde, nada más desembarcar, el doctor Pita inició los trámites de nulidad del matrimonio.

NAUFRAGIO EN LA RÍA

Nuestra familia vivía de la mar, y a mi padre los deportes y distracciones que tuvieran que ver con nuestro medio de vida le parecían una frivolidad. Sin embargo, para celebrar mis buenas notas me regaló un snipe que le compró a nuestro socio Alberto Larrañaga, gran regatista. El nombre del barco era «Vadarkablar IV» y su propietario anterior, el duque de Arión, había sido el campeón de España en cuatro ocasiones (1958, 1959, 1961 y 1962) y medalla de bronce en el campeonato del mundo (1961). Era, por tanto, un barco de categoría.

El Trinta me enseñó a navegar. En cuanto soplaba una ráfaga de viento me ordenaba «dalle de andar» y yo viraba poco a poco hacia sotavento, sin aflojar las velas hasta que el barco se escoraba más de la cuenta; entonces, de un manotazo, me apartaba del timón y maniobraba para eliminar el riesgo de vuelco. Como buen marinero de aquella época, el Trinta no sabía nadar. Cuando me sentí seguro, pasó a acompañarme como proel mi hermana Teresa, que lo hacía muy bien y además sabía nadar. Otras veces navegaba yo solo. Después de desayunar me iba en bicicleta al muelle con las velas en un saco de nylon al hombro, me subía en una chalana, remaba hasta el snipe, colocaba las velas y me ponía a navegar hasta la hora de comer. La soledad en un barco de vela es maravillosa, salvo cuando uno comete la necedad de navegar un día de fuerte tormenta.

Luis Riveiro, mi primo, vino a pasar unos días a nuestra casa. Al igual que su padre y sus hermanos, era un experto navegante a vela. Salimos imprudentemente en el Vadarkablar IV un día de vendaval. En un viraje se rasgó la mayor y volcamos. El oleaje hacía imposible la maniobra de enderezar el barco. Desistimos y nos atamos con las drizas al casco, con la esperanza de que alguien nos hubiera visto desde tierra y viniera a rescatarnos. El oleaje nos empujaba hacia fuera de la ría. Afortunadamente, desde la costa, una patrulla de la guardia civil vio el naufragio y mandó a un pesquero que saliera a buscarnos. Lo hicieron de mala gana. Llegaron a nuestra altura, nos lanzaron un cabo, y cogidos a él, nos remolcaron hasta el puerto. Me salvé de ahogarme, pero temí morir congelado.

Cuando voy a Cedeira y me cruzo con marineros que vuelven de faenar, me pregunto si el pesquero aquel hubiera salido a rescatarnos si la Guardia Civil no le obliga; también me pregunto si no nos subieron a bordo por el riesgo que representaba acercarnos a la hélice, como nos dijeron, o bien para que los señoritos supieran que el mar es para comer y no para divertirse. Siempre tuve la sensación de que en Cedeira, a pesar de mi indiscutible ascendencia cedeiresa, me veían como un señorito de Madrid. Vaya usted a saber.

Cada vez que leo la noticia de un cayuco que ha naufragado, admiro al servicio de guardacostas que salva de la muerte a muchos de sus pasajeros, recuerdo mis horas en el frío mar de la ría de Cedeira y siento piedad por los que se ahogan después de sufrir frío, impotencia, y el terror de la muerte inevitable.

SAN ANDRÉS DE TEIXIDO

Me acuerdo de las aldeas y de los lugares próximos a Cedeira, en una época en la que yo ya tenía un uso de razón suficientemente desarrollado para comprender lo que significaba la pobreza. Intento detener el discurso de mi conciencia, que sé que va a seguir, pero es inútil.

Una noche, al salir del cine en Cedeira. Mi padre comentó que la película no le había gustado. Jesús Suevos, de quien ya he hablado antes, que nos acompañaba esa noche, intervino y afirmó con rotundidad que, al menos, la Edad Media estaba perfectamente representada en todas las escenas de la película; a él le constaba porque en Villarrube, aseguró, él vivía en plena Edad Media.

Decía la verdad.

Villarrube y otros muchas aldeas o lugares solitarios en los montes próximos a Cedeira reflejaban la pobreza medieval de Galicia. Recuerdo las casas solitarias en medio del bosque, construidas con lajas de piedra, con un caldero colgando sobre el lar de la única habitación, cociendo un caldo de nabos, patatas y poco más; los miembros de la familia trabajaban de sol a sol en sus pequeños huertos, entraban en casa, se servían un tazón de caldo, descansaban un momento y seguían trabajando; todos dormían en la única habitación de la casa;

el ganado, si lo tenían, estaba en una cuadra en la parte baja de la casa para dar calor; se cortaban el pelo con un tazón sobre la cabeza como si fueran franciscanos. Eso era la Edad Media. Andaban con zuecos de madera o descalzos. Eso también era la Edad Media. Como todo medio de transporte usaban carretas de bueyes, con un eje que chirriaba para que, si otra carreta venía en sentido opuesto por la corredoira, lo oyera y una de las dos se echara a un lado para dejar paso a la otra. Eso era, definitivamente, la Edad Media.

En la Galicia de mi infancia se vivía rodeado de pobreza. Los foreros de las tierras de mi abuelo en Villarrube no tenían zapatos. Se quitaban los zuecos antes de entrar en nuestra casa para despachar con mi abuelo y hacerle entrega de la renta[5]. Los foreros se descubrían respetuosamente y le explicaban al «señor amo» lo mal que había ido el año; el «señor amo» cruzaba con el forero unas palabras en gallego que yo entonces entendía mal y le preguntaba por el pariente tal o cual; el forero contestaba «vai ben» o, con gesto de tristeza, «ay señor amo, morreu hai tres meses», el señor amo le decía «laméntelo moito» y daba por terminada la charla. El forero besaba la mano de mi abuelo, salía de casa, se ponía los zuecos y la boina, y volvía andando, monte arriba, a su casa. Aquello era, sin duda, la Edad Media pura y dura.

A mí lo de señor amo me impresionaba mucho.

Una vez, recién llegado a Cedeira, iba con Pedro por el pueblo; nos detuvo un paisano y le preguntó: «¿Pedro, chegaron xa os amos?». Lo dijo con la mayor naturalidad, sin el menor afán de ofender. Pedro, traspasándole con la mirada le contestó: «Amos tienen los perros. Don Daniel, la señora y los hijos, llegaron ayer. Buenos días». Pedro, después de muchos años de trabajo en casa de mis abuelos, formaba parte de la familia. Hoy en día estaría a la izquierda de Lenin.

Pero donde la miseria se manifestaba con toda su intensidad no era en Cedeira, ni en los aldeanos calzando zuecos, ni en los foreros llamando señor amo a mi abuelo y besándole la mano, ni en los bueyes viviendo en el piso de debajo de las pequeñas casas del pueblo para dar calor a la familia, ni en el lar donde colgaba el perolo de caldo con patatas, berzas y rara vez un poco de unto, ni en las mujeres de los marineros, ya viejas, cavando las patatas en unos «terreos» mínimos o encorvadas segando con la hoz la hierba, ni en los hombres y mujeres marchando por corredoiras de piso infame junto al yugo de un carro chirriante de ruedas de madera tirado por dos bueyes. Todo esto no era nada más que una visión moderada, *light*, de la miseria, comparado con la romería a San Andrés de Teixido. En ella se podía apreciar la miseria medieval en todo su «esplendor».

La aldea de San Andrés está colgada a la mitad de unos acantilados grises espectaculares. La primera vez que fui a Inglaterra atravesando el canal y vi los famosos *white cliffs of Dover*, me parecieron una birria en comparación con los de San Andrés.

Nuestra romería anual a San Andrés la dirigía Leopoldo Zumalacárregui, que conocía perfectamente los once kilómetros de camino a través del bosque. Eran corredoiras estrechas en las que había que tener cuidado de no pincharse con las moreras que colgaban a ambos lados. Comenzábamos en Regoa, abandonábamos el valle que lleva ese nombre y nos adentrábamos en unos maravillosos bosques hasta alcanzar la cima pelada del acantilado donde se encuentra la aldea. Era raro no tropezar con caballos salvajes, a los que se capturaba para cortarle las crines en la «rapa das bestas». A lo largo del camino había grupos de tullidos y harapientos, que parecían escapados de un lazareto, tumbados pidiendo limosna.

La tradición gallega dice que «a San Andrés de Teixido vai de morto o quen non foi de vivo». Acudir después de muerto era una obligación que asumía la familia del que incumplió su promesa de peregrinar, en vida, al santuario: la tradición ordenaba que la familia del muerto incumplidor llevara consigo a su espíritu en la peregrinación, y, para la comida del camino, se incluía la ración correspondiente al espíritu del muerto, que se entregaba a los mendigos que abundaban a lo largo del recorrido. Nosotros no llevábamos a ningún espíritu, pero sí abundante comida que compartíamos con los mendigos y tullidos que nos abordaban en cada esquina de la corredoira.

Lo más cansado del viaje era la bajada de la empinadísima cuesta hasta llegar al santuario de San Andrés, rodeado por las apiñadas casas de la aldea. Yo he visto a más de un peregrino bajar la cuesta de rodillas, que llegaban en carne viva. El santuario es una capilla de muy pequeñas dimensiones. Sus paredes estaban cargadas de exvotos, la mayoría muletas y algún pequeño ataúd pintado de blanco para agradecer al Santo la curación *in extremis* de un niño a punto de morir. El párroco actual ha suprimido esa manifestación de piedad, bien por pensar que quizá era excesiva, bien por olvidar lo que era miseria medieval en pleno siglo XX.

El famoso cura de San Andrés de Teixido era hombre bondadoso, ajeno a cualquier sospecha de agresividad y no digamos de crueldad; pero en los inicios revolucionarios de la república algunos paisanos hicieron ademán de profanar la ermita de la aldea y el cura los paró disparando al aire su escopeta de caza; desde entonces decía la Misa con un pistolón del nueve largo sobre el altar. Pasaba por violento, pero sería ridículo buscar una comparación con el trato dispensado por los césares a sus enemigos. Otra cuestión era la de la glotonería. El famoso cura de San Andrés era de una gordura infinita.

En el libro de Suetonio, que ya he citado antes, describe el historiador los dos principales defectos de los césares biografiados: la crueldad, que en casi todos ellos llega a unos límites de sadismo difícilmente creíbles, y la glotonería, que igualmente alcanza extremos que no puede uno imaginar en un ser humano de hoy día. Según Suetonio, Calígula había llevado al colmo su pasión incontrolada por la comida. Cita como ejemplo un banquete en el que inauguró un plato de enormes dimensiones, al que llamaba fastuosamente «escudo de Minerva protectora de la ciudad»; en él había mezclado un hígado de escaro (pez loro), sesos de faisanes, lenguas de flamencos y huevas de lampreas.

Pues bien, el día de San Andrés el cura ofrecía una comida «de patrón» a los demás colegas del arciprestazgo de Cedeira; esa era la costumbre fielmente cumplida por los siete párrocos del arciprestazgo. Frente al suntuoso plato preparado por Calígula, el cura de San Andrés servía un ternero relleno de capones, a su vez rellenos de perdices. Me imagino que sería difícil dar el punto exacto al asado, pero, una vez logrado, con seguridad resultaba más alimenticio que el «escudo de Minerva» de Calígula.

Sobre la glotonería del cura de San Andrés se contaban otros miles de historias; estaba tan gordo que era imposible sacarlo de la aldea; el problema irresoluble era poderlo subir a un carro.

No era solo Galicia. Recuerdo un incidente en una aldea en los montes de León, en un viaje de vuelta a Madrid. Bajábamos desde Piedrafita y los frenos del coche se averiaron. Gracias a la gran habilidad de Pedro al volante llegamos sanos y salvos a una zona llana donde, a trompicones, manejando con cuidado el freno de mano, conseguimos parar en una aldea; se llamaba Pereje, creo recordar. Nos quedamos en la aldea y Pedro siguió solo hasta Astorga para arreglar la avería. Los montes de León eran una zona muy atrasada.

Una señora muy amable nos permitió entrar en su casa. Había dos niñas pequeñas y les dimos unos caramelos que llevábamos; una de ellas se comió el caramelo sin quitarle el papel de envoltura: nunca había visto uno antes. Mi madre le enseñó a quitarles el papel. Al cabo de un par de horas pedimos agua dando por hecho, ingenuamente, que habría agua en la casa. Nunca debimos hacerlo: una de las niñas cogió un sello de madera con bandas de latón dorado, como las que se usaban en Galicia, se la puso sobre la cabeza y se fue a por agua. Preguntamos dónde estaba la fuente para acercarnos nosotros a beber y evitarle el trabajo a la niña. Pero la señora se negó rotundamente, faltaría más, y señaló un punto lejano en medio de la falda del monte, al otro lado de la carretera. La niña tardó cerca de cuarenta minutos entre ir y volver. El agua estaba fresca, pero yo la bebí con un amargor que aún perdura cuando paso por los montes de León camino de Cedeira.

Ahora, en el camino a Cedeira, se atraviesa esa zona de León por una magnífica autopista, y Pereje se divisa más abajo en la falda del monte. Supongo que sus vecinos gozarán del privilegio del agua corriente.

EL ASESINATO DEL PAVO

Para mi hermana y para mí la Navidad comenzaba el día en que abríamos la primera ventanita del *Adventkalender*, el calendario de adviento inventado en Alemania. Lo hacíamos con emoción durante el desayuno y el honor le correspondía a quien llegase antes, es decir, a mi hermana. Cuando nos poníamos en marcha hacia Madrid para celebrar la Navidad en casa de mi abuela paterna, ya habíamos abierto una gran parte de las ventanitas del *Adventkalender*.

Como niño provinciano, Madrid representaba para mí la posibilidad de visitar un universo inmenso comparado con Cádiz. A veces hacíamos el viaje en coche, inicialmente un Renault 4/4 donde se apretaba toda la familia. Más adelante mi padre lo cambió por un Peugeot 203 que a mí me pareció un «haiga» como se decía entonces. La carretera atravesaba todos los pueblos del recorrido; pero lo meritorio del viaje era pasar Despeñaperros, muy apropiado para un rally pero no para un coche familiar. Era un viaje interminable. Otras veces viajábamos en el expreso; mis padres ocupaban un compartimento del coche cama; mi hermana Teresa, nuestra institutriz alemana y yo, un compartimento de tres literas. En Utrera había en el andén vendedores de mostachones pegados a un papel de estraza que mi madre compraba.

Recuerdo muy bien el vagón restaurante para la cena y el desayuno. Con el viejo trazado de las vías, el traqueteo del tren era terrible. Llevarse a la boca la cuchara llena de consomé sin derramar su contenido era una prueba de buen pulso que yo nunca fui capaz de superar. En un ambiente tan selecto el babero infantil estaba excluido. La servilleta sujeta en el cuello de la camisa tampoco se consideraba apropiado. Hoy lo está poniendo de moda mi amigo Manolo Melgar en los más elegantes restaurantes de Madrid, pero entonces las normas eran las normas. Sin babero yo me ponía perdido, pero soportaba la bronca con estoicismo satisfecho de haberlas cumplido.

Al terminar la cena era maravilloso ver al *maitre* haciendo la cuenta: con su esmoquin y el delantal blanco atado en la cintura, abría las piernas para no perder el equilibrio y superar los vaivenes del vagón; apoyaba un codo en el asiento más próximo y garabateaba la cuenta sobre una carpetilla. El resultado era, por supuesto, algo ininteligible. Consciente de ello, al entregar la cuenta al cliente, el *maitre*-equilibrista decía de viva voz el importe. No había vuelto a ver un ejercicio de equilibrio más prodigioso hasta la primera vez que me llevaron al circo.

Ahora ya es posible contemplar gratis exhibiciones de parecido mérito en muchos semáforos de Madrid: los ofrecen artistas aficionados como contraprestación a la limosna que a continuación piden. Han convertido la mendicidad callejera en una relación artística y sinalagmática: espectáculo a cambio de unas monedas, lo que, sin duda alguna, es cosa de alabar. Los automovilistas, detenidos y cabreados por el atasco, no suelen entenderlo así, y demuestran poca sensibilidad para el arte.

Todo me asombraba en Madrid, pero más que otra cosa los semáforos de los que entonces había muy pocos. Pedro nos recogía en la estación en un packard verde y nos explicaba el significado de los diferentes colores de las luces. Era hombre de convicciones rotundas y nunca entendió el significado de la luz amarilla; pensaba que o se pasa o no se pasa.

En Madrid vivíamos en casa de mi abuela, un piso en Castellana 19, que muchos años después fue la sede de la CNMV; de abogado iba allí con frecuencia. En una de las muchas visitas que hice me encontré con dos sorpresas: el funcionario que me atendió era hijo de nuestro médico durante la infancia, y su despacho estaba en la habitación que de niño yo ocupaba como dormitorio. Se lo conté y le gustó mi recuerdo de su padre; a lo de la habitación, sin embargo, no le dio gran importancia. Aunque valoró el recuerdo que yo tenía de su padre, la respuesta a mi petición fue, no obstante, un rotundo no. Así son las cosas en esta vida.

La casa de mi abuela paterna en Madrid era triste y aburrida en comparación con el bullicio alegre y lleno de vida, la de mis abuelos maternos en Cádiz. Mi abuela había enviudado cuando yo tenía cuatro o cinco años y dedicaba su vida, exclusivamente, a prácticas religiosas. El trabajo de Pedro se limitaba a llevarla por la mañana a Misa —una o más— y por la tarde a rezar en iglesias que variaban de un día a otro. Pedro les había puesto nombre de salas fiesta. Los jesuitas de Serrano, la más visitada, era Pasapoga. No creo que en el más allá se le haya tenido en cuenta esa pequeña irreverencia.

Con mi abuela vivía mi tía Ermitas, también apagada y silenciosa de carácter, al igual que su marido, Carlos Benito, hombre serio al máximo, como correspondía a su condición de director de la escuela de Ingenieros de Caminos. No tenían hijos. Por el contrario, mi tío José Luis, solterón, *bon vivant* y notario, tenía un gran sentido del humor y tocaba la armónica estupendamente. Era la única nota de color y de animación durante la Navidad.

Mientras mi abuela estaba en sus iglesias, Pedro nos paseaba por Madrid o nos ayudaba a hacer un muñeco de nieve en el patio de la casa. Entonces nevaba en Madrid, lo que, para nosotros, era el gran acontecimiento de la Navidad. También nos llevaban a montar en unos triciclos que se alquilaban en el Retiro, y, en días muy especiales, a las barcas del estanque o a la casa de fieras. Nunca me interesaron nada los animales enjaulados en la Casa de Fieras; quizá por esa razón las ciencias naturales sean otra de mis grandes lagunas.

El paseo «estrella» era al Parque del Oeste. Había una garita con un guardia muy viejo que Pedro conocía de su niñez y parábamos a saludarle. A los chicos que gamberreaban por el parque les imponía como castigo enderezar clavos con un martillo. En la España de mi infancia seguía vigente la economía de la escasez. Por fortuna para mis falanges, yo nunca tuve que enderezar clavos usados con un martillo.

El Parque del Oeste, el más bello de Madrid, es hoy mi camino natural desde Aravaca al centro de la ciudad. Al pasar por allí, siempre recuerdo al viejo guarda y el enderezado de clavos.

Otras veces jugábamos en el andén arbolado de la Castellana enfrente de nuestra casa. El juego principal en el andén de la Castellana consistía en coger las chapas de los refrescos que vendían en un kiosco y ponerlas en la vía del tranvía para que las aplastara al pasar. Se convertían en preciosas monedas de colores.

Conservaba el recuerdo de aquellos tranvías cuando, ya en la universidad, usaba el que iba desde la Moncloa al paraninfo de la Ciudad Universitaria. Durante el trayecto, con el tranvía abarrotado, los estudiantes hacíamos el «pepe». Era una práctica sencilla: los que se agolpaban en la parte delantera del vagón saltaban todos al tiempo mientras gritaban «pe»; entonces, con el peso de los viajeros concentrado en la parte de trasera, el morro del tranvía se elevaba; seguidamente saltaban los de la parte trasera contestando con otro «pe», y el tranvía se levantaba por la parte de atrás.

El «paco» era lo mismo, pero lateralmente y mucho más peligroso.

Una visita obligada en nuestros paseos madrileños era la pollería que la familia de Pedro tenía en la calle Princesa. Allí nos esperaba el pavo de Navidad. El transporte del pavo debidamente atado en el gran maletero del coche estaría hoy penado con varios años de cárcel por crueldad animal. Pedro lo agarraba por el largo cuello despeluchado y lo soltaba en una pequeña terracita exterior junto a la cocina. En ese aireado, pero frío encierro pasaba el pavo sus últimas horas comiendo y paseando inquieto, consciente del amargo fin que se cernía sobre su vida. Cuando veo películas americanas donde sale el corredor de la muerte, me acuerdo de nuestro pavo navideño. Jamás presencié la muerte del pavo; mi madre se aseguraba de que ni mi hermana ni yo estuviéramos presente en aquel momento.

El aburrimiento que me producía la casa de mi abuela paterna tenía su compensación con la cena de Navidad. Mi hermana y yo nos sentábamos en la mesa del comedor con los mayores, privilegio del que no gozábamos en Cádiz. Pasaba un momento de angustia cuando servían el pavo, y recordaba al animal que había visto triste y resignado en la terracita de la cocina, donde le dábamos migas de pan; era como comerse a un amigo, y, para superar el trance, me concentraba en el acompañamiento de ciruelas.

La sensación luctuosa desaparecía cuando llegaba el postre: dos grandes bandejas con todos, absolutamente todos, los turrones y dulces posibles de Navidad: turrón de guirlache, mi favorito, de almendras, blando y duro, de yemas de huevo o pan de Cádiz, que yo tomaba con gran orgullo como gaditano, frutas de Aragón, almendras y piñones, etc. etc. Mi madre trataba de contenerme, pero yo era una fuerza de la naturaleza arrasando las bandejas. Al día siguiente, en la comida de Navidad, volvían las bandejas de turrones, milagrosamente rellenas otra vez. El empacho era algo inevitable. Un año, me puse tan mal, que hubo que avisar al médico. Por desgracia, no era empacho, sino algo más grave: hepatitis.

El viaje de vuelta a Cádiz fue amargo; le siguió un aislamiento en cama de tres meses. Se lo achaqué a una venganza del pavo desde el más allá.

TRASLADO DEFINITIVO A LA CAPITAL

Cuando cumplí siete años nos instalamos en Madrid de manera definitiva; pasé de las facilidades de una pequeña capital de provincias como Cádiz, de la soledad del campo en el Cerro jerezano, y de las costumbres aldeanas de Cedeira, a las complejidades que tiene el vivir en una gran ciudad.

La compañía pesquera familiar y una fábrica de pinturas que había fundado mi padre pasaron por un mal momento. Juan José Escudero, amigo de juventud, le ofreció a mi padre la posibilidad de trabajar en Madrid, en Metacal, la fundición de la que era propietario y presidente. Eso le supuso a mi padre la obligación, por primera vez en su vida, de ir a una oficina en la que no era el jefe, y de tener que viajar semanalmente a Bilbao, y a los diferentes países europeos donde la fundición tenía sus principales clientes. En otras palabras, mi padre pasaba a peor vida.

Era consciente de ello cuando tomó la decisión, pero le preocupaba mucho que mi hermana y yo tuviéramos la mejor educación posible sin los privilegios que en Cádiz representaba, entonces, ser nieto de Pemán. Mi madre no estaba totalmente de acuerdo, pero tenía una fe total en el buen criterio de mi padre y no le faltaba razón. Cuando los negocios familiares cambiaron de signo, mi padre dejó Metacal que pasó a ser mi cliente como abogado.

Siempre le agradecí a Juan José Escudero el gesto que tuvo con mi padre.

Recibí con llanto la noticia del traslado a Madrid; me pareció un gesto autoritario de mi padre, que me obligaba a dejar una vida feliz para adentrarme en un mundo desconocido, sin amigos, y con la amenaza de ir a un colegio donde ya no sería el nieto de Pemán, sino uno más. Para colmo, en Madrid la gente hablaba sin acento y se burlarían de mi ceceo andaluz; hablar sin acento me parecía una excentricidad absurda.

En una de mis primeras clases en la Universidad, el gran Ursicino Álvarez explicó cómo en la primitiva Roma el *pater familias* tenía sobre sus hijos el «*ius vitae et necis*», el derecho de vida y de muerte. Sin necesidad de conocimientos de Derecho Romano, el traslado forzoso a Madrid, que me alejaba de mis amigos, de mi casa, y de la heladería Italiana, lo veía como un abuso inadmisible de autoridad paternal sobre la vida de los hijos. En la España de entonces, la patria potestad no había variado mucho desde los tiempos de Roma. Cuando me convertí en padre de familia numerosa, y empezaron los llantos nocturnos de mi primer hijo —luego seguido por los de otros cinco— añoré el derecho de vida y muerte de los padres romanos.

Hasta nuestro traslado definitivo, solamente conocía el Madrid de las vacaciones de Navidad. La capital no tenía para mí ni una décima parte de los atractivos que me ofrecía Cádiz, a pesar de la belleza triste de los árboles de la Castellana en otoño, del Retiro con su estanque, del Parque del Oeste, de los semáforos... Durante mucho tiempo soñaba con volver a Cádiz, a mi casa de Cánovas del Castillo, a mis juegos y a mis amigos gaditanos. Es posible que cualquier psicoanalista descubriese en ese sentimiento una tendencia muy radical al conservadurismo, y, quizá, acertaría en su diagnóstico; no digo que no. Si eso es ser conservador, lo soy, o para ser más exacto, lo era en aquellos años de mi niñez.

La ida a Madrid fue triste. Mi madre se esforzaba en consolarme. Fuimos en tren; por avería se paró en la Mancha, en medio de la nada, y estuvimos varias horas esperando, al sol y sin aire acondicionado. Se produjo una especie de motín a bordo y nos dejaron bajar y deambular por una viña próxima a la vía; las viñas en la Mancha eran diferentes a las de Jerez, pero yo me acordé del Cerro.

En el viaje nos acompañaba mi tío José María para iniciar sus estudios en Madrid bajo la tutela de mis padres; aprovechó el viaje para estrechar relaciones con Berta, una suiza que nos enseñaba alemán, joven, con buen tipo, y sin las restricciones a las que estaban sometidas las relaciones entre jóvenes en la España de entonces. El estrechamiento de relaciones se acentuó en Madrid; mi madre lo consideró excesivo, y Berta fue sustituida por Edeltraut, mucho menos atractiva, pero con la que mi tío también volvió a estrechar relaciones. La vida es circular.

Al llegar a Madrid, mi tío José María me propuso que nos fuéramos andando hasta Felipe IV número nueve, que sería nuestra nueva casa. Nos detuvimos en la plaza de Atocha para tomar un bocata de calamares, el primero de mi vida. No fue en el célebre bar Brillante, que, por aquellas fechas, estaba en Eloy Gonzalo; la sucursal del Brillante en Atocha es muy posterior. Comprendí que el bocata de calamares era algo superior a todo lo que me habían dado de merendar hasta entonces y comencé a sentirme satisfecho del traslado; gracias al bocata de calamares, al llegar a mi nueva casa ya tenía una visión mucho más optimista de mi futura vida en Madrid. Un buen bocata de calamares hace milagros. En mi época escolar consumí muchos en el auténtico Brillante de Eloy Gonzalo. A menudo me tocaba desempeñar en el colegio el cargo de cristalero y salir a comprar los cristales que, invariablemente, se rompían durante el recreo. La cristalería estaba en Eloy Gonzalo, junto al bar Brillante, y, por eso, el puesto de cristalero era muy codiciado.

El número nueve de Felipe IV hace chaflán con tres fachadas a la calle: la principal, da frente por frente con la Real Academia; la trasera se asoma a una placita y al Museo del Ejército; y la tercera, orientada al Este, da al casón del Buen Retiro. El piso segundo lo tenía arrendado mi abuelo para pasar sus estancias en Madrid cuando asistía a la Academia y a los estrenos teatrales del Domingo de Resurrección. También servía de apeadero transitorio para los miembros de la familia que se trasladaban a vivir en Madrid, en tanto no encontraban casa definitiva.

En el bajo de la casa tenía su notaría Don Diego Hidalgo, lerrouxista y ministro de la Guerra cuando tuvo lugar la revolución de Asturias en 1934. Él fue quien designó a Franco jefe de las tropas que se enfrentaron a los revolucionarios. Su hijo Diego, mayor que yo, hacía diariamente conmigo el trayecto a nuestros respectivos colegios, que estaban próximos físicamente pero en las antípodas ideológicas. Vivimos en Felipe IV dos años.

Cuando entré por primera vez en el bufete Garrigues, en Antonio Maura 16, a pocos metros de la que había sido nuestra casa, tuve la sensación de que nada había cambiado desde que, como niño provinciano, había llegado a Madrid quince años antes.

Como compensación a nuestra nueva residencia madrileña, pasamos a celebrar la Navidad en Cádiz. Fue un cambio radical: en Cádiz seguía sin haber semáforos, no estaba Pedro, y el pavo aparecía milagrosamente ya cadáver en la cena de Nochebuena, sin que hubiéramos podido darle miguitas de pan para mitigar su cautiverio en el corredor de la muerte. Antes de la cena se acudía obligatoriamente a una eterna Misa del gallo en la parroquia de San Antonio; yo me dormía plácidamente apoyado en el hombro de mi madre. Pero la diferencia más notable era el menor número de turrones, que se sustituían por pestiños con miel, dulce para mi gusto muy inferior. A cambio de todos esos inconvenientes y desventajas, la tristeza de la casa de mi abuela paterna en Madrid se convertía en una vida divertida y alegre en San Antonio, 14. Yo volvía a jugar con mi gran amigo José María Cervelló, y como atractivo estrella estaba la instalación del árbol de Navidad; para ser más preciso, la corta, el robo, y la subsiguiente instalación del árbol de Navidad. La operación la dirigía mi tío José María, el hermano menor de mi madre; parábamos en la carretera a la altura de Puerto Real, y sin el menor respeto por la propiedad pública o privada, cortábamos un magnífico árbol. Debido al tamaño, el transporte a San Antonio 14 y su instalación eran muy laboriosos.

A los dos años dejamos Felipe IV y nos trasladamos a la calle Velázquez 53, que fue mi domicilio hasta que me casé.

III. ELITISMO INTELECTUAL

Durante mi primera infancia en Cádiz, mi amigo José M. Cervelló me recogía en el portal de mi casa y de la mano recorríamos escasos cien metros hasta un convento de madres carmelitas. Mi madre me seguía con la mirada por la ventana hasta que me veía entrar en el convento. Allí hacíamos «palotes» sin parar; no recuerdo el número exacto que tuve que trazar en mis primeros cuadernos de escritura, pero desde luego fueron muchos. Es posible que mis nietos no sepan lo que es hacer palotes.

Por la tarde, en casa, Doña Guada me daba clase de lectura y de escritura; Doña Guada había enseñado a leer a mi abuelo el escritor, a su hermano, a mi madre y a sus hermanos. Mi hermana y yo éramos, por tanto, la tercera generación que alfabetizaba. Antes de cumplir los cinco años yo leía con un razonable nivel de comprensión y hacía garabatos que, con buena voluntad, podían considerarse escritura. Orgullosas, mi madre y Doña Guada me llevaron a hacer una exhibición de lectura al despacho de mi abuelo. Leí un par de minutos trabucándome; mi abuelo dio por terminada la demostración con una caricia y siguió escribiendo. El orgullo de Doña Guada y de mi madre no se vio afectado un ápice por la brevedad del acto. Hoy día los pedagogos han llegado a la conclusión de que los niños no deben empezar a leer hasta los seis o siete años, o, incluso, más tarde. Me parece un error, pero yo no soy un pedagogo.

Cuando cumplí seis años entré en el viejo colegio de San Felipe Neri, cuya venerable capilla fue la sede del parlamento que, en 1812, votó nuestra primera constitución. El director le dijo a mi padre que me habían adjudicado el mismo pupitre que había ocupado mi abuelo. Posiblemente no era verdad, pero a mi padre le pareció un pronóstico de trato de favor, que no le gustó en absoluto. Los temores de mi padre se fueron confirmando, y tomó la decisión de trasladarnos a Madrid.

En Madrid aterricé en el colegio Maravillas; solo duré un curso durante el que estuve castigado todos los domingos, sin excepción. Mi padre me preguntaba el motivo, y yo, sin mentir, le contestaba que no sabía bien el porqué. A mis padres la respuesta les preocupaba, porque ponía de manifiesto que no me enteraba de nada, lo cual era cierto. Una amiga de mi madre les habló del Instituto de Selección Escolar. Fueron a ver a la directora/fundadora, una cordobesa que se llamaba Laura Luque Garrido, y tomaron la decisión de trasladarme allí nada más terminar el curso.

La decisión de trasladarme al Instituto de Selección Escolar ha sido muy importante en mi vida.

EL INSTITUTO DE SELECCIÓN ESCOLAR

Jesús Quintero, magnífico comunicador, cuando se retiró de televisión, hizo esta profecía sobre el poder creciente de los nuevos analfabetos:

> «La ignorancia siempre se había percibido como una vergüenza. Los analfabetos de hoy son los peores porque en la mayoría de los casos han tenido acceso a la educación, saben leer y escribir, pero no ejercen. Cada día son más y cada día el mercado los cuida más y piensa más en ellos. La televisión cada vez se hace más a su medida. El mundo entero se está creando a la medida de esta nueva mayoría. Es socialmente la nueva clase dominante, aunque siempre será la clase dominada precisamente por su analfabetismo».

J. S. Lee, a quien no conozco, dice, según cita de Enrique García-Máiquez, a quien sí he leído, que «hay que popularizar el elitismo». Mi nuevo colegio daba cumplimiento al consejo del señor J.S. Lee. En el Instituto de Selección Escolar, donde estudié el bachillerato, se practicaba el elitismo a rajatabla; un elitismo intelectual, no clasista.

El colegio lo había fundado doña Laura Luque en 1932. Aplicaba métodos nuevos en la enseñanza, y, cuando digo nuevos, quiero decir nuevos, no una copia de las normas decimonónicas de Giner de los

Ríos, que practicó el Instituto Escuela y que después adaptó el colegio Estudio, que era el preferido de la progresía de entonces.

La progresía es un fenómeno que se ha desarrollado imparablemente, sobre todo desde los años setenta del siglo pasado. Consiste, en esencia, en proclamar la ruptura con las creencias y las costumbres tradicionales, sin una motivación medianamente sólida. En aquellos tiempos, los progres hacían una crítica del régimen franquista, pero de forma vergonzante, es decir, sin renunciar a una sola de las ventajas que les ofrecía su situación social; los franceses, a este tipo de progresismo, lo llaman *«gauche caviar»*. De la misma manera que el izquierdismo era la enfermedad infantil del comunismo, al izquierdismo le han surgido sus propias enfermedades infantiles, que, poco a poco, están devorando su antigua esencia; la principal, la progresía; el feminismo y el ecologismo, en grado histérico, son hoy las banderas más visibles de la progresía.

A los progres españoles, con la excepción de contadísimos comunistas y de miembros de otros grupos de extrema izquierda, no se les podría dedicar un martirologio político durante el franquismo; sus páginas estarían en blanco. En mi colegio no había *«gauche caviar»*. Nosotros convivíamos con la *«gauche Pozo del Tío Raimundo»*, más auténtica, que merendaba con ansia el bocata incomible de mal pan y de pésimo queso, imitación del Cheddar, que facilitaba la ayuda americana; iba acompañado de una leche en polvo, supuestamente soluble, cuyos grumos eran resistentes al ácido de mayor capacidad destructiva.

Doña Laura tenía una concepción radical-elitista de la educación. El colegio estaba destinado a chicos procedentes de familias muy humildes con una capacidad intelectual muy alta; superdotados se decía entonces. En una fase inicial, los gastos del colegio los asumían unos generosos patronos. Recuerdo a tres de sus miembros: D. Camilo Alonso Vega —conocido como Don Camulo— que había sido comandante en jefe de la División Azul y luego Ministro de la Gobernación con Franco; Don José Ibáñez Martin, también ministro con Franco; y Don José M. Aguirre Gonzalo, uno de los banqueros y empresarios más importantes de la época, presidente de Banesto y fundador y presidente de Agroman, la principal empresa constructora de España. Aguirre vivía encima del restaurante Jockey.

Fui designado miembro de la comisión de alumnos que visitaba regularmente a Don José M. Aguirre para pedirle financiación de los diferentes proyectos que el colegio emprendía: un laboratorio; un pequeño gimnasio; un viaje de estudios... Siempre fue generoso.

Doña Laura comprendió, no obstante, la necesidad de buscar una financiación más estable y decidió admitir a unos pocos alumnos que pagaran por la enseñanza. En las pruebas de admisión, los psicólogos encontraron en mí un nivel muy bajo de capacidad manual; Doña Laura la consideraba estrechamente vinculada a la capacidad intelectual. Me admitieron no obstante mi torpeza manual, y los primeros meses me pasé, horas y hora, abrochando y desabrochando botones en una tela con ojales sujeta en un pequeño bastidor de madera. Nunca conseguí hacerlo en el tiempo previsto. Ponerme y quitarme los gemelos en una camisa sigue representando para mí un sufrimiento.

Cuando nació mi hijo Santiago, síndrome de Down, los expertos hicieron hincapié en la necesidad de estimular sus sentidos y su coordinación de movimientos, como vehículo para el desarrollo de su capacidad intelectual. Yo recordé a Doña Laura y el martirio del abrochado y desabrochado de botones. Con mi hijo Santiago aprendí las ventajas de la estimulación precoz, y espero poder contribuir con mis conocimientos a la educación de mi último nieto, Tomás, al que visito a diario.

La convivencia prolongada con hijos de familias obreras, algunas de ellas muy pobres, me dio la oportunidad de conocer otra España. No es lo mismo oír hablar de los problemas de las clases trabajadoras que sentirlos al lado, directamente, día tras día. Las diferencias entre los becarios superdotados y los alumnos de pago empezaban nada más traspasar la puerta de Rafael Calvo número 18. Mentiría si dijera que me herían las diferencias vividas en el colegio, pero me consuelo pensando que, al menos, me ayudaron más tarde ser consciente de ellas. La verdad es que veíamos la pobreza de gentes que teníamos cerca, sin que esa realidad nos causara gran preocupación; era algo que se daba por hecho.

Los becarios pertenecían a la clase obrera, y la clase obrera en la España de los años cincuenta del pasado siglo era una clase obrera empobrecida. Llevaban unas carteras más abultadas, porque en ellas, además de los libros, traían la tartera con su comida, lo que les permitía saborear guisos caseros y jugosas tortillas de patatas; usaban un comedor separado del de los alumnos de pago, en el que se servía el menú cocinado en el colegio que era, sencillamente, espantoso. ¡Cómo sería de mala la comida que hasta uno de los manjares más exquisitos que conozco, las sardinas en aceite, estaban incomibles! Los comedores separados era un caso de discriminación que ahora me avergüenza.

En las clases y en los recreos también se producía una separación de hecho, no obligada, entre ambas clases de alumnos; la separación se vivía de manera natural, como la lluvia o la sucesión de los días de la semana; los temas de conversación no eran los mismos: un becario difícilmente hubiese podido comentar sus vacaciones en algún lugar de la costa, por no decir en el extranjero, o hablar de una película en un cine de la Gran Vía, o de un partido de tenis jugado el fin de semana. Cuando paso revista a lo que tuve cerca, me avergüenzo hoy de mi falta de sensibilidad, y me consuelo pensando que, a estas alturas, cuando ya no tiene remedio, recordar esos casos carece del menor sentido.

Mi colegio me hizo apreciar el elitismo intelectual, no el clasista. Todo el mundo tiene derecho a progresar económica y culturalmente. Quiero pensar que el elitismo intelectual no es necesariamente algo de lo que haya que estar arrepentido. Si alguien ha sido esencialmente elitista en la historia, esos han sido los comunistas. Marx elevó el elitismo a la máxima categoría política: el partido como vanguardia del proletariado. La revolución la harán las masas pero dirigidas por la elite del partido. Tenía razón. Marx sabía que la masa es gritona e inculta, que se considera merecedora de todo sin necesidad de esfuerzo. Tener apartamento en Benidorm se ha convertido hoy en un derecho humano. Pienso en los rebaños de jóvenes haciendo botellón hasta el amanecer. Frente a esa masa yo aprecio el elitismo.

Dicho lo cual, debo admitir que he tardado en entender que es muy conveniente hacer continuamente un análisis comparativo para sentir piedad hacia quienes están peor. He entendido, por fin, lo de los dos famosos sabios calderonianos, que era un tema que me había traído frito muchos años; no acababa de comprender el mensaje.

Hasta ahora, si yo me sentía a disgusto porque las limitaciones de mis facultades físicas me impedían practicar el deporte al nivel que quería, no me consolaba nada vérselo practicar en silla de ruedas a un grupo entusiasta de paraolímpicos. Me producían sincera admiración, pero, la verdad sea dicha, no me consolaban en absoluto. En lo que atañe a la pobreza, durante mucho tiempo he pensado que la austeridad generalizada en la que se vivía en aquella época justificaba olvidar cualquier comparación con la situación del prójimo.

Los versos de los dos sabios de *La vida es sueño* que siempre me gustaron:

Cuentan de un sabio que un día
tan pobre y mísero estaba
que solo se alimentaba
de unas hierbas que cogía
¿Habrá otro, entre sí decía,
más pobre y triste que yo?
Y cuando el rostro volvió
halló la respuesta, viendo
que otro sabio recogía
las hierbas que él arrojó

Ahora entiendo que las diferencias cuentan, y mucho: entre un potente deportivo y un modesto utilitario hay mucha más diferencia, en términos de valor económico, que entre un modesto utilitario y nada; pero no hay comparación entre ir a trabajar calentito y oyendo la radio en un coche, por modesto que este sea, que en un metro abarrotado en hora punta; o a pie y pasando frío por la calle.

No se puede olvidar la segunda décima del poema calderoniano:

Quejoso de mi fortuna
yo en este mundo vivía,
y cuando entre mí decía:
¿habrá otra persona alguna
de suerte más importuna?
Piadoso me has respondido.
Pues, volviendo a mi sentido,
hallo que las penas mías,
para hacerlas tú alegrías,
las hubieras recogido.

Sería, por supuesto, ridículo que tratara de compararme con el primero de los sabios de los versos de Calderón, porque, por mucha que fuese la austeridad, yo no comía hierbas precisamente. Pero, sobre todo, el primer sabio no ignora la situación del segundo sabio como yo hacía con mis compañeros becarios, sino que sentía piedad hacia él. Ese es el sentido del poema, del que tramposamente, se suele citar de manera incompleta, omitiendo la segunda décima. Es una versión libre de la parábola del rico Epulón y el pobre Lázaro.

A los niños de nuestra generación, yo no era una excepción, nos habían vacunado contra la compasión por la pobreza ajena, de modo que se viera como algo natural, respecto de lo que no había nada que hacer para cambiarlo: las diferencias existían como habían existido siempre; simplemente, formaban parte del paisaje. Ahora veo las cosas de otro modo. Ya es tarde, porque el pasado no vuelve. Ya es tarde para rectificar. Cuando comenzó a notarse el desarrollo económico iniciado en la década siguiente, yo ya estaba fuera del colegio.

La demostración palmaria del clasismo de nuestra sociedad lo constituye el hecho de que muy pocos de los becarios superdotados ha ocupado un puesto relevante empresarial, académico o político, a pesar de haber cursado, brillantemente, sus carreras universitarias. Se dice que el voto ya se lleva desde la cuna; en la España de aquella época, el futuro laboral también.

A este respecto recuerdo una anécdota de Ramón de Carranza, marqués de Villapesadilla que me contó mi abuelo.

Carranza era hombre rico. Un día tuvo en el puerto un enfrentamiento con un estibador, que sudaba tirando de un cabo en la maniobra de atraque de un barco. El estibador se quedó mirando al alcalde, perfectamente planchado, y con rabia le espetó el habitual «ya verás cuando vengan los míos». El marqués le miró sin alterarse y le contestó: «cuando vengan los tuyos, tú y los de tu cuadrilla seguiréis tirando del cabo para arrimar el barco al puerto y yo seré el capataz gritando: «jalad, jalad más fuerte, coño»». Pienso que mi elitismo, en comparación con el de Carranza, es un elitismo de segunda división.

Carranza fue un buen alcalde de Cádiz. Era muy aficionado al fútbol. Su hermano León fue presidente del Cádiz. Se decía, con la gracia gaditana, que si los del Athletic de Bilbao eran los leones de San Mamés, los del Cádiz eran los mamones de Don León.

En honor de Carranza se le dio el nombre al campo de fútbol del Cádiz. Al final del verano se jugaba el trofeo Carranza; era un trofeo muy prestigioso y acudían a competir los mejores equipos europeos y americanos. Yo iba con mi abuelo, que no era muy conocedor del fútbol, pero le encantaba el ambiente del estadio. Hoy ya el estadio no se llama Carranza, faltaría más; es el Nuevo Mirandilla, que resulta más cercano al pueblo que el nombre de un marqués y alcalde franquista, por brillante que fuera en su gestión municipal. Yo no me imagino al

Madrid, al Barcelona, al Milán, al Santos de Brasil, y a otros muchos grandes equipos que vi jugar en Cádiz, acudiendo a competir en el Trofeo Mirandilla.

Frente a la diferencia de clase, el remedio no es la estupidez y el rencor.

Mi colegio seguía un plan de enseñanza propio, lo que le impedía su reconocimiento como centro oficial; teníamos que examinarnos en el Instituto de San Isidro con la condición de alumnos por libre. Superar los exámenes anuales era motivo de grande sufrimiento. Este era uno de los peajes que pagábamos los alumnos de mi colegio; peaje caro, sobre todo para los becarios que veían la permanencia de su beca en riesgo si el número de matrículas de honor no era suficientemente generoso.

Nos examinábamos de todas las asignaturas en un par de días, oralmente, con catedráticos que no nos conocían y recelaban de la experiencia que representaba nuestro colegio. Ser examinado por alguien que no te conoce en absoluto es una gran desventaja. Lo superábamos gracias a un altísimo nivel en la enseñanza.

Desde preescolar dábamos clases de inglés, francés y alemán. Había una asignatura, lenguaje técnico, que era un estudio de la etimología y significado de términos usados habitualmente en las ciencias. Una enseñanza de alto nivel exigía también profesores de alto nivel. Puedo citar algunos nombres destacados, que atraídos por aquella singular experiencia pedagógica se brindaban a darnos clase gratuitamente. Recuerdo a tres académicos: en literatura, Don Manuel Seco Serrano; en historia, su hermano Don Carlos Seco Serrano y Don Miguel Artola que le sustituyó; el gran matemático Rey Pastor acudía a dar alguna clase al igual que el físico Julio Palacios; el maestro de periodistas Nicolás González Ruiz nos enseñaba a redactar.

En mi formación escolar fue decisiva la limitación del número de alumnos por clase; en la mía comenzamos siete, y cuando en quinto curso nos separamos, como era preceptivo, en «ciencias» y «letras», solo dos de los cinco, Carlos Loring y yo, optamos por letras. Los restantes compañeros se decidieron por ciencias, que era lo que permitía acceder a las míticas y difíciles carreras de ingeniería; en aquellos tiempos constituían la cumbre del prestigio profesional. Las letras abocaban a la carrera de Derecho, a la de Ciencias Políticas, o a la de Filosofía y Letras; Ciencias Económicas podía cursarse desde ambas opciones. Yo tenía firmemente decidido que sería abogado.

El régimen de disciplina que tuve que sufrir en el Instituto de Selección Escolar fue carcelario. Lo soporté seis días a la semana —por tanto, sábados incluidos— de nueve de la mañana a siete y media de la tarde durante ocho largos años. Mis comienzos en el colegio no fueron muy brillantes. Mi padre pensó que, como gaditano, yo tendría genes fenicios, e instauró un sistema de recompensas económicas en función del nivel de mis notas. Por ensalmo, todas las asignaturas pasaron a interesarme, incluso las matemáticas.

El sistema de recompensas monetarias me convirtió en un potentado y me permitía tomarme un pincho de tortilla en la Ancha, que estaba entonces en frente de nuestra casa de Velázquez. El miércoles —en los demás colegios era el jueves— terminábamos a las cinco y media.

La vuelta diaria a casa la hacía andando y en el camino conocí a mi primer amor platónico: al subir por Ayala me cruzaba con una niña morena de ojos negros, con uniforme del colegio de la Asunción; vivía en el lado de los impares en la primera manzana de la calle; yo la veía desde la acera de enfrente. A pesar de mi timidez, la tentación de verla de cerca me pudo y una tarde cambié de acera, nos cruzamos, no me miró y comprendí que nunca lo haría; esas cosas se saben. Varié mi itinerario para dejar de verla. Todo tiene su compensación en esta vida: con el nuevo itinerario pasaba por delante de Mallorca, cuyo tortel calentito me aliviaba sobradamente de mi decepción amorosa.

Visto desde ahora, la educación que recibí en el Instituto de Selección Escolar me dio una buena formación y me facilitó mis posteriores estudios en la universidad. Es la época de mi vida a la que le he sacado un mayor rendimiento. Le guardo un agradecimiento grande.

DEPORTES, MÚSICA, IDIOMAS, POLÍTICA, Y OTRAS ACTIVIDADES ESCOLARES

La práctica de deportes, hoy tan importante en la educación, era en mi adolescencia, más que limitada inexistente. En la gran mayoría de los colegios y escuelas de aquellos tiempos la actividad deportiva empezaba y se acababa en una clase de gimnasia a la que se le daba una escasísima importancia. Mi colegio no era una excepción.

Sabino Barinaga, el jugador del Real Madrid que metió el primer gol en la inauguración del Bernabéu, nos daba clases de gimnasia y nos llevaba alguna vez al estadio donde nos permitían el uso del gimnasio y correr alrededor del campo. En el pequeño patio de recreo del colegio jugábamos al fútbol con una pelota de tenis, entrenamiento de gran utilidad para los partidos de fútbol de algunos domingos en el Pozo del Tío Raimundo contra los chicos del Padre Llanos. Partíamos de la ventaja de ir calzados.

Cuando dejé el colegio para pasar al CEU, el tiempo libre del que pude disfrutar desde entonces me sirvió para empezar a jugar al hockey sobre hierba en el Club de Campo de Madrid. Ha sido mi principal deporte mientras tuve facultades para aguantar un ejercicio durísimo. Lo combinaba con el tenis, al que me enseñó a jugar mi madre; a diferencia del hockey, el tenis se puede practicar sin límite de edad, siempre que uno sea consciente de la disminución de facultades que la edad supone; yo preferí abandonarlo cuando dejé de jugar bien.

Al terminar el colegio hice nuevos amigos que me introdujeron en el mundo de la caza. Mi primera escopeta me la regaló mi tío Juan Pemán. Los sábados y domingos cazaba en mano con mi perro. Me acompañaban mis cuñados Antonio Canseco y Ramón Abruña, y mi buen amigo, el eterno presidente de Arthur Andersen, Manolo Soto. Soy buen amigo y he aprendido mucho de Enrique Zamácola un destacado cazador, como lo acredita el premio Wetherby que le concedieron, como destacado cazador mundial.

Como sucedía con carácter general en la España de aquellos años, la formación musical era inexistente en los colegios. Recuerdo con horror mis clases de acordeón por empeño de mi padre. Jamás llegué a cumplir el objetivo que se había marcado mi profesor de que tocara decentemente *La Cumparsita*: el acompañamiento del tango con los botones de la izquierda era un obstáculo insalvable. A pesar de todo, quedé cuarto en el certamen anual infantil de la agrupación de acordeonistas madrileños. Mi profesor presidía el tribunal.

En el colegio la política era totalmente ajena a nuestra educación. Una excepción era el profesor de francés; había sido jugador de fútbol profesional en el Stade de Reims, era judío y había escapado de la persecución nazi durante la ocupación. Odiaba a Franco, y, en ocasiones, se le escapaba algún comentario despectivo hacia el dictador, siempre dicho en voz muy baja. Le sucedieron las guapísimas señoritas Rufilanchas cuya adscripción política nunca llegó a interesarme. La profesora de alemán no disimulaba su inclinación política; de vez en cuando exclamaba: «ay, si Josef siguiera vivo, todo esto sería distinto; es el único buen hombre que he conocido; un verdadero santo». Josef era Stalin. Cuando la profesora se jubiló, le sucedió un nazi emigrado.

Algunos años después, en Alemania, me encontré con muchas personas que ocultaban de forma vergonzante su añoranza por el III Reich, y solo la sacaban a relucir si se sentían seguras con su interlocutor.

La formación religiosa tradicional formaba parte importante de nuestra enseñanza. Mi colegio era muy estricto en la educación y las prácticas religiosas: misa y rosario diarios. Para compensarlo, Doña Laura nos daba clases de mitología griega y romana. El radicalismo religioso se disolvió en España después del concilio Vaticano II.

Mi educación católica tradicional, tendiendo a radical, jamás me ha supuesto una mínima rémora intelectual. Al contrario. En mi adolescencia ese radicalismo ya había desaparecido por completo. Convivir con otras religiones y cultos nunca ha sido un problema para mí; lo que en modo alguno quiere decir que sea relativista sobre esa cuestión; ni sobre ninguna otra.

La convivencia con fieles de otras religiones le parecía pecaminosa a mi tía abuela Lola. Un grupo de ingleses apareció un día en Cedeira para pasar unos días. Como no fueron a la Misa dominical, siendo ingleses, mi tía abuela Lola decidió sin más pruebas que se trataba de protestantes anglicanos y organizó una manifestación de señoras que recorrió el pueblo cantando: «fuera, fuera, protestantes, fuera, fuera de nuestra nación, que queremos ser amantes del Sagrado Corazón». Los ingleses temieron por su integridad física y se fueron.

Con carácter previo al acceso a la universidad, había que cursar el preuniversitario después de aprobar un examen público, «la reválida de sexto». Los alumnos de colegios privados, que se examinaban anualmente en sus propios centros con profesores que los conocían de todo el curso, no estaban habituados a pasar el examen de reválida en un instituto público, en el que eran totalmente desconocidos. Los del Instituto de Selección Escolar teníamos la ventaja de que nuestros exámenes se hacían todos los años en el instituto de San Isidro y estábamos acostumbrados.

Es increíble cómo funciona el mecanismo de la memoria. Yo la he ido perdiendo aceleradamente a lo largo de los meses que he dedicado a escribir estas páginas. Sin embargo, recuerdo perfectamente el texto que tuvimos que traducir del latín en el examen de reválida de sexto: era un pasaje de la *Guerra de las Galias* que comenzaba «*Paulo ante mediam noctem oravit*».. Al salir del aula, un grupo numeroso de alumnos de un colegio privado rodeaban a su profesor. Todos habían traducido «Paulo» por «Pablo». Eso es lo que al traducir de otro idioma se denomina «falso amigo». El tal Pablo ni existía, ni había rezado antes de la media noche. «Paulo» era en español el adverbio «poco», y quien había orado poco antes de la media noche había sido César. Yo no piqué y obtuve una buena nota.

LA LIBERACIÓN DEL CEU

El preuniversitario lo hice en el Centro de Estudios Universitarios —el CEU— fundado por la Asociación Católica de Propagandistas (ACDP). Al igual que mis dos abuelos y mi padre, me afilié desde joven a la ACDP. El primer día de curso fui en tranvía desde Diego de León hasta Moncloa. En el trayecto coincidí con Jorge Celada. No nos conocíamos, pero entablamos conversación y nos hicimos muy buenos amigos. Jorge toca la guitarra igual de bien, o mejor, que Andrés Segovia.

El padre Mindán Manero era nuestro profesor de filosofía en el CEU. Usaba sotana con una larga fila de botones desde el cuello hasta los pies; el *clergy* con alzacuellos no era corriente entonces en España. En clase me sentaba en primera fila para causar buena impresión. Mi compañero de pupitre seguía con atención la menuda figura del padre Mindán mientras explicaba con verdadera pasión el «*Sic et Non*» del teólogo y filósofo Abelardo. A pesar de su condición de monje en el siglo XII, Abelardo era racionalista y galante como buen francés.

Pronto descubrí que a mi compañero de pupitre le traían por una higa la obra de Abelardo, la teología medieval, e incluso la bellísima Eloísa, a la que tanto amó el filósofo. Su atención de búho viejo, al acecho de una madriguera de conejos, se debía al reto que se había impuesto: contar el número de botones de la sotana del padre Mindán. No era empresa sencilla. Mindán se movía como una ardilla con pasitos a izquierda, a derecha, adelante, y atrás. Nunca he sido muy jugador, pero la tentación de demostrar a mi compañero de pupitre que le superaba en capacidad de observación se me hizo irresistible. Le aposté a que yo contaría los botones de la sotana antes que él. La apuesta quedó fijada en el bocadillo de mejillones de media mañana. Nos concentramos en la tarea; la tensión se podía cortar con un cuchillo. No lo logramos ninguno de los dos.

Al finalizar la clase, el padre Mindán vino hacia nosotros, nos miró fijamente, y con gravedad nos dijo: «el número de botones de mi sotana es... (no recuerdo la cifra), y todos los años hay más de un tonto que intenta contarlos. No vuelvan ustedes a sentarse en primera fila».

¿EDUCACIÓN MACHISTA?

El machismo, tema obsesivo hoy para muchos, no era cuestión que me preocupase durante mis años de educación escolar. Mi colegio era solo de chicos. No había entonces muchos colegios privados mixtos, pero sí lo eran las escuelas públicas. Mi colegio se convirtió en mixto en los últimos años que pasé allí. Esta discriminación escolar sigue siendo hoy frecuente en gran parte del mundo civilizado, pero curiosamente no es objeto de crítica por el movimiento feminista, que prefiere dedicar su atención a cuestiones de muchísima menor importancia.

El machismo sociológico daba lugar, históricamente, en España a un machismo legal con discriminaciones para la mujer que eran radicalmente inaceptables. Me alegro de haber contribuido personalmente a la derogación de una norma, que, aun al comienzo de la transición a la democracia, discriminaba de manera radicalmente injusta a la mujer. Me refiero a la condición de delito que tenía el adulterio cuando era cometido por mujer casada, pero no por hombre casado. Pude asistir a un caso en el que se puso de manifiesto lo desfasado de esa norma.

Con motivo de la expropiación de los terrenos necesarios para construir la planta en Almussafes, viajaba yo con frecuencia a Valencia, y me alojaba en el hotel Monte Picayo. Estaba a las afueras de la ciudad; me resultaba muy cómodo para evitar el tráfico de Valencia. Tenía fama de ser un lugar para aventuras *non sanctas*. Una noche, dormía plácidamente después de un largo día discutiendo justiprecios con los huertanos y oí unos gritos en el pasillo: «¡la policía, abran inmediatamente!». Me levanté para ver el motivo de tanto escándalo. Dos grises —como se llamaba entonces a los policías nacionales— y otro policía de paisano aporreaban la puerta de la habitación de al lado. Se abrió y apareció en pijama un abogado muy conocido en Madrid; preguntó cuál era el motivo de tanto escándalo y el policía de paisano le ordenó que saliera inmediatamente «la señora». Asustada, guapa y en camisón, salió una mujer. El policía de paisano, después de confirmar que se trataban de las personas que buscaban, les indicó que se vistieran; lo hicieron en un par de minutos y, una vez fuera, los esposaron a ambos y se los llevaron. El motivo de la detención era un presunto delito de adulterio de la mujer, que estaba casada, aunque en proceso de separación de su marido. Para mayor inri, su acompañante en el lecho aquella noche en el Monte Picayo era el abogado que asesoraba a su marido en la separación.

Entonces yo desempeñaba el puesto jefe de gabinete del ministro de justicia del primer gobierno de UCD. A mi vuelta de Valencia le conté al ministro, Landelino Lavilla, la vergonzosa historia que había presenciado en el Monte Picayo. La primera ley que se aprobó a instancias de aquel gobierno, a impulso del Ministerio de Justicia, fue la de modificación del Código Penal, incluyendo la despenalización del adulterio.

En esta reforma se suprimió también la agravante de desprecio de sexo, que llevaba más de un siglo vigente en nuestro Código Penal. Con dicha agravante, los delitos en los que la mujer era la víctima recibían una mayor sanción que aquellos en los que se trataba de un hombre. Por increíble que parezca, la derogación fue exigencia de una comisión feminista con la que se reunió el ministro, que consideraba que la igualdad de sexos debía de ser total y absoluta.

Con los años, se han dictado nuevas leyes que sancionan las agresiones y los abusos cometidos sobre las mujeres; es decir, lo que los códigos ya castigaban desde comienzos del siglo XIX. Comenzó un proceso de cambio de las leyes, de modo que, hoy en día, no queda la menor discriminación por razón del sexo. Sin embargo, el movimiento feminista sigue inamovible, como un boxeador peleando contra las sombras de una discriminación que ya no existe. La expresión máxima de esta actitud la constituye el ridículo lenguaje inclusivo, que desafía siglos de uso del idioma.

El feminismo ha desistido del principio de la igualdad de sexos y se ha convertido en una máquina de impulsión de discriminaciones positivas a favor de la mujer. Al movimiento feminista no le parece mal la desigualdad que supone la creciente discriminación positiva a favor de la mujer. Cambiar de opinión es de sabios.

En la actualidad existe todo un inmenso aparato internacional de doctrina, jurisprudencia y legislación antimachista; España es un modelo destacado en la exigencia del cumplimiento de este nuevo universo normativo con el máximo rigor.

Las sociedades mercantiles no son una excepción. Los accionistas quieren que los consejeros sean gentes competentes y conocedoras de los asuntos a los que se dedica la compañía para que se ocupen con diligencia de asegurar el cumplimiento del interés social. Hoy en día, sin embargo, lo importante es que en el consejo de las sociedades cotizadas se siente el mismo número de mujeres que de hombres. Yo he sido presidente de la comisión de nombramientos en más de uno de esos consejos de administración, y me he visto ante la desesperante situación de tener que proponer la designación de una candidata con muchos menos méritos que otro candidato varón, que pasaba a ser víctima de la discriminación positiva a favor del antiguamente llamado sexo débil.

En los Estados Unidos el feminismo es un movimiento poderoso en todos los ámbitos y la Iglesia Católica no es una excepción. Un ejemplo que me fascina es el texto aprobado por la conferencia de obispos católicos de los Estados Unidos, de las lecturas de la Misa. Lo uso para practicar mi inglés. En las epístolas de San Pablo el texto canónico se modifica y se utiliza el nuevo lenguaje inclusivo: las epístolas ya no se dirigen a los hermanos Gálatas, de Éfeso, de Corinto o de donde sea. Ahora se dirigen a los hermanos y hermanas.

Otro ejemplo. En la segunda epístola de San Juan, de la que solo se conservan trece versículos, los estudiosos han debatido durante mucho tiempo quién era el destinatario, a causa de las dudas que representa la palabra *kyria* (dama) seguida de *ekklekte* (escogida), con las que comienza el primero de los versículos conservados. Habida cuenta de que, en otros escritos, San Juan designa a la iglesia como «señora», la conclusión de los teólogos bíblicos es que el apóstol se refiere a una comunidad de cristianos de la iglesia de un lugar conocido como Ekklekte cercano a Éfeso. La conferencia de obispos norteamericanos no duda, sin embargo, en encabezar la versión inglesa de la epístola dirigiéndose a una «*chosen lady*».

El antimachismo se ha convertido en una de las más exitosas advocaciones de la progresía, muy destacadamente de la norteamericana. Tuve la ocasión de comprobarlo en una reunión del Consejo Mundial de Arthur Andersen celebrada en Nueva York con mayoría de miembras y miembros estadounidenses. Allí cometí, inconscientemente, un gravísimo acto de machismo de acuerdo con los nuevos estándares sociales, que ya, por entonces, regían en todo el mundo civilizado.

Se me cayó el botón de un puño de la camisa. Esto produce una sensación muy molesta, como todo el mundo sabe. Le pregunté a mi vecina de asiento, una simpatiquísima americana, si en el siguiente descanso podría cosérmelo. Lo hice en voz baja, pero no lo suficiente, porque al menos media docena de vecinos de mesa lo oyeron, entre ellos el presidente, que en ese momento estaba en uso de la palabra. Dejó de hablar y los que me habían oído, me miraron horrorizados por mi osadía machista.

Mi vecina, sin embargo, comprendió que yo era un hispano troglodita sin remedio, y, sin darle la menor importancia, me contestó, con voz audible para todos los asistentes, que, con mucho gusto, me cosería el botón. Aclaró que era innecesario pedir aguja e hilo, porque ella tenía el pequeño *set* de costura que se facilitaba en las habitaciones del hotel. En el descanso me cosió el botón en presencia de toda la concurrencia. Me clavó varias veces la aguja, he de suponer que involuntariamente. Le di las gracias, pero me convertí en transgresor de unas normas para las que hoy no hay amnistía ni indulto posible.

A los países árabes se les sigue excluyendo de la aplicación de los estándares igualitarios y no se condena la hiriente desigualdad allí existente entre hombres y mujeres que, por humillante que sea, no es hoy por hoy preocupación prioritaria de la progresía feminista.

Los excesos de la nueva cultura *woke*, para la que el cambio de sexo de unas cuantas docenas de personas es más importante que otros muchos graves problemas de millones de ciudadanos, ha supuesto una reacción de hastío en gran parte de la sociedad americana y un gran apoyo al triunfo de Trump en su nueva elección como presidente.

Es un buen augurio, por más que Trump no me guste nada.

IV. EL EXTRANJERO

En los tiempos de mi adolescencia salir de España no era algo muy frecuente. Para los europeos éramos un país inexistente. Padecíamos un aislamiento indeseado como precio que pagábamos por la dictadura. Inglaterra también se mantenía aislada en su isla, pero era diferente: a los británicos les gustaba presumir de su aislamiento; les encantaba hacerse de rogar para integrarse en el mercado común. Por fortuna para ellos, el buen sentido acabó prevaleciendo sobre un ridículo orgullo. Para los españoles, verse integrados en Europa era, a diferencia de lo que sucedía entre los ingleses, una aspiración generalmente sentida. Todo cambió con el *boom* turístico que empezó mediada la década de los sesenta.

Las naciones tienen un alma que uno puede percibir por los poros de la piel, más que por los ojos y los oídos. Es un espíritu que trasciende al paisaje, a los ciudadanos, a sus costumbres y a sus hábitos; es una emanación conjunta de todos ellos. Para entender una nación es preciso racionalizar las percepciones sensoriales y sintetizarlas en un conjunto armónico y superior, que no es otra cosa que su alma.

Hay literatura que ayuda a entender la naturaleza profunda de las naciones: los *Pickwick Papers* de Dickens, *Los ingleses en su isla* de Augusto Assia, o, incluso, las aventuras infantiles de Guillermo Brown de Richmal Crompton, son libros que me enseñaron sobre Inglaterra más de lo que aprendí con mi presencia física en la isla. He leído autores que me han producido un sentimiento análogo en relación con otros países; por ejemplo, Karl May, cuyas novelas del Oeste devoré de niño. May nunca había estado en América, pero cuando yo tuve la oportunidad de hacer un viaje por el oeste americano, comprendí que, en espíritu, yo ya había visitado aquellas tierras gracias a May que me había adelantado el viaje. Con Álvaro Cunqueiro siento el alma común de las siete naciones celtas que, según él, existen actualmente. Amós Oz me hizo conocer Jerusalén mucho antes de haber recorrido sus calles y de haberme tomado un *gin tonic* en el hotel King David como Churchill.

Esa es la maravillosa virtud de algunos escritores y también de algunos directores de cine.

HABLAR INGLÉS CON UN SORDOMUDO

Durante mi adolescencia pasé tres veranos en Inglaterra para aprender inglés. El idioma extranjero que nos habían enseñado en casa a mi hermana y a mí era el alemán. Fui a Inglaterra por primera vez en el verano de 1960 con un grupo de españoles, cuya estancia en familias inglesas organizaba un jesuita, el padre Ubago.

El viaje en autobús ya supuso de por sí una experiencia notable. Dormimos en París en un hotel en la peor zona de la ciudad; el padre Ubago era en extremo ahorrativo. Llegamos a París el 14 de julio, dimos un paseo y pudimos oír cantar nada menos que a Edith Piaf desde lo alto de la torre Eiffel con fuegos artificiales de fondo. Fue de verdad emocionante.

Por la noche se armó una trifulca junto al hotel y pudimos comprobar que aquello estaba ocupado en gran parte por señoritas de la noche que gritaban, discutían y tenían sus más y sus menos con la clientela y sus proxenetas. La prostitución es un sector profesional que no volví a ver con tanta proximidad hasta la noche que pasé detenido en los calabozos de la Dirección General de Seguridad, de lo que hablaré más adelante.

La mar estuvo terrible al cruzar el canal de la Mancha desde Calais a Dover; todo el mundo vomitaba por donde podía; yo, afortunadamente, no me mareo, pero hubo un momento en que pensé que los acantilados blancos de Dover eran una meta imposible de alcanzar y recordé la Armada Invencible. El sucesor de Don Álvaro de Bazán, actual Marqués de Santa Cruz, es miembro de una tertulia mensual a la que procuro no faltar. Álvaro conserva en su casa los impresionantes fanales de la nave capitana de la flota española en Lepanto, mandada por su ilustre antecesor.

Se suponía que en las familias de acogida elegidas por el padre Ubago habría un chico de edad aproximada a la del huésped español. En mi caso se cumplió la letra, pero no el espíritu del compromiso: en mi familia de acogida, en un apartado barrio de Liverpool, había en efecto un chico de mi edad, Adrian, muy buena persona, pero sordomudo; es dificilísimo practicar inglés con un sordomudo. Resolví la situación como mejor pude dedicando horas y horas a ver la televisión, principalmente Popeye, algún folletín de los que mi *land lady* no se perdía, o el humorístico programa *Mess Mates* que le gustaba al señor de la casa. El resto del día lo dedicaba a practicar con mi acordeón Guerrini.

Un día apareció mi padre en Liverpool sin previo aviso. Se presentó en nuestra casa y le presenté a Adrian, el chico sordomudo. Mi padre tuvo el buen sentido de esperar a ver mis progresos en inglés antes de estrangular al padre Ubago; le pareció que había aprendido mucho y se fue satisfecho. Carlos Espinosa de los Monteros, años más tarde presidente del Círculo de Empresarios, estaba en el grupo de chicos del padre Ubago que habíamos viajado a Inglaterra; me dijo un día que en sus memorias pensaba contar la anécdota del sordomudo Adrian, como ejemplo de mi capacidad de superación de dificultades; después lo pensó mejor y decidió no hacerlo.

Mis dos veranos siguientes en Brighton y en Weybridge fueron inolvidables. Además de los Flinstones, *Mess mates*, y otras series nuevas de televisión, fui a mis primeros guateques con chicas. Jugué mucho al tenis, que entonces me apasionaba, y asistí a los partidos de fútbol del Brighton & Hove Albión. En la playa de Brighton, echando un penique en una maquinita, se veían desnudos de gordas del siglo XIX, que me recordaron a mi primera profesora de alemán y las estatuas femeninas de la prehistoria.

Mi familia de acogida me llevaba con frecuencia a Londres. El 18 de julio asistí al *cocktail* en la embajada de España. El embajador era entonces el marqués de Santa Cruz. Al enemigo derrotado, aunque sea por el mar, se le perdona más fácilmente que al victorioso; el Duque de Alba jamás hubiera recibido en Ámsterdam el plácet como embajador. En el legendario teatro Drury Lane pude ver a Rex Harrison y a Julie Andrews en el *My fair lady* original; descubrí los sándwiches con crema de anchoas y las tabletas de chocolate Kit Kat y Mars, que sigo consumiendo; oí por primera vez las canciones de los Beatles y de los Rolling Stones. Al volver a la España gris de aquellos años, recordar lo vivido en Inglaterra justificaba caer en la melancolía.

Me he preguntado muchas veces el porqué de la admiración que siento desde entonces por Inglaterra; sería más adecuado decir fascinación, que es más emocional. La explicación no es otra que la forma singularísima en que la tradición impregna toda la vida inglesa; lo hace de manera sutil, como una neblina que envuelve lugares y personas. Aunque el país cambie con el paso de los años, siempre parece ser el mismo, y ese sentimiento de estabilidad da sensación de seguridad y de paz. Gómez Dávila dice que los ritos preservan la fe, mientras que los sermones la minan. Los ritos tienen la firmeza que les da el paso del tiempo. Nos recuerdan los valores que han de ser preservados, lo que ha de permanecer inmutable. Los boxeadores se saludan cortésmente al comienzo del combate; es un rito para recordar que se trata de un enfrentamiento deportivo y no de una guerra personal; un recuerdo de los límites a los que está sometida la pelea. Después los boxeadores se muelen a puñetazos. En Inglaterra, los viejos ritos están por todas partes. Es la esencia de la civilización inglesa.

Mi tío César Pemán, un ferviente anglófilo, sostenía que su máxima aspiración era que Gibraltar continuara su política de atropello imperial —por lo demás tan británica— y fuera absorbiendo poco a poco más terreno de la península hasta llegar a Despeñaperros.

El apego de los ingleses a sus tradiciones es mucho más fuerte que el que sienten por el sistema democrático que les da fama. Son tradiciones provenientes de la clase dirigente, que, a lo largo de los siglos, han sabido concitar respeto general, y las clases populares las han asumido, también, como propias. En Inglaterra, las costumbres y los modales de las clases altas se imitan por el pueblo, y no al revés, como ahora sucede en España. La educación pública inglesa se mira en el espejo de los viejos y prestigiosos colegios privados, que han dado al Imperio Británico la mejor clase dirigente del mundo. Eso hace grande y unida a la Gran Bretaña. Me he sentido a gusto en Inglaterra desde mis años adolescentes.

Como abogado viajé a Londres con gran frecuencia. En esa época me alojaba en buenos hoteles y comía en los mejores restaurantes. Mi percepción sobre el alma del país siguió siendo la misma que, cuando adolescente, hacia vida de familia en Liverpool, en Weybridge o en Brighton.

Al terminar el bachillerato viajé por primera vez a Alemania. Volé a Frankfurt y tomé el tren a Colonia para alojarme en una residencia de estudiantes —la Studentenheim Schweidt— en Ehrenfeld, un barrio periférico. Me sorprendió que a diferencia de lo que sentí la primera vez que llegué a Inglaterra, yo no reconocía nada de Alemania, a pesar de que en mis años de infancia y de adolescencia había sufrido el martirio del aprendizaje del alemán, y de haber leído muchos libros alemanes. No experimenté la misma sensación de sentirme en casa que tuve en Inglaterra.

La nación alemana tiene un alma quizá demasiado poderosa para dejarse aprehender fácilmente por un latino. O puede que fuese el momento en que entonces se encontraba el país, humillado aún por la derrota, con los restos de bombardeos visibles en las ciudades, y, sobre todo, con la lacerante presencia de la RDA, controlada por los rusos como un país más del telón de acero. *Die Zone*, la Zona, se denominaba eufemísticamente a la República Democrática Alemana en la Alemania libre.

La humillación de una guerra perdida genera en las naciones cerrazón y pocas ganas de compartir las profundidades de su alma con un extranjero. Es posible que también influyera en los alemanes un esfuerzo de reconstrucción —veinticuatro horas al día y siete días a la semana— sin tiempo para ser un pueblo como otro cualquiera. Era, sin duda, un esfuerzo admirable, pero por algún motivo no facilitaba la empatía. A la vista de ello, excluí a Alemania como posible destino en caso de un futuro exilio.

En España el exilio nunca debe excluirse como posibilidad.

Mi plan era matricularme en la Universidad de Colonia para cursar un semestre, bien de economía, bien de germanística y cultura alemana. Me presenté en la universidad que rebosaba de estudiantes extranjeros, sobre todo nórdicos y turcos, pero también afganos, indonesios, y de otros países orientales. Los alemanes ya pensaban en las relaciones comerciales futuras con el resto del mundo y con ese fin le daban mucha importancia a formar a los futuros dirigentes de países extranjeros.

En mi residencia se alojaba un grupo de afganos; comían con las manos y daban la apariencia de haber salido de una película de la Edad Media. No sé si llegaron a aprender a decir buenos días en alemán. Una película, que recomiendo, *The horsemen*, los retrataba perfectamente. Representaban una distopía medieval que no era de mi interés.

Distopía y transversal, entre otros son, términos de moda que abundan hoy día en los medios.

Mi interés en Colonia se centró en dos personas: la primera, un español que estudiaba teología con el propósito de ser cura; algo así como cursar el seminario por libre. Era un tipo atrabiliario, simpático y bastante loco, que vivía pensando solo en todo lo que tuviera que ver con el sexo; no le interesaba otra cosa. Según él, su interés por las cuestiones del sexo respondía a razones puramente profesionales; se trataba de tener bien preparada la actividad de confesor en el futuro; me aseguraba que en España, en el confesionario, no se oían pecados que de una forma o de otra no fuesen infracciones del sexto mandamiento. Yo tendía a estar de acuerdo.

El otro personaje de interés era un indio de Goa, llamado Aurowindo; estaba obsesionado con la independencia de su país, que era entonces colonia de Portugal, y justificaba el terrorismo de los independentistas. Tuvimos más de un debate sobre esta cuestión en las reuniones de los residentes después de la cena. Yo atacaba con furia a Aurowindo. Cuando unos años más tarde comenzó la ETA a actuar en España, recordé a Aurowindo, su odio, y la falacia de sus argumentos. Por una vez no me arrepentí de mis excesos oratorios contra él; dejó de caerme simpático en la distancia de mis recuerdos.

Cerca de la residencia estaba el club de campo más elegante de Colonia: el Rot Weiss Köln, donde podía jugar al tenis y al hockey hierba, que era mi deporte favorito entonces. Me presenté en la secretaría del club, les expliqué mi situación de estudiante en tránsito y mi deseo de incorporarme a algún equipo. Yo era rubito, hablaba un razonable alemán, mi residencia de estudiantes era conocida, y jugaba al hockey en el Club de Campo de Madrid. Esta última referencia fue la decisiva; me admitieron y comencé a entrenar por las tardes. Algunos domingos íbamos a jugar a otras ciudades de Alemania o de Holanda.

No tuve nunca la sensación de haber sido bien recibido en el exclusivo Rot Weiss.

Entre jugar al hockey y discutir con Aurowindo pasaba el tiempo, y yo no acababa de decidir si me matriculaba en germanística o en economía; seguía sopesando pros y contras de cada una y disfrutando de mi libertad. Así las cosas, me surgió una gran oportunidad: realizar por primera vez en la vida un trabajo remunerado. Pensé que, con seguridad, sería una experiencia que me iba a enseñar mucho más de lo que jamás hubiera aprendido en la Universidad de Colonia. Trabajar de obrero manual, ganar dinero honradamente, y convivir con los emigrantes españoles, tenía por fuerza que ser muy formativo.

En aquellos tiempos se llamaba «emigrantes» y no «migrantes» a los españoles que se veían obligados a buscar trabajo en Europa; emigrante era la palabra con la que desde hacía siglos se había designado a los españoles que se aventuraban a ir a América buscando un futuro que no les brindaba España. La palabra migración se utilizaba para una emigración masiva, como la de los bárbaros durante los siglos de invasión de Europa, o para las manadas de ñus y de otros antílopes en busca de pastos verdes de los documentales de la segunda cadena. Estos documentales, repetidos con tanta frecuencia, se convirtieron en algo así como la retransmisión del sorteo de la lotería de Navidad. Para un «emigrante» la salida de España implicaba una decisión personal; los «migrantes» forman parte de una masa en la que los individuos se disuelven.

Juanito Valderrama y su guitarrista el Niño Ricardo fueron autores en 1949 del éxito máximo de la época: «El emigrante». En la radio de mi infancia sonaba sin parar la voz de Valderrama: «Cuando salí de mi tierra, volví la cara llorando... Y aunque soy un emigrante jamás en la vida yo podré olvidarte». Los españoles que emigraron a Europa en los años sesenta fueron esenciales para financiar nuestro desarrollo económico con su esfuerzo y sus divisas que puntualmente enviaban a sus familias en España. No se les ha agradecido suficientemente el sacrificio que hicieron. Llamarlos migrantes —masa— es para mí ofender su recuerdo.

En Alemania yo me convertí en emigrante transitorio y a tiempo parcial; olvidé la universidad y me puse a trabajar convencido de que, si se lo explicaba bien a mi padre, lo entendería y aplaudiría mi decisión. Por si acaso no le dije nada. Me convertí en *«Gastarbeiter»* (trabajador huésped), que era el eufemismo inventado por los alemanes para los obreros extranjeros. Cada país tiene su propia modalidad de cinismo.

Encontrar trabajo en aquella Alemania en ebullición era muy fácil. Se cobraba en metálico al final de la semana, sin retenciones ni zarandajas similares; te ibas cuando querías, sin nada de contratos ni de seguridad social.

Empecé en una fábrica de chocolates. Leo en las memorias del exministro Fernando Suárez, que él también trabajó un tiempo en una fábrica alemana de chocolates. Mi trabajo consistía en recoger los bombones de una cinta transportadora y meterlos en unas cajas, que, una vez llenas, debía poner en otra cinta. Aprendí varias cosas: la primera, que en contra de lo que dice la física moderna, el movimiento continuo, sin fin, existe: la puñetera cinta no se paraba nunca. La segunda cosa que aprendí es que la próstata también existe, y que sus mandatos son inapelables: un compañero sevillano, ya de cierta edad, debía ausentarse con frecuencia para atender a su tiránica próstata; yo pensaba que se escabullía para echar un cigarrito, pero la verdad es que era un auténtico campeón de prostatitis medio fondo. Su ausencia me obligaba a cubrir dos puestos y a retirar el doble de bombones de la cinta. Más de una vez se repitió la famosa escena de la película *Tiempos Modernos* de Chaplin; entonces sonaba una alarma y se paraba la cinta. El capataz, hombre mayor, lo entendía y no abroncaba al sevillano; la solidaridad internacional prostática es un hecho notable.

Los trabajadores podíamos comer todos los bombones que quisiéramos, pero no sacarlos fuera de la fábrica; todo placer tiene sus límites: en las primeras semanas de trabajo los obreros nuevos pasaban por episodios de diarrea en grado máximo; lo peor era abusar de los bombones de licor. Yo no fui una excepción a la gula, y he tardado cincuenta años en volver a comerme un bombón de licor.

A las dos semanas me cansé de los bombones y de la próstata de mi compañero sevillano; abandoné la cinta transportadora, cobré mi salario, y me despedí de la fábrica de chocolates.

Pero se me había inoculado el virus de ganar dinero trabajando; me emocionaba. Admito que no dejaba de ser una variante camuflada de la avaricia; cuando uno es joven le suceden esas cosas. A los dos días de dar por terminada mi experiencia laboral con los chocolates, ya me había incorporado lleno de entusiasmo a la fábrica de perfumes y colonias de la acreditada marca «4711». Ninguna novedad que resaltar en esta segunda experiencia: más de lo mismo, pero con la diferencia de que la cinta era más rápida que la de los bombones y no se permitía usar la colonia para aseo personal. Es decir, igualdad de sueldo pero menos incentivos que en la fábrica de chocolates. Después de cobrar mi salario semanal, abandoné sin ningún dolor mi presencia en el mundo de las colonias.

A los incentivos se les llama *fringe benefits* en la jerga financiera pija, de uso obligado en grandes bufetes y en bancos de inversiones.

La oportunidad de subir muchos peldaños en mi carrera de trabajador manual me la ofreció mi compañero de residencia Aurowindo. Me recomendó el departamento de embalaje de la prestigiosa revista *Stern*. Allí mejoré mucho mi habilidad como obrero experto en una línea de producción en cadena. Había que coger diez ejemplares de la revista, que circulaban por una cinta; cuando se completaba ese número, el montoncito se pasaba a otra cinta. El giro de cintura tenía que ser rápido y el movimiento preciso, ya que las revistas seguían fluyendo. Las paradas prostáticas eran habituales, pero a diferencia de lo que sucedía en la fábrica de bombones, si el afectado levantaba la mano, el capataz paraba la cinta. Esto permitía que muchos miembros de la línea aprovechasen para lo que podría denominarse una evacuación preventiva de la vejiga urinaria. Es un ejemplo de prudencia que ahora estoy obligado a seguir antes de entrar en el cine.

A la semana comprendí que el salto intelectual que significaba estar en *Stern* no era suficiente para compensar el durísimo trabajo de un obrero en línea de producción continua. Más de lo mismo. Lo dejé.

En Cuba mandaban a los estudiantes a cortar caña para que se solidarizaran con los campesinos y entendieran la dureza de su vida. No soy ni he sido nunca comunista, pero pienso que si los miembros de un Consejo de Administración pasaran un par de semanas desempeñando un puesto de trabajo como servidor de una máquina o de una cinta, en un proceso de producción en cadena, verían de otro modo el Taylorismo y el Fordismo. Así se llama técnicamente a la fabricación en serie. Quizás reflexione sobre esta cuestión más adelante.

DE CAMIONERO EN ALEMANIA

Cobré mi sueldo semanal en *Stern* y, en el camino de vuelta a la residencia, me topé con mi verdadero futuro: ingresar como ayudante de camionero en la respetadísima empresa de transportes Helmut Delhey, cuyos camiones se distinguían por una lona azul con el nombre de la empresa en grandes letras en amarillo.

Un ayudante de camionero era en realidad un vulgar peón de carga. Para pasar al siguiente escalón se requería carné de conducir de la clase superior, que ni loco podía yo soñar en obtenerlo en mil años que lo intentara; siendo extranjero era poco menos que imposible. A la hora de la cena en la residencia, comenté la discriminación salarial que sufriría como ayudante frente al conductor del camión. Aurowindo se brindó a prestarme ayuda inmediatamente: un compañero de exilio me falsificaría por poquísimo dinero un carné de conducir de Goa y conseguiría su homologación con uno alemán. Para el trámite era necesario un pasaporte portugués, que era mucho más fácil de falsificar que el carné de conducir de Goa.

Yo no había estudiado aún Derecho Penal, pero mi intuición me decía que aquello podía resultar en extremo peligroso. Decliné la generosa oferta de Aurowindo, decidí aceptar el puesto de ayudante-estibador de camiones, y pasé a acompañar en sus viajes al conductor para auxiliarle en las operaciones de carga y descarga. Resultó ser un viejo nazi que cada vez que nos encontrábamos con un tapón o con cualquier otro problema de tráfico, decía con cara de furia: «¡ay, si el Adolfo estuviera aquí...!», sin precisar lo que hubiese hecho su añorado Adolfo. La añoranza del camionero no era una excepción entonces en Alemania; simplemente, él no la ocultaba. Me recordó a la profesora de alemán de mi colegio.

Aprendí mucho de la realidad alemana en mis largas conversaciones con mi nuevo amigo, del que lamento no recordar su nombre.

El camionero tenía una hermana en la zona oriental de Berlín y estaba obsesionado con mandarle un paquete de comida y algunas otras cosas. No era fácil porque él no podía cruzar la frontera sin riesgo de que le retuvieran. Yo, como extranjero, sí podía. Me apunté a una excursión a Berlín que organizó Aurowindo, con su amigo el falsificador y otro par de compañeros de la residencia, entre ellos el español estudiante a cura por libre. Preparamos un gran número de bocadillos rebosantes de mantequilla con todo tipo de salchichas y los envolvimos en papel de periódico. Fue un grave error que nos trajo incómodas consecuencias.

Al llegar a la frontera con la República Democrática Alemana, los funcionarios nos preguntaron cuatrocientas veces el motivo de la excursión y dónde nos alojaríamos. Terminado el interrogatorio se pasó al examen del coche y al registro personal; fue minucioso, aunque no peor que el que hay que pasar hoy en día en cualquier aeropuerto. El problema surgió con los bocadillos, o para ser más precisos, con los periódicos que los envolvían. Pusieron los convólvulos de bocadillos sobre una mesa[6]. Los «vopos» —abreviatura de *Volkspolizei*, policía del pueblo— desenvolvieron los bocadillos y extendieron sobre la mesa meticulosamente las hojas de periódico que servían de envoltorio; con idéntica calma comenzaron a leerlas. Era un trabajo propio de un descifrador de papiros egipcios, porque la grasa se había extendido por la superficie de las hojas de periódico. Fue un ejercicio tan tedioso como inútil; todas las hojas sin excepción acabaron en la papelera y los bocadillos volvieron sin protección alguna a nuestras bolsas de viaje.

El incidente me dio la oportunidad, por primera vez en mi vida, de apreciar, prácticamente y no en teoría, el valor de la libertad de prensa, que en Occidente damos por descontada. Más tarde, al deshacer el equipaje, comprendí también las ventajas de un buen papel para envolver un bocadillo grasiento, y el grave error de guardarlo, sin envoltura, en una maleta junto con la ropa.

La hermana de mi amigo el camionero, en cuya casa me alojé, era viuda de un pastor luterano. El camionero había escapado a la República Federal Alemana justo antes del levantamiento del muro, pero ella se había quedado para cuidar a su marido, muy enfermo; cuando murió ya no pudo salir. La viuda me hacía muy buen precio y prefería que le pagara en comida, a ser posible. Se quedó con una parte importante de mis bocadillos y la rebaja en el precio del hospedaje fue generosa.

Berlín oriental me dio una buena idea de lo que suponía vivir en un paraíso comunista. He tenido ocasión de comprobarlo después en cada viaje a algún país del Este de Europa. En casa de la viuda había poco de comer. Me sirvió la paupérrima cena, con gestos que daban a entender que aquello era un banquete. Decidí regalarle los restantes bocadillos, la viuda me lo agradeció con lágrimas asomando en sus ojos azules y me dijo que al día siguiente iba a organizar una merienda con sus amigas; me costó trabajo que las lágrimas no se trasladaran a mis ojos.

Al llegar a mi dormitorio me encontré que, sobre la mesilla de noche, entre las dos camas, había un retrato de Lutero. Por mí podía haber sido del Gengis Kahn; estaba agotado del viaje y lo único que quería era acostarme y dormir después de rezar mis avemarías, como he hecho desde pequeño y sigo haciendo ahora en mi vejez.

Aurowindo, mi compañero de habitación, era miembro del sijismo, una derivación medieval del hinduismo con influencias mahometanas. Miró el retrato y me preguntó si sabía de quién era. Yo no estaba dispuesto a perder el tiempo con una larga explicación sobre Lutero y la historia de la reforma y le dije que se trataba de un pastor protestante, muy probablemente el difunto marido de nuestra hospedera. Aurowindo había participado en muchas de las discusiones sobre religión después de cenar en la residencia en Colonia y me tenía por un integrista católico. Pensó que me molestaría dormir debajo de un pastor luterano, descolgó el retrato, lo depositó con cuidado en la papelera, y se acostó. A la mañana siguiente cogió el retrato y volvió a colocarlo en su lugar.

Después de desayunar un espantoso café y algo que se suponía que era pan, nos dedicamos a pasear sin rumbo fijo por Berlín oriental. Solo había ruinas y más ruinas. No se había reconstruido nada. Entre la eficiencia del lado occidental y aquel abandono total debía haber un punto intermedio, pero este hubiese sido incompatible con las virtudes del socialismo real. Es imposible olvidar la depresión que me supuso la visita a Berlín oriental con la permanente sensación de control, de vigilancia, y la tristeza infinita de los ciudadanos; la misma tristeza la he visto repetida en mis viajes a los países de detrás del telón de acero.

En el gran parque que hay en Berlín oriental, cerca del río Spree, al que se llega por la Pushkin Allee, se erigía un gigantesco monumento con una escultura de bronce de muchas toneladas de peso: un soldado soviético pisa una cruz esvástica rota y lleva a un niño en sus brazos. No es solo un canto a la propia victoria, sino también a la humillación del derrotado. Cruces esvásticas las había visto solamente en los tebeos de Hazañas Bélicas y en las fotos de Muñoz Grandes. La Cruz de Hierro es una antigua condecoración del reino de Prusia. Hitler la corrompió insertando en el centro, en pequeño tamaño, vergonzantemente, la esvástica. En un retrato de mi suegro, piloto en la División Azul, aparece con todas sus condecoraciones, pero la cruz de hierro está tapada por la solapa de la chaqueta militar.

Entre el paraíso socialista y la España franquista existían enormes diferencias; la principal y más evidente: poder abandonar el país sin restricción alguna. Decir sin más matices que comunismo y franquismo eran dictaduras es tanto como proclamar que el cáncer de páncreas y el sarampión son enfermedades, sin más precisión. No hay nada más injusto que la falta de matices en cualquier comparación. El desastre del régimen comunista bajo el dominio del partido lo he podido constatar en Rusia. Sus secuelas permanecieron hasta muchos años después en todos los países que sufrieron el comunismo. Siento un enorme desprecio cuando oigo a los comunistas españoles proclamar las virtudes del socialismo real sin jamás pedir perdón por los desmanes que sus correligionarios cometieron y siguen aun perpetrando en medio mundo.

Para un español es dolorosa sobre todo la situación de Cuba.

VIAJAR POR EUROPA EN TREN MILITAR

Mi estancia en Alemania me permitió otra experiencia que no he olvidado nunca: viajar en un tren militar para ir a Inglaterra a visitar a una chica con la que llevaba saliendo muchos años. Estaba interna en un convento de monjas en Weybridge donde yo había pasado un verano, y contaba con que mi familia de acogida de entonces me alojaría en su casa. El problema era el coste del viaje.

Mi amigo Aurowindo me lo resolvió de inmediato. Él y sus amigos viajaban a menudo en los trenes militares que transportaban a Inglaterra a las tropas ocupantes destinadas en Berlín. El precio del viaje era una botella de *schnapps*, el aguardiente que toman los alemanes. Los trenes con más posibilidades de ser admitido eran los que transportaban tropas americanas. Pasaban de madrugada y en la estación de Colonia paraban unos minutos durante los que los soldados estiraban las piernas.

Entrar con un grupo de ellos en un compartimento que no estuviese lleno fue coser y cantar. No tuve el menor problema en ser admitido en un vagón y llegar a Calais. Allí compré mi billete del barco a Dover y luego en tren a Weybridge. Me dirigí a la casa donde había pasado el verano un par de años atrás, y como esperaba fui acogido con gran alegría por la señora que tan bien me había cuidado. Le expliqué que quería visitar a una chica en Saint-Maur's, el colegio de las Damas Negras. Me prestó una bicicleta, me presenté en el colegio y me presenté como hermano de mi amiga.

Después de pasear durante unas horas la dejé en el colegio a la hora prescrita, volví a la casa de mi familia de acogida, me despedí, me marché en tren a Dover, tomé el barco a Calais, localicé el tren de las tropas americanas a Berlín, fui admitido en un vagón, y de madrugada estaba de nuevo en Colonia para poder cumplir puntualmente mis obligaciones laborales de ayudante de camionero en Helmut Delhey.

Como solo era ayudante y no conductor, el sueño era irrelevante.

Mi padre llegó inesperadamente a Colonia en un viaje de negocios y vino a verme a la residencia. Jamás me avisaba de su visita. Preguntó por mí. Aurowindo le informó que aquel día estaba con el camión haciendo unos repartos en Bonn y que llegaría por la tarde. Mi padre no dijo nada, regresó a la residencia esa misma tarde, y ahorrándome unos reproches que eran innecesarios, me «sugirió» volver de inmediato a España. Me dio dinero para el billete de avión y a los dos días volaba a Madrid dando por concluidos los que hasta entonces habían sido los meses más apasionantes de mi vida.

Mi conciencia me acusó durante un tiempo de diletante por abandonar el estudio para introducirme en un mundo laboral que sabía bien que ni era, ni iba a ser el mío. El diletantismo es signo de cretinismo casi siempre, aunque a veces lo sea, como en mi caso, de un cretinismo atenuado.

LA BATALLA DE GETTYSBURG CON EISENHOWER EN PERSONA

Tuve la fortuna de visitar los Estados Unidos en una época en la que a mi edad no era fácil poder permitirse ese viaje. La oportunidad me la dio el equipo de hockey sobre hierba del Club de Campo de Madrid. Después de pasar unos días en Nueva York iríamos de gira por el sur jugando en varias ciudades. Nuestro anfitrión era nada menos que Konrad Hilton, por alguna razón aficionado al hockey sobre hierba, que en Estados Unidos era un deporte que se practicaba casi en exclusiva por chicas.

El señor Hilton resultó ser un hombre muy simpático.

Me es imposible recordar los lugares que visité en ese primer viaje a Estados Unidos; lo lamento porque sé que el recuerdo me levantaría la moral en un día tristón como el de hoy, con un cielo gris plomizo amenazador de lluvia. Recuerdo, no obstante, Gettysburg en Pensilvania, donde fuimos a jugar un partido. Visitamos el museo memorial denominado Gettysburg National Military Park, construido para conmemorar la más importante batalla de la Guerra Civil americana; está situado junto al lugar donde se desarrolló.

La gran atracción del museo es el Ciclorama, una pintura circular de 360 grados donde se ven escenas de la batalla, con unos efectos especiales muy llamativos. Tuvimos el privilegio de que el propio Eisenhower nos explicara, con todo tipo de detalles, la estrategia de cada bando en el desarrollo de la batalla. El gran Ike vivía desde su retiro en la ciudad, y era amigo de uno de los socios del club que nos había invitado. Ha sido la visita museística más divertida de mi vida.

CUASI PADRE CONCILIAR EN ROMA

Debo dedicar un recuerdo a mi primer viaje a Roma. Lo financió Don José María Aguirre Gonzalo, de cuyo generoso patronazgo a mi colegio ya he hablado. Como de costumbre, formé parte de la comisión que le visitó en su piso de Amador de los Ríos a fin de pedirle ayuda económica para el viaje. Nos dio más dinero del que necesitábamos, y con el sobrante el colegio comenzó la instalación de un laboratorio, cuya terminación también financió Aguirre. En el viaje hicimos noche en Marsella, y, al igual que me había sucedido unos años antes en París camino de Inglaterra, volvimos a tener en el hotel la presencia de señoritas de la noche con su clientela, aunque en esta ocasión sin peleas ni alborotos como durante el viaje anterior.

Nuestra profesora de historia fue el mejor cicerone que he tenido en los muchos viajes que a lo largo de mi vida he hecho a Roma. En San Pedro todo estaba preparado para el comienzo del concilio Vaticano II. Las tribunas a lo largo de la nave central estaban hechas de un armazón de tubos recubiertos por unos grandes cortinones. En un despiste del hierático guardia suizo, separamos el cortinón en una de las esquinas, y, junto con otros dos compañeros, me interné en aquel enorme andamiaje de tubos. Nos fuimos colando por los huecos del armazón y llegamos al final de la tribuna; cruzamos a la siguiente tribuna, y repetimos la operación; otro tanto hicimos al llegar a una tercera tribuna. Al salir de esta nos encontramos ante la magnificencia del baldaquino de Bernini. Tuvimos la sensación de que la travesura podía costarnos cara, y, con algo de miedo en el cuerpo, desandamos a toda velocidad el camino para llegar inadvertidos al punto de partida.

He vuelto muchas veces a Roma; he sido, incluso, miembro de la delegación española a la ceremonia de beatificación de algún español que no recuerdo; también he llevado a mis hijos, a mi madre, a mi suegra, y mi tía María José a la ceremonia de la beatificación de Escrivá de Balaguer; he ido también de turismo con mi familia; en viajes profesionales; como jefe del gabinete del ministro de justicia, durante mi breve etapa en la política. Pues bien, jamás he vuelto a sentir el placer de deslizarme, como un ladrón profesional, entre andamios por la nave central de San Pedro.

V. DOS PECADOS DE CORRUPCIÓN

Confieso que he incurrido por dos veces en casos de corrupción: la primera, con un plagio para obtener una buena calificación en literatura; la segunda, beneficiándome de una recomendación para aprobar injustamente el examen de conducir.

La corrupción no es un tema de hoy ni de ayer por la tarde. La corrupción ha existido siempre. En la corrupción hay un elemento de descomposición moral, de ignominia y de indignidad. Cuando se habla de corrupción se suele pensar en hurtos, robos, malversación y toda la batería de delitos que persiguen la apropiación de caudales públicos por funcionarios o cargos políticos. La corrupción supone un abuso de confianza del que tiene encomendada la gestión de los negocios públicos; un uso arbitrario del poder. Eso es lo que la convierte en un crimen de especial odiosidad y provoca una repulsa social mayor que la que causan otros crímenes más crueles y de efectos más dañosos.

La corrupción forma parte de nuestro legado romano, aunque dudo que no esté también presente en las otras culturas que han contribuido a configurar nuestro ser nacional. En Roma se persiguió duramente el delito de peculado; este término aún se usa en Hispanoamérica para la apropiación o malversación de caudales públicos.

Los romanos dictaron leyes prohibiendo los gastos «escandalosos y deshonrosos» en los procesos electorales a las diferentes magistraturas, porque la financiación de estos gastos acababa pagándose con corruptelas y sobornos. Hubo, incluso, algo parecido a un tribunal permanente para perseguir la corrupción. Se llamaba «*Questio perpetua de repetundis*».

El juicio seguido por corrupción contra Cayo Verres, gobernador de Sicilia, es famoso. Cicerón hizo de acusador, y Hortensio, el más prestigioso abogado de Roma, fue el defensor. Verres fue condenado y Cicerón se consagró como el primer orador político y forense de Roma. No todos los juicios por corrupción concluían con condena: a pesar de la evidencia de sobornos, Julio Baso y Vareno Rufo, procónsules de Bitinia-Ponto, resultaron absueltos gracias a la brillante defensa de Plinio el Joven. Es de suponer que también produjo efecto la influencia de sus amistades políticas, que no era, precisamente, escasa.

En todos los países es habitual la publicación de encuestas sobre las cuestiones que más interesan a los ciudadanos. Los españoles consideran con carácter general que la corrupción es un problema primordial. En el informe de Transparencia Internacional, España se sitúa cerca de la cabeza de los países corruptos, según la percepción de nuestros ciudadanos. Es una apreciación que se arrastra como consecuencia de los abundantes escándalos que se han producido desde los primeros años de nuestra actual democracia. Pero hoy, en mi opinión, es una apreciación radicalmente injusta.

A lo largo de nuestra historia ha habido casos sonados de corrupción que han tenido lugar bajo la gestión y la responsabilidad de todos los gobernantes sin excepción. Las etapas de exuberancia económica han ocasionado burbujas inmobiliarias y una legislación favorecedora de la arbitrariedad urbanística que ha dado lugar a casos muy sonados.

En los medios de comunicación la corrupción se ha destacado, generalmente, como noticia prioritaria, de forma que parece que es un signo de identidad de nuestro país. Hay épocas en que es el argumento casi único de la oposición política; algo obsesivo. En esas épocas las conjeturas se presentan como indicios y los indicios como pruebas. Entonces, los medios dictan sus sentencias condenatorias antes de que lo hagan los jueces; y, por simple afinidad política, la culpabilidad se extiende a personas ajenas a los hechos. La oposición instruye una especie de causa general contra el partido que ejerce el gobierno.

Desde hace tiempo, en España vivimos en una inagotable vorágine inquisitorial.

Es imprescindible que la corrupción se persiga y se hagan los mayores esfuerzos para erradicarla de nuestra vida pública; pero es injusto ignorar que la corrupción afecta a un porcentaje mínimo de funcionarios y de políticos, no mayor que en cualquier otro país de nuestro entorno económico y cultural. En su inmensa mayoría políticos y funcionarios cumplen honradamente su tarea y, a diferencia de lo que sucede en los países verdaderamente corruptos, en España la corrupción no se tolera, no ha diluido el poder político entre mafias y traficantes, ni, como ocurre en esos países, ha supuesto un impedimento o un retraso apreciable para el crecimiento económico.

En España hay una persecución tan tenaz y eficaz contra la corrupción; basta leer la memoria de la Fiscalía General del Estado. Nunca en la historia hemos contado como ahora con un cuerpo de jueces, fiscales y cuerpos policiales que estén tan bien especializados en todo tipo de crímenes económicos.

La metonimia, es decir, tomar la parte por el todo, es un recurso literario admisible y a veces embellecedor del texto. Tomar una parte por el todo y convertir la corrupción en característica de los españoles o de sus gobernantes, no es justo. Nos conduce a pensar, con frustración y desesperanza, que somos una nación corrupta, y eso es una distorsión injusta de nuestra realidad nacional; es parte de la opinión pesimista que, ancestralmente, tenemos los españoles de nosotros mismos.

EL PLAGIO

El plagio es una de las modalidades de corrupción más extendidas a lo largo de la historia. Sin necesidad de una difícil —e inútil— discusión jurídica, está claro que es una apropiación de lo ajeno, una forma de robo literaria o intelectual. Desde hace años es un delito perseguido y sancionado gravemente por el Código Penal.

El hábitat principal del plagio es, obviamente, el mundo literario. Sobre esta cuestión publiqué una Tercera en *ABC*.

Álvaro Cunqueiro, connacional mío galaico, es uno de mis escritores favoritos. Siento por él una enorme admiración. En mi modesta opinión, Cunqueiro ha llevado el realismo mágico a unas alturas que no alcanzaron ninguno de los autores sudamericanos a los que se considera los maestros de este género. Cunqueiro es admirable por su cultura clásica, su estilo, su imaginación, su sentido trágico y a la vez cómico de las tradiciones. Es soberbio describiendo el amanecer en una aldea celta entre la niebla; o la tristeza de las campanas de una catedral medieval gallega envuelta en lluvia; o una gloriosa empanada de lamprea como remedio de la gula de los campesinos gallegos, reprimida por la pobreza durante siglos; o cuando alaba la astucia de sus paisanos para poder sobrevivir bajo la pobreza; o cuando admira su socarronería como remedio de una arrogancia que no pueden permitirse.

Cada página que escribe Cunqueiro es una obra de arte. Yo le leo con veneración.

En sus artículos sobre temas marinos, recopilados y muy bien editados por su amigo Néstor Lujan, Cunqueiro cita con alguna frecuencia el libro de Robert Graves y J. Patai sobre mitos griegos. A medida que avanzaba en la lectura de los artículos de Cunqueiro me fui dando cuenta de que las citas al libro de Graves y Patai eran más que unas simples referencias. Cuando llegué al artículo «Noé, carpintero de ribera», en el que Cunqueiro trata del diluvio universal, me encontré con párrafos del libro copiados casi literalmente. Otro tanto sucede en el capítulo en el que describe la tradición griega de las Pléyades como guía para la navegación en el Mediterráneo.

Se me planteó una grave cuestión. ¿Era Cunqueiro reo del delito de plagio? No lo tengo tan claro. Graves describe mitos y leyendas a partir de un enjundioso estudio de textos antiguos, muchos ellos en lenguas desaparecidas hace miles de años. Es un trabajo esencialmente científico. Los artículos de Cunqueiro son algo puramente literario, no científico. ¿Justifica esto la cita casi literal de párrafos del texto científico de Graves? ¿Puede entenderse que es plagio? ¿Es admisible convertir la aridez científica del investigador en belleza literaria? ¿Existe la eximente muy cualificada de «*plagium gratia artis*», el plagio por el arte?

Llego a la conclusión de que el plagio de Cunqueiro es un mal pase de pecho después de una serie de naturales cadenciosos, de esos con los que el torero detiene el tiempo con su capote. No es como los casos en los que el plagio carece de arte y es mucho más parecido a un mal descabello. Cuanto más pretencioso es el plagiario, más lamentable resulta el descabello.

Yo perdono a Cunqueiro por la belleza de su literatura.

Mi conciencia se alarma y me dice que dudar de la culpabilidad de Cunqueiro pone de manifiesto mi escasa moralidad intelectual. Sinceramente, no me importa nada el reproche de mi estricta conciencia. Admito, por otra parte, que mi intento de dignificar el plagio de Cunqueiro puede interpretarse como poner el parche antes de la herida en relación con un plagio propio que seguidamente contaré. Lo acepto.

Manuel Castells fue ministro de Universidades con Zapatero. Según dicen, es un buen sociólogo autor de numerosas publicaciones. Durante su etapa de ministro del ramo no contribuyó a parar el proceso de deterioro de la universidad pública española, que comenzó con Maravall en el primer gobierno de Felipe González. Maravall era un progresista presesentaiocho que había pasado por el colegio Estudio. Castells es también progresista, pero postsesentaiocho y profesor en una universidad francesa.

La llamada, ampulosamente, «revolución» del sesentaiocho en Francia, marca una línea divisoria en la historia de la progresía. Hay un antes y un después.

Es un tipo curioso este Castells: por edad, no participó en la revolución icono de la progresía, pero para quedar absuelto de su pecado de omisión cita como mérito en su currículo haber sido profesor de Daniel Cohn Bendit, Dani el rojo, célebre líder de aquella revuelta estudiantil; es como si Castell se declarase revolucionario por representación, modalidad novedosa difícil de aceptar. Dejar constancia en la biografía de Aristóteles que fue maestro de Alejandro Magno, o en la de Hegel, que su filosofía tuvo un gran influjo en el joven Marx, son cosas comprensibles; pero afirmar como mérito haber sido profesor de Cohn Bendit supera un límite razonable de estupidez. Así suelen ser las cosas entre los progres sesentaiochistas.

El plagiario hace creer al lector que el texto plagiado es suyo para obtener un reconocimiento intelectual o algún tipo de ventaja o de recompensa no merecida. Copiar en un examen o en un trabajo escolar no destinado a publicarse son también modalidades de plagio. Parece obvio, pero no lo cree así Castells[7]. En una entrevista, tratando sin duda de epatar al entrevistador, declaró que copiar en un examen le parecía admisible, siempre que lo copiado ayudara al alumno a entender la cuestión de que se trata. Es decir, que engañar es algo aceptable siempre que ayude al mentiroso.

Es una visión finalista de la moral ciertamente peculiar, aunque, tratándose de la progresía, uno no debe escandalizarse. Atribuir al copiante la condición de tramposo es, para un progre como Castells, defender principios trasnochados que retrasan el progreso intelectual. En un magnífico artículo, Segismundo Álvarez se escandalizaba de las declaraciones de Manuel Castells.

La memez del progre Castells es evidente, por más que su doctrina me beneficie para defenderme de la acusación de plagio que se me hizo en el caso que cuento seguidamente.

En mi preuniversitario, el profesor de literatura, del que no recuerdo su nombre, pero sí sus amplios conocimientos en la materia, nos encargó un trabajo sobre Rubén Darío, poeta del que yo no sabía mucho más que algunos versos sueltos de su famoso poema, la Salutación del Optimista: «Ínclitas razas ubérrimas, sangre de Hispania fecunda». y del dedicado a Margarita Debayle: «Margarita está linda la mar, y el viento».

En aquellas fechas no existía Wikipedia, ni Google, ni «corta y pega» informático, ni ordenadores personales. ¡Ni siquiera existía internet! Para hacer un trabajo sobre Rubén Darío era necesario sumergirse en el proceloso mundo de las bibliotecas, y la perspectiva de tener que llevar a cabo esa labor investigadora era muy poco apetecible. Tenía una alternativa: recurrir a mi abuelo con sus amplísimos conocimientos de la literatura universal y su memoria de elefante; le he visto escribir de un tirón una Tercera de *ABC* con citas precisas de textos, personas, fechas y lugares sin necesidad de consultar ningún libro. Mi abuelo lo había leído todo y había escrito de todo.

Tuve la suerte de que se encontraba en Madrid, y fui a verle a su piso de Felipe IV. Le conté el problema al que me enfrentaba. Comenzó de inmediato a darme ideas, a citarme obras, y a mostrarme la cadencia rotunda de los versos modernistas del gran poeta nicaragüense. Yo tomaba notas mientras mi abuelo hablaba, con el temor de no entender luego mis garabatos. De repente se calló, se quedó pensativo y, con un cierto aire de misterio, me dijo: «espera, espera, me acabo de acordar de que hace muchos años escribí un ensayo sobre la versificación modernista para los Anales de la Academia». Llamó a Cádiz a su eficaz secretario, Antonio Llaves, y le pidió que le enviara una separata de aquel ensayo. Llegó a los dos días. Era un ensayo fantástico. Allí estaba todo con la precisión, la claridad y la elegancia de la escritura de mi abuelo.

Me puse a la tarea de escribir mi trabajo, inspirándome en las ideas expuestas en el ensayo de mi abuelo, con mis propias palabras, copiando a la letra solamente algunos pasajes cuya autoría pensaba citar. Al poco, cambié de opinión y decidí copiar literalmente el texto de mi abuelo, suprimiendo solo algún que otro párrafo. Deposité triunfante mi trabajo en la mesa del profesor, vio que era extenso, le echó una mirada rápida, se lo guardó en la cartera, me miró a los ojos, le aguanté la mirada, y no hubo más.

Al día siguiente me llamó al estrado al terminar la clase, y con frialdad me dijo: «Ha hecho usted un magnífico trabajo, impropio —recalcó impropio— de alguien de su edad», y me despidió a mi pupitre.

Mi profesor de literatura demostró tener una tenacidad férrea. Meses más tarde, volvía yo de ver en el tablón de anuncio mis calificaciones finales, cuando me lo encontré en un pasillo. Me llamó, me miró fijamente, y me dijo: «me ha costado muchas horas, pero al fin he encontrado el trabajo de Pemán. No citar ni una vez que su fuente era su abuelo es sencillamente deshonroso». Me dio la espalda y se fue sin darme la opción de balbucear alguna excusa.

Sufrí el peor castigo posible: la evidencia de mi culpa.

Ahora bien, un abogado no debe rendirse nunca. Busqué de inmediato argumentos de defensa. La paráfrasis era la solución: mi trabajo no era un plagio, sino una paráfrasis, esto es, contar un suceso ya narrado usando otras palabras. Era en el peor de los casos una repetición o una reiteración, pero nada punible. Una autoridad en materia de paráfrasis es el ilustrísimo obispo de Tarazona fray Pedro Manero, traductor del griego de las obras de Tertuliano, que dedica al rey Felipe V. En la introducción fray Pedro Manero deja claro que en materia de plagio es menester tener un criterio más abierto que riguroso:

> «El cortar lo superfluo —dice S. Gerónimo— no es injuria de la sentencia, sino adorno; añadir para llenarla no es infidelidad, sino aliño. La paráfrasis es interpretación licenciosa, que no es fiel traslado del original, sino explicación del sentido; no copia fiel y verdadera, sino suma equivalente, que por eso los griegos la llaman proporción. No entiendo yo —dice Quintiliano— que la paráfrasis sea tan solo interpretación de la letra, sino para explicación de los sentidos declarados con cualquier género y abundancia de palabras».

Mi conciencia me condenó de inmediato: nada de paráfrasis, ni de Tertuliano, ni de San Jerónimo, ni del obispo Manero: disculpas absurdas; yo había sido un vil plagiario.

Lo cierto es que nunca he aprendido más sobre la versificación modernista ni sobre Rubén Darío que copiando el trabajo de mi abuelo, y, al fin y al cabo, de eso es de lo que se trataba. Por tanto, me declaro absuelto y extiendo la absolución a Castells por decir la memez de que copiar en un examen puede resultar positivo.

El escritor Wilson Mizner decía que si copiabas de un autor era plagio, pero que si copiabas de varios, era investigación. Por tanto, mi error consistió en limitarme a copiar del trabajo de mi abuelo en vez de haberme molestado en extender mi copia a otros autores.

UN TRABAJADO CARNÉ DE CONDUCIR

La recomendación en la España de mi juventud era una institución consuetudinaria, firmemente arraigada en la sociedad y no estaba sometida a ninguna restricción.

Se recomendaba para todo: para hacer la mili sin ir al cuartel, para el examen de ingreso de bachillerato, para obtener una vivienda social... en suma, para todo. Una variación de la recomendación en el ámbito forense era la «astilla» para que el oficial del juzgado agilizara las notificaciones y otros trámites. Desde el punto de vista del derecho penal, la recomendación se aproxima a la prevaricación, el cohecho, y el tráfico de influencias, todos ellos delitos graves. Pío Baroja narra con absoluta tranquilidad de conciencia que aprobó alguna asignatura en su carrera de medicina gracias a la recomendación.

Tengo que confesar que me beneficié de una recomendación en la obtención de mi carné de conducir. Es un caso totalmente irrelevante, salvo que se invente un microscopio especial para poder ver faltas pequeñitas y sin interés. Hay que juzgar los hechos atendiendo a lo que eran las normas morales en el momento de producirse; el rigor de hoy al juzgar estas cosas no existía en mi juventud. Lo que quiero decir es que no me considero culpable de nada indebido o indecoroso a la vista de los criterios éticos vigentes en el momento de los hechos.

Acababa de cumplir dieciocho años y no sentía la menor afición por los coches ni por las motos. Pero tener carné de conducir era un *status symbol* en aquella época. Se hacía constar en las solicitudes de trabajo como uno de los méritos del solicitante. Más aún, el carné de conducir marcaba el fin de la adolescencia y la entrada en la madurez. Era algo trascendente en la vida de un joven de mi generación.

Me puse a la tarea con verdadera pasión juvenil.

En Cedeira, aprovechando los muchos ratos libres del verano, comencé a practicar bajo la supervisión de Pedro, de quien ya he hablado. Lo hacía por una pista rural, que es un término medio entre una *corredoira* y una carretera nacional de las de entonces, aunque más cerca de la primera que de la segunda. Tenía una superficie de gravilla cuyo índice de deslizamiento yo desconocía.

Una tarde, discurríamos plácidamente por la citada pista rural, cuando, a la entrada de una curva cerrada a la derecha, aparecieron unos cuernos que anunciaban de forma indubitada la presencia de una vaca. Reaccioné con la presteza y la autoridad necesaria. Evalué en décimas de segundo la situación; sabía que un frenazo en seco con la marcha metida hubiera conducido a que —como se dice técnicamente— el coche se calase. Para evitarlo, apreté freno y embragué, simultáneamente, con contundencia. No emití una sola queja cuando el volante se me incrustó entre el cuarto y el quinto espacio intercostal derecho, y el claxon, que se activaba mediante un mecanismo semicircular unido al volante, empezó a sonar, con un ruido insoportable, por el fuerte empujón de mi esternón.

Por el efecto de la gravilla, el coche comenzó a deslizarse sin el menor propósito de detenerse. Pude apreciar la lógica inquietud en el semblante de la vaca, cada vez más cerca, al comprender lo que se le venía encima; apuró el paso y salió de la pista totalmente indemne justo antes de que llegáramos donde estaba. Yo juraría que al pasar a su lado me miró y cambió su semblante de angustia por el de rencor. Mi nuera María, que es veterinaria, no cree que esos sean sentimientos propios de una vaca gallega, pero ella también es gallega y posiblemente le puede un sentido de solidaridad regional; no ha conseguido disuadirme de la impresión que recibí de odio y rencor por parte de la vaca. Desde entonces siento un cierto escalofrío cuando veo una vaca gallega suelta en un prado y procuro alejarme de ella.

Pasada la curva y desaparecido ya cualquier riesgo para la vaca, el coche se salió de la pista y comenzó a descender por la ladera del monte. La pendiente era de unos doscientos metros hasta el faro de Punta Candelaria; a partir de allí se convertía en un acantilado rocoso hasta el mar, una de las zonas de mayor riqueza percebera de Galicia. Afortunadamente, a los pocos metros el coche se detuvo con la ayuda de un eucalipto.

Yo no podía ocultar mi satisfacción: había evitado, aunque fuera con la ayuda de un eucalipto, un posible accidente grave. El rostro de Pedro, sin embargo, reflejaba un terror que le impedía hablar: su palidez y sus ojos desorbitados eran muestra de verdadero espanto; tenía las manos juntas como en señal de oración y se sujetaba las gafas; la dentadura postiza la había perdido en el primer impulso hacia delante como consecuencia del frenazo, y también mostraba un leve chichón en la frente por el choque con el parabrisas. Pero lo importante era que ni dentadura, ni gafas, ni parabrisas, ni vaca, habían sufrido desperfecto alguno.

Pedro, en su abatimiento, incomprensible en un hombre de tanta experiencia al volante, no me felicitó efusivamente como me merecía. Nunca le hice reproche alguno. Concluí que yo estaba ya perfectamente habilitado para conducir en las circunstancias más adversas y le di a mi padre la buena noticia de que no tenía que gastar ni una sola peseta en autoescuelas para mi carné de conducir. Pedro no estaba totalmente de acuerdo, pero no mostró una decidida oposición.

Obtener el carné de conducir requería no solo saber conducir, es decir, lo importante, sino también saber aparcar entre otros dos coches y conocer las respuestas de un cuestionario lleno de trampas y de preguntas absurdas ¡Ridículo! Cumplir tales trámites hacía imprescindible conseguir una buena recomendación. La obtuve.

El día señalado me personé puntualmente en la oficina donde se realizaba el llamado examen teórico, entré y en tono bajo le dije a un ujier que venía a ver al ingeniero Don Fulano. Me contestó con tono cansino: «los recomendados de Don Fulano en esa habitación», y me señaló una salita. Todos los presentes le pudieron oír, pero nadie pareció inmutarse.

Pasé a la salita, en la que se encontraban tres monjitas. Las saludé cortésmente y una de ellas me dijo sin dejar de sonreír: «Yo he suspendido tres veces por lo de aparcar. Espero que esta vez Don Fulano, que es amigo del padre de Sor Mengana, nos eche una mano». Lo de aparcar me dejó preocupado. En mis prácticas con Pedro no lo había hecho nunca, y la interposición del eucalipto cuando me deslizaba ladera abajo no podía equipararse a un aparcamiento ordinario en vía urbana. Por otra parte, miles de conductores aparcaban sus coches todos los días; aparcar no podía ser tan complicado.

Estaba con estas cavilaciones cuando entró el ujier y nos repartió unos papeles diciendo: «son los test del teórico, tienen ustedes 20 minutos».

Como yo sospechaba, la mayoría de las preguntas eran de sentido común, aunque había otras que requerían datos y precisiones que me parecieron irrelevantes y las contesté a voleo. Nos retiraron los papeles. Estaba seguro de que mi instinto me había hecho acertar en las contestaciones, y que, en su caso, los fallos habían sido de escasa importancia. Nadie nos dijo ni una palabra, por lo que entendí que tanto las tres monjitas como yo quedábamos aprobados por silencio administrativo positivo. Lo importante venía después: el examen práctico; ahí es donde debía demostrar mi pericia como conductor.

Mi examinador era un hombre razonable. No puso objeción a que Pedro se sentara en el asiento de atrás durante la prueba, que de nuevo fue un éxito. El coche gimió cuando metí la primera, luego pegó algunos saltitos al soltar el embrague y se caló un par de veces; cosa de nada. Superado el arranque, le pregunté al examinador con euforia, por lo bien que iba todo, si quería que hiciese un doble embrague; un «punta tacón» dije para demostrar mi experiencia. Contestó secamente que no hacía falta.

Hicimos un recorrido de unos pocos metros, paramos y el examinador me ordenó aparcar allí mismo entre dos coches; era un hueco de como mucho diez metros de longitud en la empinada calle de Marqués de Urquijo. Pedro hizo notar que se trataba de una cuesta abajo muy pronunciada, y, con toda corrección, preguntó si el trámite no podía trasladarse al paseo de Rosales, llano y a poca distancia de allí.

Me molestó la intervención de Pedro que podría interpretarse como falta de confianza, pero cuando yo iba a decir que me era indiferente la cuesta arriba, la cuesta abajo, o el llano, se produjo lo que yo siempre he calificado como milagro de San Cristóbal: el ingeniero intercambió una mirada con Pedro que no supe interpretar, miró su reloj y nos dijo que esperáramos un momento porque tenía que llamar urgentemente por teléfono; salió del coche y se dirigió a la oficina, situada pocos metros más debajo de donde nos encontrábamos.

A toda velocidad Pedro se bajó del coche, abrió mi puerta, me sacó de un tirón a la calle, se subió al puesto del conductor, aparcó el coche, volvió a bajarse, me empujó de nuevo a mi asiento, y cerró la puerta. Todo en menos de dos minutos. Apareció el examinador, miró al coche, y, me pareció que con cierta ironía, dijo: «¡Pues lo ha hecho muy bien a pesar de la cuesta!».

Nos dio la mano, se fue, y yo, lleno de orgullo, me convertí en titular de un merecido carné de conducir.

SEGUNDA PARTE

DE PROFESIÓN, ABOGADO

VI .LA ABOGACÍA COMO VOCACIÓN

Mi vocación de abogado la tuve desde muy joven. Nació viendo las actuaciones de la cocinera cedeiresa de mis abuelos maternos, como ya he contado. Se fortaleció como alternativa a la dedicación a los negocios, por el mal resultado que habían dado a mi familia, y se consolidó definitivamente oyendo la historia del pleito que enfrentó a mi abuelo paterno con su padrastro al que ya he dedicado un recuerdo en un capítulo anterior.

Desde muy joven tenía, pues, la intuición de que la abogacía me iba a gustar, pero fueron mis maestros los que convirtieron la intuición en una auténtica pasión por el Derecho; se la debo a los catedráticos que tuve la suerte de disfrutar como profesores, el mejor plantel de juristas en toda la historia de la universidad española: Ursicino Álvarez, Gallo, Castro, García Valdecasas, Hernández Gil, Quintano Ripollés, García de Enterría, Maldonado, Sainz de Bujanda, y, finalmente, Garrigues, el «divino», cuyo bufete fue mi destino. Se trataba de un conjunto de profesores nunca igualado en otra época anterior.

El bar de la facultad de derecho ofrecía otro atractivo importante: servía los mejores bocadillos de mejillones del mundo; quizá no alcanzaban la excelencia de los bocatas de calamares del Brillante, pero eran deliciosos y estaban próximos a ella.

En España estudiar Derecho no significaba necesariamente que se aspirara a ser abogado. En cierta medida esa era la última opción. En nuestro país los abogados nunca habían disfrutado de apreciación social y eran tradicionalmente un objetivo típico para la sátira literaria. Esto no era razonable, porque el derecho romano junto con el cristianismo han sido las bases de la civilización europea, y por supuesto de España.

Lo cierto es que, en mi juventud, estudiar Derecho tenía como principal razón de ser concurrir a las numerosas oposiciones que daban acceso a la función pública. La aspiración de la generalidad de los estudiantes de Derecho era convertirse en funcionarios. El concurso y la oposición siguen siendo el rito iniciático de la función pública, algo así como una circuncisión administrativa, que se exige tanto para ocupar una plaza de bedel de un ministerio como para ser catedrático. Estudiar Derecho y no opositar carecía de sentido si uno tenía el propósito de ser alguien en España.

En mi colegio me habían enseñado a estudiar. Creo que al estudio se le puede aplicar la receta de Juan Belmonte para el toreo. La cuenta Manuel Chaves Nogales en el libro que le dedica, una de las mejores biografías que he leído en mi vida. Decía así: torear consiste en parar, templar y mandar. Domingo Ortega la completó con un cuarto mandamiento: cargar la suerte. Si este consejo se traslada al estudio, parar significa oír o leer con atención; templar es reflexionar sobre lo leído u oído y ordenarlo sistemáticamente; mandar consiste en la memorización de lo aprendido; y, finalmente, cargar la suerte es saberlo aplicar.

Mentiría como un bellaco si digo que como estudiante yo tenía sentido del cumplimiento del deber y de la satisfacción por el deber cumplido. Las compensaciones económicas de mi padre por mis buenas notas fueron desde mis años escolares mi principal estímulo para estudiar, y lo siguieron siendo en la universidad. No lo voy a negar. Quizá sea el espíritu fenicio propio de mi condición de gaditano. Mi padre era consciente de ello, y acorde con los más estrictos principios del racionalismo positivista, elevaba cada año sus generosas compensaciones económicas por mis buenas notas.

No tengo por qué avergonzarme. El estímulo económico está presente también en el toreo, por más que, elegantemente, Domingo Ortega no lo mencione.

LA FACULTAD DE DERECHO

En aquellos tiempos, la Universidad no se veía como centro de formación para las élites, a diferencia de lo que sucedía en naciones más desarrolladas. En Inglaterra no sorprendía que el presidente de una gran empresa industrial hubiese cursado filología clásica. En España eso hubiese sido totalmente incomprensible, una extravagancia más de los ingleses.

Para los afortunados que podíamos ir a la Universidad, la carrera se contemplaba única y exclusivamente como un medio de ganarse la vida, como un oficio de más categoría que el de fontanero o electricista, pero un oficio al fin y al cabo. Las cosas han ido cambiando desde entonces y un fontanero o un electricista son profesiones mucho más lucrativas que muchas carreras universitarias. Si el proceso de degradación intelectual sigue avanzando en nuestro país, la abogacía, la medicina, o las ingenierías van a ceder su primacía social a las carreras de sexador de pollos o de ascensorista especializado en control climático.

Esas y otras muchas carreras se podrán cursar en universidades de algún pueblo de Castilla la Mancha o de Extremadura.

Con una decidida vocación por la abogacía, me matriculé en la facultad de Derecho. Nada más entrar experimenté por primera vez en mi vida una fantástica sensación de libertad: no había que pasar lista ni soportar los demás controles que hasta entonces me habían tenido sojuzgado. Ayudaba mucho mi gran afición al Derecho, que aún hoy no he perdido.

Opté por la universidad pública en lugar de por alguno de los pocos centros privados en los que hubiera podido cursar la carrera. En esos centros privados no se respiraba la libertad que existía en la universidad. La libertad es un motor poderoso.

La libertad de la que gozaba la universidad representó para mí una gran motivación para estudiar y aprender. Odio las reglas. En esto me parezco a una gran parte de la población española, aunque hay muchos a los que las normas y los protocolos les dan seguridad, y en su ausencia se estresan. En la facultad de Derecho de la Complutense había pocas reglas salvo la de estar callado en las clases. En los primeros cursos se exigía también la corbata, pero esta exigencia se fue relajando rápidamente.

Aborrezco la falta de arreglo personal, el vestir descuidado, los espantosos *piercings* y tatuajes, las camisetas de sisa con muestra de sobaco peludo, las chanclas, y, en general, la vulgarización de los hábitos en materia de vestimenta y cuidado personal. En estas cuestiones la humanidad va cuesta abajo a una rapidez preocupante. La universidad española no es una excepción.

No deja de ser significativo que ese proceso de vulgarización de las costumbres haya ido en paralelo a la degradación de nuestras universidades. Según su progresivo descenso en los *rankings* internacionales más conocidos, estarán, dentro de poco, a nivel subsahariano. Si yo empezara a estudiar hoy, y me lo pudiera permitir, iría a un centro privado. El CEU sería mi opción.

Todo el mundo recuerda su primer día en la universidad. En mi caso se produjo un incidente que hoy resultaría incomprensible.

El aula magna estaba a rebosar. Impartía la clase inaugural Don Ursicino Álvarez, el legendario catedrático de Derecho Romano; tenía aspecto de senador, solo le faltaba la clámide. Me senté prudentemente en la última fila. Ursicino se levantó y apuntando hacia la zona donde yo me sentaba bramó: «Usted, el de la última fila, el que va sin corbata, salga del aula y no vuelva a aparecer por mi clase». Un estudiante que estaba cerca de mí se levantó y salió con la velocidad del rayo.

Ursicino, más calmado pero con igual potencia, preguntó mirando a la bancada: «¿Dónde está García-Pita Pemán?». Me levanté con temblor de piernas. «Póngase en la primera fila», me ordenó. Así lo hice y comenzó la clase. Al terminar me acerqué a saludarle. Me dio la mano y me dijo que el día anterior había coincidido con mi abuelo en un acto académico y le había comentado que su nieto mayor comenzaba la carrera ese mismo año; Ursicino le aseguró que se ocuparía de que yo aprendiera derecho romano. Lo hizo, cosa que siempre le agradecí.

Mi gusto por el Derecho dejó de ser producto del instinto y tuvo una motivación racional gracias al derecho romano.

En el *Espíritu del Derecho Romano* dice Ihering —cito de memoria— que por tres veces dictó Roma leyes al mundo y fue lazo de unión entre los pueblos: primero, por la unidad del Estado en la plenitud de su poder; segundo, por la unidad de la Iglesia después de la caída del imperio; y tercero, por la unidad de su derecho, cuando éste renació a fines de la edad media y se aceptó como propio en las diversas naciones de Europa.

Cuando me convertí en padre de familia numerosa recordé a Ursicino Álvarez declamando majestuoso en latín la ley romana que decretaba que, si un padre vendía a su hijo por tercera vez, el hijo quedaba libre de la patria potestad: «*Si pater a filio ter venum duit, filius a patri liber esto*». Más de una vez he dudado si aquella era una limitación razonable a la patria potestad.

La pequeña casa semiderruida que aparece en primer plano, en el lugar de Bañobre, Terra Cha de Lugo, es la casa donde nació mi tatarabuelo Francisco Jove o Xove, que enviudó, se hizo sacerdote en Mondoñedo y se trasladó a Villarrube.

La casa del Cerro Nuevo en Jerez, donde pasé temporadas de mi infancia. Mi abuelo José María Pemán la había heredado de su madre. La fachada la diseño el francés Garnier por encargo de Julián Pemartín.

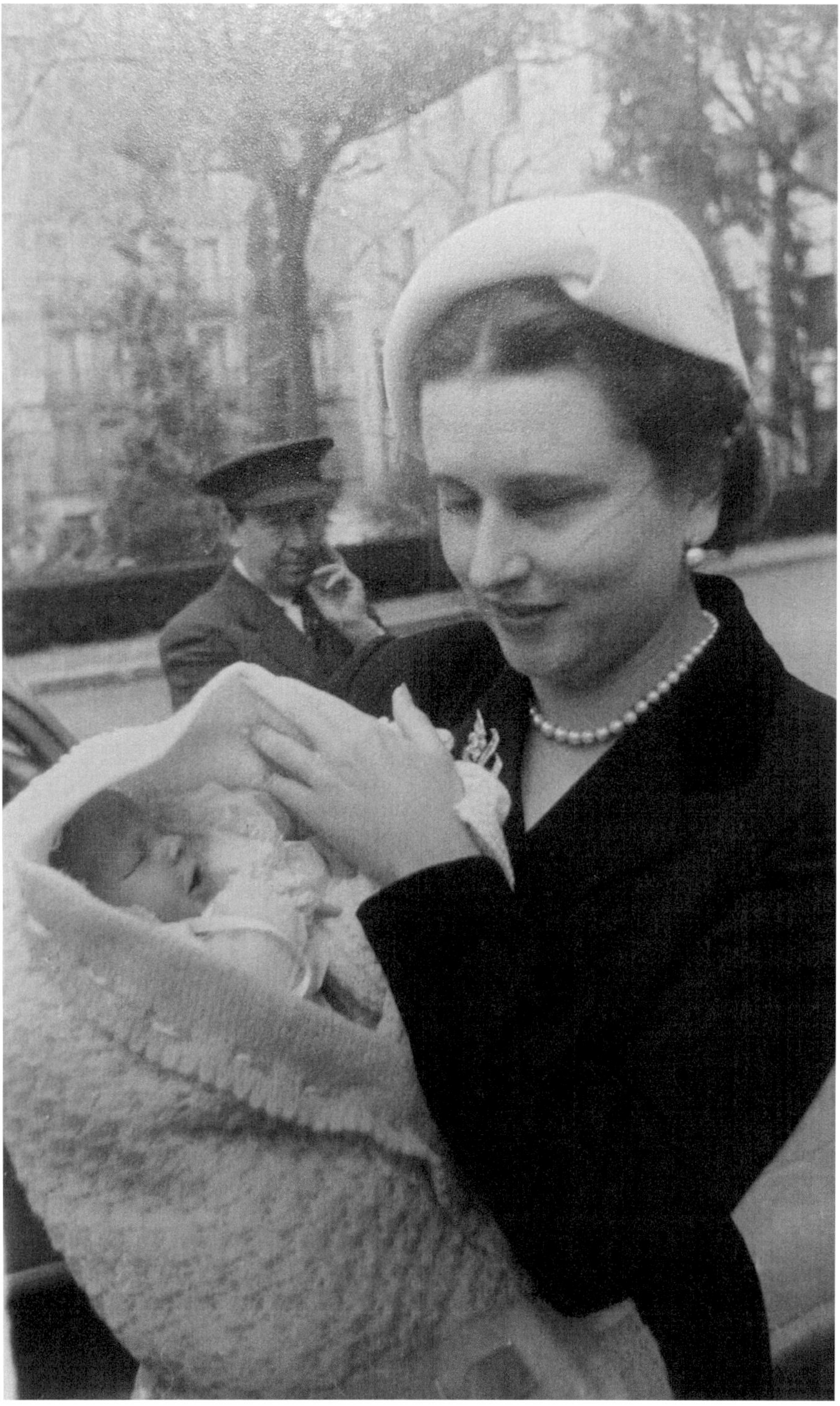

En brazos de mi madre. Pedro, que me enseñó a conducir, nos mira al fondo.

Mi padre me lleva de la mano después de aterrizar en La Coruña. Detrás mi madre con mi hermana y Petra.

Con mi abuelo Pemán en su piso de Felipe IV, frente a la Real Academia. Se instalaba temporalmente en Madrid para asistir a la Academia y al teatro.

Mi primer equipo de fútbol en Cedeira. Yo estoy en el centro en la fila de atrás. A mi derecha dos jugadores descalzos.

Años después el equipo mejoró mucho. Yo estoy sentado a la derecha.

Equipo de hockey hierba juvenil del Club de Campo. Jugamos la final del campeonato juvenil de España en San Sebastián. En la línea de atrás, soy el segundo por la derecha.

Ejecutando un *penalty stroke* con gran estilo. No recuerdo el resultado práctico.

Con mi madre en Cedeira, en un permiso durante las milicias universitarias en La Granja.

Isabel, fotografiada en un evento familiar por mi ahijado Ramón Abruña.

Isabel despide a nuestro hijo Santi en una excursión. La dedicación de Isabel y su alegría han sido decisivas en la educación de Santi.

Con el equipo de hockey del Club de Campo en Gettysburg, visitando
al presidente Eisenhower. Estoy a la izquierda con gafas de sol.

Hablando en un acto del Colegio de Abogados de Madrid. Fui diputado de la Junta presidida por el decano Pedrol.

Dando la lección de clausura del curso de Derecho en CEU San Pablo.

Junto a Antonio Garrigues, presidente, y Alberto Terol, socios gestores del bufete fusionado Garrigues & Andersen. Reportaje de *Tribuna* de junio de 1998 sobre los mayores bufetes de España.

Antonio Garrigues, presidente, y yo, socio-gestor, en un acto del bufete J&A Garrigues, antes de la fusión con la división fiscal de Arthur Andersen. Pasó a denominarse Garrigues & Andersen, y de nuevo J&A Garrigues después de la desaparición de Andersen.

En la vendimia de El Regajal. Haber creado la bodega Viñas del Regajal en Aranjuez es una de mis mayores satisfacciones. Mayor aún es haberla dejado en manos de mis hijos Isabel y Daniel.

Agradeciendo la cena que me ofrecieron al cesar como consejero de Caja Madrid. A mi derecha: mi madre, Felipe Ruiz de Velasco, presidente, Isabel y el consejero Enrique Falcó, Marqués de Melín.

En Cádiz, durante las elecciones generales de marzo de 1979 en las que me presenté a diputado. De izquierda a derecha, José Luis Álvarez, yo, Landelino Lavilla y Antonio Morillo.

Visita al Rey del consejo de Indra. De izquierda a derecha Juan Carlos Ureta, Manuel Azpilicueta, yo recibiendo el saludo del Rey, y Pedro Ramón y Cajal.

Juan Miguel Villar Mir, ministro de Hacienda, entrega a mi padre el nombramiento de consejero de Caja Madrid en 1975. Detrás, Felipe Ruiz de Velasco, Luis Coronel de Palma, presidente del Banco de España, y Juan Antonio Ollero, subsecretario de Obras Públicas.

El primer jeroglífico de una serie de 44, publicados en *ABC* en julio y agosto de 2020 durante la pandemia. La leyenda era: «*Espero no ser...*». Dejo que el lector lo resuelva.

Mi caricatura, por el genial Barca, como tesorero del Nuevo Club, tal como allí aparece.

Aristóteles nos enseña que el ser se dice de diferentes maneras: se es alto, moreno, español, futbolista, simpático y otras muchas cosas. Entre las diferentes maneras del ser de mi persona debo declarar como la más importante mi condición de abogado. Yo he sido abogado antes que cualquier otra cosa. Lo fui sin una gran tradición familiar en la profesión; no he conocido a ningún abogado en mi familia. En el siglo anterior al de mi nacimiento ejerció la profesión en Cádiz mi bisabuelo, don Juan Gualberto Pemán, que combinó la abogacía con la política y fue diputado en todas las legislaturas de la restauración. Esa combinación era mi modelo. Mi abuelo el escritor hizo lo mismo, pero abandonó pronto el ejercicio de la profesión y se dedicó a la literatura; su participación en la vida política duró solo hasta el final de la guerra civil, y, a partir de entonces, escribir se convirtió en su actividad única.

Devoré en mi adolescencia las novelas de Erle Stanley Gardner con el gran Perry Mason, en su silla de ruedas, como protagonista. El personaje lo bordaba Raymond Burr en una serie televisiva. No me perdí ni un solo episodio.

El primer abogado de verdad al que saludé fue a Antonio Garrigues Walker. Le veía con frecuencia jugando al tenis y tuve ocasión de conocerle en el acto de entrega de los relojes de oro que la casa Rolex entregaba anualmente como premio a personas destacadas de la sociedad española. Ese año los premiados con la distinción habían sido mi abuelo, Antonio Garrigues Walker, y Antonio el bailarín. Al acto de entrega de los relojes en el Ritz siguió una celebración; bailó Antonio, yo no sabría decir si se trataba de gimnasia convertida en arte o de lo contrario. El discurso de agradecimiento de mi abuelo, lleno de humor, fue muy aplaudido. El de Antonio Garrigues, también recibió muchos aplausos. Tuvo ironía como el de mi abuelo, pero era fácil percibir la diferencia entre la oratoria tradicional de mi abuelo y el estilo directo de Antonio; su estilo aún no habitual en este tipo de actos en España.

Han pasado muchos años desde que abandoné J&A Garrigues y nadie me puede acusar de «pelota» a estas alturas de mi vida si digo que Antonio —el abogado, por supuesto, no el bailarín— me reafirmó en mi propósito de ser abogado. Entre hacer literatura, bailar tarantos o ejercer la abogacía me decidí definitivamente por lo último.

En la España de aquellos años el abogado era el último mono de la empresa, un oficinista más en el peldaño más bajo de la organización. En las grandes compañías americanas ocurría exactamente lo contrario: el *vicepresident general counsel* se situaba en el nivel más alto, y no era extraño que llegara a convertirse en presidente.

La diferencia entre España y Estados Unidos en lo referente al derecho y a la abogacía era abismal: en los Estados Unidos todo lo que tenía que ver con el sistema legal era muy importante; los jueces y los abogados ocupaban un lugar destacado de la sociedad. En España, por el contrario, los jueces eran unos funcionarios mal pagados, y los abogados para qué hablar. La abogacía era una profesión sin el menor prestigio social. Solo se libraban del gueto profesional los catedráticos y los abogados que habían hecho oposiciones. A la cabeza de estos últimos estaban los Abogados del Estado, que junto con los ingenieros, sobre todo los de caminos, eran los máximos representantes de la *inteligentzia* nacional.

Lo de los ingenieros no es nuevo. Pío Baroja en su biografía dice lo siguiente respecto de la Escuela Politécnica de Madrid fundada en el siglo XIX:

> «Entonces la pedantería de los ingenieros hacía que ningún alumno de la Escuela Politécnica aprobara los cursos sin repetir año. Así se demostraba que la Escuela Politécnica era más severa que la de París, lo que no hacía por eso que en España hubiera grandes ingenieros».

En mi tiempo sucedía prácticamente lo mismo, sobre todo en el llamado curso de ingreso a la Escuela. Por definición había que repetirlo dos o tres veces. Yo pensaba si el problema no sería que en vez de un curso deberían ser dos o tres, porque me resistía a pensar que todos los que estudiaban ingeniería fueran tontos.

Nunca he puesto en duda que los abogados del Estado —y he conocido a muchos— fueran colegas de primer nivel y gente inteligente. Bien al contrario, recuerdo como ejemplos de grandes profesionales a mi tío José Joaquín Ysasi-Ysasmendi, universalmente conocido como Josechu Ysasi; a Alfonso Vázquez, compañero de facultad con matrícula de honor en todas las asignaturas de la carrera; a Javier Pérez Ardá, el mejor fichaje que hice mientras fui director de Garrigues; a mi entrañable amigo y asesor Antonio Malpica; a la política María Dolores de Cospedal, y a tantos otros.

Dicho lo cual, nunca he llegado a entender por qué aprenderse de memoria quinientos temas que tienen que recitarse en un cuarto de hora es demostrativo de otra capacidad que no sea eso: la capacidad de memoria.

Sobre el valor que se atribuye en España a las oposiciones, incluso a las más modestas, es muy significativa la referencia que se hace a los funcionarios del cuerpo de correos de principios del siglo pasado en un libro de Jerónimo Fontes. El libro narra el asesinato de dos de ellos en el famoso atraco al expreso de Andalucía. Dice así:

> «Por los mismos días en que se juzgó la causa del tren expreso, pasó inadvertido un crimen espantoso de un padre que mató a sus cinco hijos y a su mujer, presa de celos contra ésta. *El hecho de ser un individuo que no pertenecía a un cuerpo determinado del Estado, como los funcionarios de Correos, restó dolor al suceso.* Cosa que no pasó con lo del tren expreso: fueron dos las víctimas del asalto, pero *lo que levantó indignación no fue el hecho de que murieran dos ciudadanos, sino dos funcionarios del cuerpo de Correos.* Dicho sea con todos los respetos, parece que cuando el dolor está organizado, la gente, la opinión pública le «echa más duelo» al asunto». (La cursiva es mía).

¡Cómo se puede comparar el dolor por el asesinato de cinco hijos y su madre, con el de dos funcionarios del cuerpo de correos! Dejo al lector el enjuiciamiento de esta comparación. A mí me parece, sencillamente, alucinante.

Muchos abogados que se someten a la tortura de las oposiciones lo hacen para que se les reconozca oficialmente un nivel intelectual que ya tienen en todo caso; pero hay otros muchos que, gracias a su memoria, disfrutan de un reconocimiento como profesionales que, en justicia, están lejos de merecer.

Un gran prestigio como gentes de alta capacidad intelectual lo tienen en Francia los «enarcas», pero no puede compararse superar con éxito los estudios de la ENA con unas oposiciones basadas en la memoria.

Entendimiento y memoria son ambas potencias del alma junto con la voluntad. En mi opinión, la memoria, sin duda necesaria, es la de menor valor. ¡Y no digamos desde que apareció Google! Confío en que si alguno de mis buenos amigos abogados del Estado me lee no se molestará, porque todos ellos son gente muy inteligente.

A pesar de mis profundas convicciones, yo me temía que las oposiciones acabarían siendo mi destino y comencé a preparar desde cuarto curso de carrera los temas de la oposición a Registros, que me parecía más fácil y ventajosa que la de la abogacía del Estado. Llegué a aprenderme de memoria el Código Civil y el Código de Comercio, desde el primer al último artículo. Juro que no exagero.

Jamás me he sentido orgulloso de esa «proeza».

En aquellos años, la formación económica de la mayoría de los abogados era escasa o nula, la ignorancia en materia de contabilidad era total. En los litigios, cualquier cuestión contable por elemental que fuera se sometía a peritos a los que se miraba con veneración por sus conocimientos sobre el debe y el haber, conceptos que para la gente de leyes eran tan arcanos como la astrología.

El lamentable desconocimiento de las cuestiones más básicas del funcionamiento de la empresa se ha subsanado en las nuevas universidades privadas, en las que se ofrecen carreras mixtas de derecho y economía. En mi época, que yo recuerde, solo lo hacían los jesuitas en Deusto y en Madrid en ICADE.

Yo estudiaba simultáneamente ciencias económicas como alumno por libre. Para la asignatura de contabilidad me preparé por las tardes en una academia que estaba cerca de la glorieta de Bilbao; la regía un profesor de la facultad cuyo nombre recordarán los estudiantes de mi época: Crisanto Plaza. Esto me permitió entender el balance de una compañía, y me facilitó más adelante mi entrada en el bufete J&A Garrigues.

Desde que salí de la facultad me he dedicado profesionalmente al derecho mercantil, es decir a una parte del derecho privado. Esa elección no parecía en aquel tiempo la más razonable para un alumno que, como yo, sentía atracción por la política. Lo suyo, en un país con una presencia enorme del Estado en la economía, hubiera sido el derecho público; la España en desarrollo de los años sesenta se caracterizaba por una intervención abrumadora de la administración pública en la economía, y, por primera vez en la historia, la práctica del derecho administrativo pasó a tener más importancia que la del derecho civil y el mercantil.

Eduardo García de Enterría, catedrático de Derecho Administrativo, se había convertido en el abogado del momento. A través de mi amigo Antonio Alonso Lasheras conseguí autorización para asistir a las sesiones del seminario que dirigía en el Instituto de Estudios Políticos, en el edificio del Senado. Fui a unas pocas reuniones y le ofrecí traducir del alemán el libro de Jellinek *Gesetz und Verordnung* que se citaba con mucha frecuencia. Empecé con entusiasmo pero desistí del empeño a las pocas semanas porque mi alemán, que era bueno, no lo era lo suficiente para aquella tarea. Don Eduardo lo entendió.

Al terminar el curso Enterría me sugirió que hiciera un doctorado en el Colegio Español de Bolonia. Mi padre acogió con entusiasmo la posibilidad del doctorado bolonio; era para él una especie de reparación a su carrera universitaria frustrada. Yo no tenía otra meta que la de ejercer como abogado, y hacerlo en el despacho administrativista más famoso del momento era una oportunidad que no podía dejar pasar, por más que el doctorado en Bolonia me supusiera un retraso. Empecé de inmediato a buscar posibles temas para mi tesis doctoral y a preparar la solicitud de admisión en el famoso colegio español.

Pero el hombre propone y Dios dispone. Un suceso inesperado me hizo abandonar mi futuro de doctor en Bolonia y de abogado administrativista para convertirme en lo que he sido toda mi vida: un abogado del bufete J&A Garrigues. La posibilidad de entrar en el bufete mercantilista más prestigioso de España, me la brindó un acontecimiento casual, como suele suceder en la vida.

Durante una de las clases prácticas de derecho mercantil, el profesor ayudante, Guillermo Senén, explicaba la limitación que tenían las sociedades anónimas para emitir obligaciones de acuerdo con la ley vigente. Escribió en la pizarra el balance imaginario de una sociedad; seguidamente añadió en el pasivo el importe de una supuesta emisión de obligaciones, pero no anotó en el activo la caja procedente de la emisión, con lo que el balance quedaba descuadrado. Levanté la mano y llamé la atención sobre la omisión. Me arrepentí inmediatamente de haberlo hecho, pero el profesor, sin la menor apariencia de enfado, me dio las gracias y corrigió la omisión en la pizarra.

Al finalizar la clase Guillermo Senén me llamó, me preguntó cuál había sido mi calificación en mercantil el curso anterior y si sabía contabilidad. Le contesté que había tenido matrícula de honor y que había cursado la asignatura de contabilidad en económicas. Escribió mi nombre en su agenda y se despidió. El último día de clase volvió a llamarme, y sin más preámbulo me preguntó si estaría dispuesto a trabajar en el bufete J&A Garrigues. Me quedé de piedra como vulgarmente se dice, y le pedí unos días para consultar con mi padre, cuya opinión era para mí muy importante. La respuesta le sorprendió, pero me dio su tarjeta y me preguntó si mi padre tendría la amabilidad de ir a verle al despacho. Le contesté que por supuesto lo haría.

Hablé con mi padre y me razonó por qué, en su opinión, frente a ejercer la carrera de abogado sin más títulos que el de licenciado en derecho, seguir mi formación universitaria en Bolonia como me ofrecía García de Enterría, o bien presentarme a las oposiciones de Registros, eran opciones más ventajosas. Le escuché con el respeto que merecía y le di dos argumentos que a mi parecer debían resolver la cuestión en favor de la oferta de incorporarme a J&A Garrigues. El primero: iba a ejercer la carrera en un despacho del máximo nivel en España; el segundo, el apodíctico que diría un lógico: mi deseo de casarme sin más espera. La primera razón no era válida a su entender porque me quedaban muchos años por delante para ejercer la profesión; y en cuanto a mi matrimonio, me dio la garantía de que no tendría que retrasarlo puesto que él me prestaría toda la ayuda económica necesaria durante el tiempo que fuese preciso.

Me pidió que invitara a Isabel a casa para conocerla. Lo hice de manera inmediata y vino al día siguiente. Estaba radiante aunque un poco nerviosa. Cuando se fue, mi padre me dijo: «cásate antes de que ella cambie de opinión»; mi madre hizo un gesto de asentimiento.

Acompañé a mi padre a ver a Guillermo Senén en J&A Garrigues. Guillermo era el abogado más antiguo del despacho; había trabajado con Don Joaquín desde que terminó la carrera. La reunión fue breve. Senén le aseguró a mi padre que yo sería un buen abogado y que podría compatibilizar mi trabajo en el bufete con una razonable actividad académica; de hecho, varios abogados del despacho, entre ellos él mismo, eran profesores ayudantes de don Joaquín en la universidad y algunos preparaban las oposiciones a cátedra. Esto último fue decisivo para mi padre. Dio por terminada la entrevista y le agradeció a Guillermo Senén su interés, dejando claro que la decisión era solo mía. Yo hacía tiempo que la tenía tomada, pero me hubiese producido un gran disgusto tener que llevarla a cabo en contra de la opinión de mi padre, al que tanto respetaba.

He aprendido a lo largo de mi vida que decidir es una ventaja o una carga, según se mire. Para mí, por lo general, es lo segundo:

encontrarme ante la necesidad de tomar cualquier decisión, por poco importante que sean sus consecuencias, me genera invariablemente angustia. Es algo somático. Ese sufrimiento tiene, no obstante, su compensación: me ha dado un gran entrenamiento para analizar con rapidez los pros y las contras de las alternativas que permanentemente se le plantean a uno a lo largo de la vida.

También he aprendido que, en cualquier sesudo proceso analítico, van surgiendo nuevos factores que lo complican progresivamente. Recuerdo los dos últimos versos de un conocido poemita de Bartrina:

Si quieres ser feliz como me dices,
no analices, muchacho, no analices.

El deseo de casarme me apremiaba y le comuniqué a don Eduardo García de Enterría que optaba por dedicarme al derecho mercantil en el despacho J&A Garrigues.

VII. ANTONIO GARRIGUES Y LA NUEVA ABOGACÍA

Ejercí la abogacía en el bufete J&A Garrigues hasta mi jubilación. El creador y *alma mater* del bufete hasta que se retiró lo ha sido Antonio Garrigues Walker. Antonio fue el impulsor de la abogacía moderna en España; cambió definitivamente el ejercicio de la profesión de abogado en nuestro país. Tuve el privilegio de vivir el tránsito de la vieja a la nueva abogacía. Para mis colegas de aquella época era una especie de sacrilegio y significaba la despersonalización de la profesión.

Hasta entonces los abogados ejercían en solitario, acompañados por algunos pasantes por lo general míseramente pagados; Antonio Garrigues cambió por completo la profesión con el primer gran despacho colectivo de España. AGW —estas eran sus siglas en los papeles internos del bufete— debería tener un sitial preferente en cualquier institución que tenga que ver con la práctica del Derecho en España.

J&A Garrigues procedía de la fusión del bufete de don Joaquín Garrigues Díaz Cañabate con el de su hermano Antonio, embajador en Estados Unidos primero, y luego en Roma. Yo creo que en ese último destino se convirtió secretamente en cardenal; no en camarero secreto de Su Santidad —alto oficio de gran tradición en la curia vaticana— sino cardenal con todas sus prerrogativas. Su hijo, Antonio Garrigues Walker, dirigía el bufete y en poco tiempo lo convirtió en el primer despacho de abogados de España y en uno de los primeros de Europa.

Entrar en J&A Garrigues fue una decisión de las más importantes que he tomado en mi vida. Acerté. He disfrutado mi profesión cada día; nunca olvidaré mi agradecimiento al profesor Joaquín Garrigues, a Antonio Garrigues Walker, a Guillermo Senén y a todos los compañeros que han pasado por el despacho durante tantos años.

El bufete tenía casi un monopolio en el asesoramiento de las grandes compañías extranjeras —la mayoría norteamericanas— que comenzaban a aterrizar en nuestro país. Hasta tal punto era así, que en la profesión circulaba este chiste: un americano le comentaba a otro en el avión viniendo a España: «Mañana por la mañana voy a Garrigues», y el otro le contestaba: «¡Vaya, pero si yo pensaba que Garrigues era un impuesto!». Y ciertamente lo parecía.

Con el tiempo fueron las empresas españolas que se expandían por el extranjero las que acudían a buscar el asesoramiento de nuestro bufete. Antonio Garrigues, siempre adelantándose a los demás, decidió abrir una oficina en Nueva York de la que inicialmente se ocupó mi colega Ramón Lladó. Ramón ha fallecido muy recientemente. A su vuelta a España fui yo la persona designada para sucederle. Lo rechacé, sin duda uno de los muchos errores que he cometido en mi vida; pero por aquellos días me había comenzado a interesar la política y de ninguna manera quería abandonar España, justo cuando comenzaba una época nueva de la que quería formar parte. Seguí compaginando mi actuación profesional con una incipiente dedicación a la política. Pero esa es otra historia.

Después de la reunión con mi padre, Guillermo Senén me aseguró que al terminar el curso me llamarían para incorporarme a «Antonio Maura», como se conocía al bufete J&A Garrigues en los ámbitos profesionales.

Mi entrada en el bufete estuvo precedida de una cierta angustia. Terminó el curso, me fui a mis prácticas de alférez de complemento en Colmenar Viejo y empecé a ponerme nervioso porque no tenía noticias de Guillermo Senén. No existían los móviles y yo telefoneaba diariamente a mi casa para preguntar si me habían llamado; pero un día tras otro la respuesta era siempre negativa. Mi angustia crecía.

Por fin, un viernes, después de unas semanas que a mí se me hicieron eternas, mi madre me informó que acababan de llamar para citarme en el bufete a la una de ese mismo día. Me puse el uniforme de «bonito» —como se llamaba al uniforme de calle en las milicias universitarias— subí en mi potente Dauphine azul, batí el récord Colmenar Viejo-Antonio Maura, y diez minutos antes de la hora de la cita estaba sentado en la recepción de J&A Garrigues. La recepcionista era una holandesa que hablaba cuatro o cinco idiomas como es habitual entre sus compatriotas; miró con asombro mi uniforme y avisó de mi presencia a Guillermo Senén que apareció de inmediato.

Le seguí por un pasillo, pasamos delante de un mínimo cuartito que daba a un patio interior, de un servicio para ambos sexos, de un despacho de secretarias, y, al final del pasillo, llegamos al despacho de Antonio Garrigues. Tenía dos amplios ventanales que daban al Museo del Ejército.

Antonio me saludó, no mostró asombro alguno por mi uniforme y me preguntó cuándo me podía incorporar. Le contesté que en ese mismo momento, si bien hasta final de octubre no terminaba las prácticas de alférez, por lo que vendría a partir del mediodía y lo haría vestido de uniforme para no perder tiempo en pasar por mi casa a cambiarme. Le pareció bien.

Antonio me preguntó si jugaba al fútbol, le respondí que sí y me aclaró que esa era una exigencia no eximible. Después me preguntó si jugaba al tenis. Le contesté que sí jugaba. Me citó para el partido de fútbol del día siguiente —abogados contra personal administrativo— reiterando que el partido sabatino de fútbol era de asistencia obligatoria. Después miró su agenda, y me citó para jugar al tenis en Puerta de Hierro el lunes a la hora de comer; si me venía mal el lunes, podíamos dejarlo para otro día. Le contesté que jugaría encantado el lunes. Me estrechó la mano y dio por concluida la visita.

Evelio Valderas, encargado de todo lo concerniente a la administración del bufete, me llevó a mi despacho, que era el mínimo cubículo que había visto al pasar por el pasillo; me presentó a mi secretaria, María Teresa, una chica santanderina muy mona, y se fue.

En resumen, a los veinte minutos de haber cruzado la puerta de Antonio Maura 16 ya era abogado del prestigioso bufete J&A Garrigues. Llamé a mi secretaria para decirle que me iba a comer a mi casa. Quería contárselo todo a mis padres. Pero en la escalera me encontré con Ramón Lladó, y, una vez hechas las presentaciones, me sugirió que le acompañara a comer a Aguilera en la vecina calle de Montalbán.

Comer en Aguilera no era un trámite obligatorio como el partido de fútbol, pero sí aconsejable. Tomamos el menú habitual: deliciosas gambas y magnífico filete con patatas fritas. Ramón era de una simpatía desbordante, me invitó y me dio utilísimas informaciones sobre el despacho.

Al día siguiente cumplí el ineludible precepto de jugar el partido de fútbol; también obligaba a los ordenanzas y al personal masculino de administración; solo los abogados Andrés Trujillo, Alejo

López Mellado y el ordenanza mayor, Juan Monje, estaban disculpados por razón de edad. Se celebraba en Somosaguas a las diez de la mañana. Sudé la camiseta como suele decirse. Los mejores jugadores eran Antonio Garrigues y Ramón Lladó. Los ordenanzas no dejaban el «usted» pero no se sentían mínimamente cohibidos para protestar cuando eran objeto de falta ni para jugar ellos mismos con dureza.

Pasé con buena nota mi primera prueba.

El partido de tenis con Antonio, de acuerdo con lo previsto, tuvo lugar el lunes siguiente a mediodía. Jugar al tenis con Antonio es desesperante; lo hace base de globitos desde el fondo de la pista. Me ganó y no pude disimular mi enfado, lo que creo que le gustó. Desde aquel partido pocas veces he vuelto a jugar con él al tenis, pero sí al golf. Antonio pone en el partido de golf la misma pasión que cuando hace ya más de cincuenta años jugábamos al fútbol en Somosaguas.

El mismo lunes por la tarde cumplí otro precepto importante que no me había mencionado Antonio Garrigues: la asistencia a la llamada «reunión de los lunes» que se celebraba a las seis de la tarde en la biblioteca de Don Joaquín; cada semana un ponente informaba de las principales normas que el Boletín Oficial del Estado había publicado y de cualquier otro asunto de interés profesional. Mi presentación oficial como nuevo abogado de la casa tuvo lugar en la reunión, aunque extraoficialmente ya se había producido con motivo del partido de fútbol en Somosaguas.

A los cuatro años pasé a un nuevo despacho, mucho más amplio, que daba al Museo del Ejército. Desde la ventana contemplé, años después, cómo entraba en el museo, tirado por una grúa, el resto achatarrado del Dodge Dart en el que había sido asesinado Carrero Blanco; está situado en el museo junto a los vehículos en los que perdieron la vida Juan Prim y Eduardo Dato. Desde su despacho, en el piso superior al mío, Manuel Zumalacárregui hizo una foto del coche de Carrero Blanco entrando en el museo. La conservo y me recuerda a Manuel, que ha fallecido.

Los políticos muertos en atentados han sido bastantes en España, pero el número está muy lejos del de presidentes de los Estados Unidos asesinados; hasta el siglo pasado el atentado era allí una práctica frecuente. Se contaba al respecto la siguiente anécdota de humor algo macabro: Como es conocido, Abraham Lincoln fue asesinado en el teatro, por un pistolero que se encaramó a su palco y le disparó a bocajarro; Lincoln murió en brazos de su mujer que se sentaba a su lado. Un amigo de la familia fue a dar el pésame a la viuda. La señora Lincoln le narró la dramática escena del asesinato; el visitante la escuchó con atención, y, cuando terminó el relato, le preguntó a la viuda: «*Well, and apart from that, how was the play Mrs. Lincoln?*». Probablemente es una anécdota falsa.

La muerte de Lincoln me recuerda el asesinato de Kennedy, con Jacqueline sujetándole la cabeza en su regazo. Pienso, una vez más, que la vida es circular y que Heráclito se equivoca comparándola con el fluir de las aguas de un río. Las aguas que pasan en el río nunca son las mismas, pero los sucesos de la vida se repiten; son siempre las mismas aguas las que vuelven a pasar; algo recicladas, puede ser, pero siempre las mismas.

A Jacqueline Kennedy la conocí cuando vino invitada a una fiesta en Sevilla. Se decía que la Kennedy coqueteaba con Antonio Garrigues padre, que había sido nuestro embajador en Washington. En Sevilla, ambos se alojaban en el palacio de Dueñas de la duquesa de Alba. Una foto de los dos, paseando de la mano, habría sido un éxito periodístico. Me consta que se intentó, sin resultado. No diré por quién. También asistió a la fiesta Grace Kelly, princesa de Mónaco. Era verdaderamente guapa.

LA TRÁGICA MUERTE DE MANUEL PULIDO

El despacho J&A Garrigues lo componían catorce abogados que me parece de justicia citar por sus nombres. Aún recuerdo sus segundos apellidos, incomprensiblemente, porque ahora me cuesta recordar el de personas muy próximas. De todos ellos aprendí algo útil para mi ejercicio profesional.

Eran: Antonio Garrigues Walker, líder y jefe indiscutible del despacho; Luis Joaquín Garrigues López Chicheri, hijo de Don Joaquín; Guillermo Senén de la Fuente; Ramón Lladó Fernández Urrutia; Rafael Jiménez de Parga Cabrera; Luis Fernando Martín Pérez; Alejo López Mellado; Andrés Trujillo Ruiseñada; Manuel Díaz Alegría; Arturo Delgado Almeida; Antonio Barragán Lozano; José Luis Moro Ledesma; Fernando Borrachero Rivas, y Manuel Pulido. Al poco tiempo entraron Luis Fernando López Chicheri Daban y mi buen amigo Carlos Loring Martínez de Irujo. Con estos últimos se alcanzaba la escalofriante cifra de dieciocho abogados, número nunca visto en un bufete español.

Manuel Pulido había sido hasta hacía unos meses el «señor Pulido» y estaba empleado en el departamento de traducción. En una organización llamar a alguien «señor» tiene una significación ambivalente que sitúa al designado por debajo o por encima del que habla según las circunstancias; en este caso tenía el primer significado.

Manuel Pulido era un tipo muy singular, una enciclopedia jurídica andante y podría haberse dedicado a cualquier rama del Derecho que le hubiesen encomendado. En su trabajo como miembro del departamento de traducción no solo mejoraba literariamente los textos que traducía al inglés o al francés, sino que acompañaba una nota sugiriendo algún cambio, añadiendo algún argumento, o recordando la doctrina de alguna sentencia que el autor había omitido. Lo hacía sin la menor presuntuosidad, yo diría que casi pidiendo perdón por su atrevimiento.

Se le admitió como un abogado más y se le encargaron los temas de derecho laboral. Hasta ese momento nadie del despacho se dedicaba a esos asuntos, considerados propios de colegas de segundo nivel; con el tiempo se convirtieron en los más rentables del bufete. Pulido comenzó a asistir a las reuniones en las que podía surgir algún asunto laboral; se mantenía en silencio salvo que se le hiciera alguna pregunta, y tomaba notas continuamente en su cuaderno amarillo; lo hacía en caracteres griegos clásicos. Los libros de su biblioteca estaban llenos de comentarios en los márgenes, siempre en caracteres griegos. Le pregunté la razón de tan curiosa costumbre, se sonrió pero no me dio ninguna respuesta.

Recuerdo la muerte de Manuel Pulido como si la estuviese presenciando ahora.

Antonio Garrigues celebró una cena en su casa para darle la bienvenida como nuevo abogado. Asistimos todos los abogados del bufete con sus mujeres; yo aún no estaba casado y acudí con Isabel. Después de cenar nos sentamos formando un círculo y Antonio pidió que cada uno de nosotros diera su opinión sobre el despacho. Lo fuimos haciendo uno a uno.

Cuando le llegó el turno a Manuel Pulido, se puso muy pálido, empezó a hablar en tono casi inaudible, emitió un sonido gutural como si se estuviese ahogando y cayó redondo al suelo. Nos acercamos, le aflojamos la corbata y le sacamos a la terraza para ver si el aire de la noche le reanimaba; ninguno de los presentes tenía ni idea de cómo actuar en esos momentos. Puesto que había un hospital a un par de manzanas, consideramos que lo más prudente era llevarlo allí enseguida. Le levantamos, le pusimos con mucha dificultad su abrigo y su sombrero porque hacía mucho frío. Entre tres o cuatro lo metimos en el ascensor sujetándole de pie, bajamos a la calle, le introdujimos en un coche y le llevamos a las urgencias del hospital, donde le colocaron en una camilla y avisaron al médico de guardia. En todo ese proceso pasaron como mucho cinco o diez minutos.

En el hospital un médico intentó en vano reanimarle con masajes sobre el corazón. Había muerto.

Hoy en día, además de un 112 eficacísimo, hay mucho más conocimiento sobre reanimación y en no pocas casas particulares hay desfibriladores. En el caso de Manuel Pulido cualquier esfuerzo hubiese sido inútil, según dictaminó el médico de guardia para nuestra tranquilidad.

LA NUEVA ABOGACÍA

Me siento muy orgulloso de haber contribuido al desarrollo de uno de los primeros despachos de abogados del mundo.

Sin la colaboración de bufetes como J&A Garrigues, las finanzas, que es lo que sustenta el crecimiento de la llamada economía real, seguirían basadas en España, en la letra de cambio, como en cualquier plaza comercial de la Italia renacentista. Es de justicia dar a Antonio Garrigues Walker el mérito de haber impulsado en nuestro país el nacimiento y el desarrollo de una nueva forma de ejercer la abogacía en España; por más que a él lo que de verdad le gustaría es pasar a la historia como escritor dramático.

Sus odas, como denominaba a sus breves piezas teatrales, se estrenaban en un escenario levantado en su jardín de Sotogrande, lleno hasta la bandera; las odas tenían un gran éxito. Alguna fue representada en el teatro de la Abadía por actores profesionales de la fama de José Luis Gómez y Nuria Espert. Antonio también es poeta, siempre sutil e insinuante en sus poemas, que adorna con unos dibujos misteriosos a punta de bolígrafo. Estos dibujos muchas veces los usaba en su correspondencia.

En sus cartas cruzadas, Pemán y Alberti añadían habitualmente unos dibujos de bailarinas danzando.

Antes de la aparición de J&A Garrigues lo usual era encargar dictámenes a los abogados de cierto nivel, sobre todo a los catedráticos. Un dictamen favorable de un catedrático o de cualquier abogado de prestigio era una pieza muy valiosa para usar en un litigio o para resolver amistosamente una controversia.

Don Joaquín Garrigues era la máxima autoridad a la que se podía consultar en cualquier materia mercantil; Don Eduardo García de Enterría lo era en el derecho administrativo; Don Antonio Hernández Gil en los temas estrictamente civiles. Tuve a los tres como profesores durante la carrera.

El dictamen describía sucintamente la consulta que lo motivaba; seguía con un capítulo de consideraciones previas o cuestiones preliminares en el que se centraba jurídicamente la cuestión consultada; venían después los antecedentes del derecho romano, del germánico o incluso de alguna institución del Egipto antiguo para demostrar los conocimientos del dictaminador; a continuación seguía el análisis de la cuestión en derecho español vigente; y, por último, se emitía opinión sobre la consulta formulada. Los dictámenes eran larguísimos y no siempre útiles. A veces se daba al cliente una opinión impecable desde el punto de vista del derecho mercantil, pero que implicaba consecuencias fiscales o laborales inasumibles.

Los dictámenes concluían con esta fórmula de estilo: «Esta es la opinión del letrado que suscribe, que gustosamente somete a cualquier otra mejor fundada». Era una declaración de humildad retórica, como tantas otras fórmulas decimonónicas de cortesía que pronto cayeron en desuso.

Recuerdo que Don Joaquín Garrigues emitió un magnífico dictamen a requerimiento de una gran compañía norteamericana. Yo colaboré recopilando jurisprudencia y seleccionando algunos textos que pudieran ser citados como apoyo. Se envió el dictamen al colega americano que lo había encargado; me llamó por teléfono para dar las gracias por la apabullante argumentación en favor de la posición de su cliente, pero pidió que se le identificara urgentemente quién era esa «otra opinión mejor fundada» a la que Don Joaquín sometía la suya; su cliente no tendría ningún inconveniente en pedirle otro dictamen. Traté de explicarle que no se trataba más que de un viejo uso retórico sin importancia alguna, pero comprendí que hacérselo entender era una tarea inútil. Se lo expliqué a Don Joaquín, que se sonrió y firmó un nuevo dictamen suprimiendo la retórica frase final.

Otra anécdota muy parecida me mostró hasta qué punto estábamos alejados en España de la forma en que la profesión se ejercía en los Estados Unidos, donde se daba prioridad a lo práctico. Fue con motivo de mi intervención en un juicio en Nueva York.

Nuestro cliente era una gran compañía americana. Se aplicaba el derecho español y ese era el motivo de mi intervención como «testigo experto» en la Ley española. Iba bien preparado. A cada una de las preguntas yo contestaba citando como argumento de autoridad al profesor Garrigues. A la cuarta o quinta vez su señoría detuvo el interrogatorio y me preguntó quién era ese profesor Garrigues al que yo acudía tan reiteradamente. Le indiqué que se trataba del primer mercantilista de España. «¿Está vivo?», preguntó entonces el juez, y ante mi asentimiento pidió que los letrados de las partes y yo mismo pasáramos a su despacho.

Nos sentamos, y sin más preámbulo el juez me preguntó si el señor Garrigues tendría la amabilidad de acudir a Nueva York para testificar personalmente. Contesté que dudaba mucho de que el profesor Garrigues quisiera desplazarse a Nueva York, pero estaba seguro de que aceptaría ser interrogado en Madrid. «En ese caso —dijo el juez—, sugiero que un oficial del juzgado se desplace a Madrid con los abogados e interroguen allí al señor Garrigues». Un par de semanas después, abogados y oficial comparecieron en Antonio Maura y allí se interrogó a Don Joaquín. Nuestro cliente ganó el pleito.

El departamento de traducción era esencial en Garrigues. Hacíamos largos informes que exigían un conocimiento del inglés jurídico que yo, desde luego, no tenía. Después de la muerte de Manuel Pulido quedaron tres traductores que trabajaban sin parar: Cecil Leland, inglés y escritor de novelas; el señor Luque, doctor en Derecho por Santiago de Compostela; y un americano, cuyo nombre no recuerdo, del que se decía que en su juventud había tenido cierta participación en el asalto al expreso de Andalucía. No creo que exista hoy en España un despacho con un departamento de traducción tan amplio; ni que sea necesario, ya que hoy la mayoría de los jóvenes universitarios españoles hablan inglés y los largos dictámenes jurídicos se han pasado de moda.

El signo «&» en nuestro nombre J&A Garrigues se consideraba manifestación de nuestro acercamiento a la práctica anglosajona. Es curioso, porque el «&» es una estilización del «et» latino, es decir, pura y simplemente «y». Fue nuestra clientela, apabullantemente americana, y no el signo «&» de nuestro nombre, lo que nos hizo variar poco a poco la forma de ejercer la profesión. En primer lugar, cambió lo que podríamos denominar el aspecto comercial: los despachos clásicos no hacían el menor esfuerzo por captar clientes; se daba por supuesto que el prestigio del abogado era más que suficiente para que los asuntos llegaran al bufete, y, de hecho, el Estatuto de la abogacía prohibía la publicidad de los abogados, con la única excepción de un rótulo pequeño en la puerta de la calle.

En J&A Garrigues hacíamos una labor comercial intensa, soterrada, pero intensa; no con anuncios o publicidad en los periódicos, como sucede hoy a veces, sino mediante almuerzos con los posibles clientes y con otras actuaciones semejantes. En esa labor Antonio Garrigues Walker era incansable.

Para los colegas de aquella época, la forma en la que «los de Garrigues» ejercíamos la profesión era una especie de sacrilegio y significaba una despersonalización inadmisible de nuestro oficio. Hasta entonces existían abogados especializados, pero eran una pequeña minoría; se suponía que un abogado podía ejercer en todas las ramas del derecho, desde el laboral al fiscal, pasando por el mercantil y el penal. J&A Garrigues fue el primero en imponer un cambio radical en la profesión: los despachos de abogados se fueron convirtiendo en «despachos colectivos» como se les llamaba entonces, en sociedades que reunían todas las ramas del Derecho.

Ortega y Gasset, nuestro sabio nacional por antonomasia, abominó del «especialista». Lo elegante entre los intelectuales españoles era hablar de la «barbarie del especialismo», denunciada por Ortega en *La rebelión de las masas*. La abogacía no era una excepción.

> «[...] Una buena parte de las cosas que hay que hacer en física o en biología es faena mecánica de pensamiento que puede ser ejecutada por cualquiera, o poco menos... El especialista «sabe» muy bien su mínimo rincón de universo; pero ignora de raíz todo el resto. Pero el especialista [...] No es sabio, porque ignora formalmente cuanto no entra en su especialidad; pero tampoco es un ignorante, porque es «un hombre de ciencia» y conoce muy bien su porciúncula de universo. Habremos de decir que es un sabio-ignorante, cosa sobremanera grave, pues significa

> que es un señor el cual se comportará en todas las cuestiones que ignora no como un ignorante, sino con toda la petulancia de quien en su cuestión especial es un sabio [...] El resultado es que se comportará sin cualificación y como hombre-masa en casi todas las esferas de vida».

Es evidente que Ortega se consideraba un sabio del renacimiento. Aún sigue siendo el faro de la progresía intelectual española. Subrayo «española», porque fuera de nuestras fronteras su prestigio es mucho menor. Pemán narra en sus recuerdos una conversación con nuestro sabio nacional en una travesía de Uruguay a Buenos Aires:

> «[...] Ortega es un hombre que se tapa la calva con tres o cuatro pelos, violentamente estirados de un parietal a otro. Hablamos de cosas varias. Como es hombre de obsesiones por temporadas, ahora parece que está con la Geología. No sé qué habrá leído últimamente. Me dice: «Una de las grandes novedades del mundo es que la Argentina ha descubierto que gran parte de su tierra no es cultivable». «Cádiz es una ciudad admirable, toda ella cimentada sobre humus negro de civilización». «La gran solución mundial se operará el día en que el europeo encuentre un modo de vivir en el trópico» [...]. ¿Será Ortega, en todo, un hombre que tapa su calva con tres o cuatro pelos?».

Pío Baroja, que sentía admiración por Ortega, era más profundo en su análisis.

> «En mi tiempo había, al lado del estudiante holgazán, el especialista que no quería saber nada que no fuera de su profesión y el curioso, el lector por amor al arte. Hoy se da más el especialista, el que conoce el asunto con prolijidad y de lo demás no sabe nada; el diletante casi no existe. ¿Qué es mejor? No lo sé. Del diletante se puede esperar casi siempre más para la cultura general que del especialista. El diletante podrá fallar en detalles. El especialista falla en lo fundamental»[8].

La especialización fue la clave de la modernización de la abogacía, como lo había sido en otras muchas profesiones y actividades comerciales e industriales. Los defensores de la abogacía tradicional, con sus grandes santones, pretendían que los abogados supiesen de todo. Pero la realidad imponía que en las grandes operaciones, habituales en una economía desarrollada, trabajasen muchos especialistas bien coordinados.

Los chequeos médicos periódicos no se hacen visitando a un solo médico, sino en un hospital que ofrece y coordina a todos los especialistas necesarios. En el asesoramiento jurídico a las grandes empresas sucede lo mismo. En el concilio Vaticano II se suprimieron las órdenes menores del sacerdocio: ostiario, lector y exorcista, especialistas en sus respectivas funciones. Echo de menos al lector cuando en Misa asume su papel, un feligrés incapaz de leer con buena voz, marcando las oraciones del texto con sus comas y puntos. Al exorcista también lo echo de menos algunas veces cuando juego al golf.

A riesgo de ser condenado por blasfemia intelectual, debo reconocer que siento la inmensa alegría de vivir en una época en la que multitud de especialistas, esto es, de ignorantes, para Ortega y Gasset, han conseguido resolver problemas que con su mente pura y especulativa parecían irresolubles. La especialización en cualquier profesión es un requisito de nuestro tiempo. Yo renuncié al pudor intelectual orteguiano y me especialicé en una rama muy concreta del Derecho, el mercantil. No me arrepiento. Al contrario, con la perspectiva que da el tiempo, me alegro mucho de la especialidad que elegí. Los mercantilistas asesoramos a los clientes para que sus negocios se ajusten estrictamente a la ley y así evitar problemas futuros. Es una labor creativa llena de matices y de sutilezas.

Con la presuntuosidad con la que los miembros del olimpo de los cuerpos del Estado miraban a los vulgares abogados de a pie, Landelino Lavilla me hizo un día un comentario despectivo, que me molestó, sobre los bufetes colectivos como Garrigues. Para él, los despachos inspirados en el modelo de los países anglosajones se basaban en una especialización que él despreciaba.

Consideraba, por ejemplo, una vulgaridad que tuviéramos impresos, unos modelos de estatutos para sociedades anónimas —los llamó «falsillas»— y, para colmo, que estuvieran traducidos al inglés. Entendía que los estatutos debían de ser redactados en cada ocasión. Le expliqué que nuestras «falsillas» se habían preparado bajo la supervisión de Joaquín Garrigues, el «divino», el mejor mercantilista español de la época y autor de la Ley de Sociedades Anónimas, y que iban acompañados de unas notas explicativas con posibles alternativas para cada artículo; así se facilitaba la tarea de redactar el texto más adecuado para cada caso. Añadí que, cuando se asesoraba en la constitución de muchas sociedades al año, es decir, no de una o ninguna, como le ocurría a la mayoría de los abogados, lo que él llamaba despreciativamente «falsillas» eran de una inestimable utilidad.

Antes de que me contestara le pregunté si le parecía apropiado que las cuentas de las grandes compañías —por ejemplo Banesto y su grupo de empresas, donde él trabajaba— fuesen auditadas, según ordenaba la Ley, por dos únicos censores jurados de cuentas, en lugar de por las modernas firmas de auditores que empleaban en el trabajo a docenas de profesionales. No me contestó. La conversación resultó levemente violenta. No debió molestarle mucho mi vehemente argumentación porque un par de días después me ofreció ser su jefe de gabinete en el Ministerio de Justicia, pero esto es otra historia que contaré más adelante.

Muestra también de las nuevas formas en el ejercicio de la profesión era la apertura de sucursales en otras poblaciones, en España y en el extranjero. J&A Garrigues fue precursor con la apertura de una oficina en Barcelona y otra en Nueva York. Como ya he dicho, al poco tiempo de ingresar se me ofreció la oportunidad de ocuparme de esta última, pero no acepté porque entonces me interesaba la política, lo que me impedía dejar Madrid. Lamento haber rechazado la oferta. Fue sin duda un grave error.

Tuve siempre una obsesión casi patológica de no ocuparme nunca de una sola actividad; esta obsesión me fue enredando en una tela de araña espesa a lo largo de mi vida profesional.

Antonio Garrigues promovió una asociación de los bufetes latinoamericanos más conocidos. Nos reuníamos un par de veces al año, alternando Madrid con una capital americana. Yo me ocupé durante algún tiempo de esa tarea. Después organizó otra asociación con los principales bufetes europeos. Fueron novedades decisivas para atraer al despacho grandes compañías multinacionales en un momento en que España empezaba a convertirse en un país puntero en materia de inversiones extranjeras. A partir de ahí, el bufete siguió con un programa intenso de expansión y hoy cuenta con despachos en infinidad de ciudades dentro y fuera de España.

España era, y sigue siendo, un país intensamente regulado; una dictadura de normas dulcificada, afortunadamente, por su incumplimiento. Nuestra profesión no era una excepción y seguía viviendo próxima al régimen de los gremios medievales.

Por ejemplo, en materia de honorarios, los abogados estaban obligados a aplicar una tabla de honorarios mínimos aprobada por los Colegios. Se calculaban en función del importe del asunto. Este sistema podía tener sentido para un pequeño pleito o para el asesoramiento en un asunto menor, pero se convertía en algo totalmente absurdo cuando se trataba de operaciones de decenas de miles de millones de pesetas, o no susceptibles de ser fácilmente valoradas en dinero. J&A Garrigues introdujo la facturación por tiempo y no por el valor económico del asunto como prescribía la absurda norma de honorarios mínimos. Anotábamos en unas hojitas el tiempo dedicado a cada cliente, tomando como unidad el cuarto de hora. Cada abogado tenía asignado un valor a su unidad-tiempo. Estas hojitas se trasladaban a la ficha del cliente y eran la base de la minuta trimestral de honorarios.

El tema de honorarios y tarifas proporcionales me trae a la memoria un problema al que me enfrenté con motivo de la instalación de Ford en el pequeño pueblo de Almussafes. La ordenanza municipal fijaba la tasa aplicable a las nuevas edificaciones en función del número de huecos abiertos al exterior. Estaba pensada para ventanas y puertas de una vivienda. Pero en una fábrica de automóviles el número de huecos de todo tipo abiertos al exterior era casi infinito; la norma suponía un importe enorme e irracional.

Llegamos a un acuerdo: se entendería como hueco solamente aquellos en los que fuera posible asomarse al exterior cómodamente apoyado, como lo hace en el cuadro de Dalí, *Figura en una finestra,* una joven morena con un vestido azul ceñido. Creo que es su hermana Anna María. El importe de la tasa quedó en una cifra razonable. Esta negociación tuve la oportunidad de contársela al propio Henry Ford III durante su visita a nuestro despacho y le divirtió mucho.

Los bancos extranjeros introdujeron en España fórmulas de financiación que hoy son cosa de todos los días, pero que entonces eran totalmente desconocidas y no se ajustaban a nuestras normas decimonónicas. Hubo que adaptar a nuestro derecho muchas modalidades de contratos que jamás se habían aplicado en España. Tuvimos que dedicar muchas horas a tratar con los funcionarios del Banco de España para lograr la introducción de esas novedosas operaciones en el mercado bancario español. El INI estuvo en vanguardia de las nuevas modalidades financieras por delante de muchas de las grandes empresas privadas. Fue decisiva la presencia de buenos profesionales al frente de las finanzas del INI. Por cierto, la primera subasta de pagarés la hizo una compañía del INI. Mi amigo Tristán Martín Urquijo era el Director de Finanzas. Es injusta la imagen de gestión anticuada que se suele tener de las empresas estatales.

LOS AUDITORES

Nadie le discutió nunca a Antonio Garrigues su condición de jefe máximo del bufete, pero cuando empezó a dedicar una gran parte de su tiempo a la política, me convertí de manera extraoficial en socio director. Lo fui, de hecho, hasta poco antes de mi jubilación. Antonio siguió como presidente y máxima autoridad. Yo no quise cambiarme a la planta donde estaba el de Antonio y seguí en mi pequeño despacho cerca de la fotocopiadora.

J. Pierpoint Morgan: un importante empresario se sorprendió de que en el edificio neoclásico de cuatro pisos situado en Nueva York en la esquina sureste de Wall Street con Broad Street, no hubiese un solo rótulo que indicase que allí estaba la sede del banco Morgan. El empresario le expresó su sorpresa al señor Morgan en persona quien, displicentemente, le contestó: «*people know we are here*». Se refería obviamente a la gente que importa. También he recordado siempre la recomendación inglesa en esta misma materia: «*keep your office mean*» (mantenga un despacho humilde). De igual forma, jamás me preocupó tener un reconocimiento oficial de mi posición de director. En las organizaciones profesionales, como en la política, se manda con independencia de títulos y de despachos: lo que cuenta es ejercer el mando con la aceptación de los demás. El célebre tratadista Carl Schmitt definió la doctrina de la «legitimidad de ejercicio» a partir de la cual Conde —no Mario, sino Javier el tratadista político— justificó la dictadura de Franco. En la empresa privada sucede algo parecido.

En España, los auditores tuvieron que sufrir también la resistencia a la modernización que representaba su eficaz organización frente al caduco sistema de los censores jurados de cuentas, que se oponían a que su privilegio se pusiese en peligro con las nuevas firmas auditoras. ¿Se imaginan ustedes a dos censores jurados revisando las cuentas anuales de compañías que facturan miles de millones de euros y que operan por todo el globo terráqueo? Era una manifestación más del desprecio a la finalidad perseguida por las leyes y de atender solamente a su letra. El entonces presidente del Instituto de Censores Jurados de Cuentas, cuyo nombre no recuerdo, consideraba un desafuero que los auditores extranjeros vinieran a España a expulsarles de su oficio tan dignamente ejercido; pero los inversores extranjeros, que comenzaban a adquirir participaciones en las más importantes sociedades españolas, exigían que las cuentas de estas sociedades se sometieran a una auditoría seria.

La más importante firma auditora en España, uno de mis mejores clientes, era Arthur Andersen. La lideraba Manuel Soto, que sigue siendo un gran amigo. Manuel debería tener un busto en todas las oficinas de las firmas de auditoría que trabajan en España.

Cuando las grandes sociedades españolas querían cotizar sus acciones en las bolsas mundiales, o recibir capital de un inversor extranjero, tenían que someterse al escrutinio de las firmas auditoras internacionales. Pero, oficialmente, la auditoría de las cuentas anuales estaba atribuida, en exclusiva, a los censores jurados de cuentas. Las grandes compañías auditoras me encargaron que les asesorara en una campaña para lograr que su trabajo tuviese un reconocimiento oficial, sin restricciones. En un país de economía libre no se pueden poner puertas al campo. No reconocer la actuación de las firmas auditoras, era tanto como tratar de impedir la existencia de grandes almacenes, porque venden más barato que las pequeñas tiendas de barrio; la experiencia ha demostrado que los grandes almacenes compiten entre sí y que las pequeñas tiendas de barrio siguen funcionando y compitiendo en el mercado; Todo ello redunda en beneficio de los consumidores.

Contraté también los servicios de Rafael Ansón, precursor en España de la actividad de relaciones públicas, y publiqué un librito con el título de «Aspectos jurídicos de la auditoría de empresas». Inicialmente lo había concebido como una tesis doctoral. A la vista del nivel que tienen hoy algunas tesis doctorales, mi librito, con un mínimo esfuerzo adicional, hubiese sido aprobada *cum laude*, pero, para cumplir el nivel exigido en la cátedra de Don Joaquín Garrigues, hubiera necesitado una dedicación y un tiempo incompatibles con mi trabajo. Ser doctor nunca ha sido una de mis prioridades.

Finalmente se consiguió la aprobación de una ley de auditoría, y las grandes firmas auditoras accedieron legalmente a la práctica de todos sus servicios. Los censores colegiados de cuentas pasaron a formar parte de nuestro glorioso pasado medieval, junto con las murallas de Ávila. Milagros del libre mercado.

LA FUSIÓN DE J&A GARRIGUES CON LA DIVISIÓN FISCAL DE ARTHUR ANDERSEN

Las grandes firmas extranjeras de auditores, una vez legalmente asentadas en España, expandieron sus servicios; comenzaron con una división de consultoría empresarial y siguieron con el asesoramiento fiscal, que se extendió a la práctica de la abogacía en todos sus campos. Los Colegios de Abogados lo consideraron competencia desleal. Se acusaba a las firmas de auditoría de captar a los clientes haciendo uso del poder que les daba la auditoría de las cuentas de su cliente. Esta crítica llevaba implícita una grave acusación de chantaje encubierto. Las compañías auditoras se defendían alegando la existencia de «murallas chinas», es decir, de una separación total entre los auditores, los abogados, los consultores, y todos los demás servicios profesionales que prestaba la firma.

Nosotros éramos el mayor despacho de abogados de España, y teníamos unos ochenta profesionales. La llamada división fiscal de Arthur Andersen ocupaba en España a unos cuatrocientos abogados que, como ya he dicho, asesoraban en todas las ramas del derecho, con un crecimiento imparable. Competir en crecimiento con ellos era muy difícil. Pensé en que si queríamos convertirnos en un despacho importante a nivel mundial, la mejor solución era fusionarnos con su división fiscal. Previa autorización de Antonio Garrigues se lo planteé a Manuel Soto, el gran capo de Arthur Andersen.

Llevé personalmente, con gran sigilo, las negociaciones, que se cerraron en muy pocos meses. Los socios de J&A Garrigues aprobaron la fusión, que dio lugar al despacho de abogados más grande de Europa continental. La fusión nos supuso alcanzar el número de quinientos abogados, con más de doce oficinas en España y con la corresponsalía de la división fiscal y legal de Arthur Andersen por todo el mundo. A partir de entonces la firma se dirigió por dos socios: un antiguo «Garrigues» que fui yo, y un antiguo «Andersen» que fue Alberto Terol. Antonio Garrigues siguió siendo el Presidente de la firma. Fui designado miembro del Consejo Mundial de Arthur Andersen, la mayor organización de servicios profesionales del mundo. Me permitió experimentar lo que significa estar en la cúpula de una gran organización multinacional presente en países de los cinco continentes.

Varios socios, amigos de muchos años, aceptaron la fusión de mala gana. Alguno no me volvió a hablar nunca más. Cuando al cabo de poco tiempo, más que duplicamos nuestra retribución, algunos me agradecieron haber promovido la fusión; hubo alguno que continuó sin hablarme por haber traicionado los sagrados principios de la abogacía.

Arthur Andersen tuvo un fin desgraciado e injusto. Los sucesos que dieron al traste con la firma me siguen pareciendo aún hoy un mal sueño a pesar del tiempo transcurrido.

Una compañía eléctrica del sur de los Estados Unidos, Enron, desarrolló un esquema de sociedades instrumentales para obtener préstamos bancarios que avalaba la matriz; la mayoría del capital de esas sociedades instrumentales la ostentaban fiduciarios y el pasivo derivado de las obligaciones quedaba así excluido del balance consolidado del grupo. El esquema era muy burdo, quedó al descubierto y el escándalo fue mayúsculo cuando se supo que los auditores —Arthur Andersen— no habían alertado de su existencia. A las pocas semanas de conocerse el caso Enron surgió otro escándalo financiero en una compañía llamada Worldcom también auditada por Arthur Andersen. En Estados Unidos estas cosas producen efectos inmediatos. Por algún motivo que desconozco, el entonces vicepresidente de los Estados Unidos, Dick Cheney, convirtió el caso Enron en un tema de importancia nacional. Prensa, televisión y radio se lanzaron sobre el cuello de Arthur Andersen. En unos pocos meses quedó consumada la disolución de Arthur Andersen y desapareció en un santiamén la primera firma de profesionales del mundo con más de cien mil miembros, después de una larga historia de éxitos y buen trabajo.

En España y en otros países los profesionales de Arthur Andersen fueron absorbidos por Deloitte. J&A Garrigues se mantuvo como despacho de abogados independiente.

Los hechos que motivaron el desastre habían sido ajenos por completo a mi actividad; como miembro del consejo mundial de la firma tuve información del problema cuando ya no tenía remedio. Pero para mí fue un duro golpe. Yo había promocionado la fusión con la división legal de Arthur Andersen en España. Durante algunos meses estuve angustiado con el futuro de nuestro bufete, de sus mil doscientos profesionales y de sus familias. Pasó pronto la angustia y gracias a la fusión nuestro despacho siguió su curso, cada vez con más éxito, y continuó siendo uno de los mayores del mundo.

Aún sueño con aquellos meses de angustia y frustración que pudieron acabar con el bufete en el que yo había ejercido mi profesión desde los veintidós años. Me dejaron agotado. Dimití como director y propuse a un sustituto que, además de un magnífico abogado, era para mí el más capacitado para ejercer el cargo de director; fue aceptado por los socios. Permanecí en la firma como un abogado más en mi despacho al lado de la fotocopiadora. El nuevo director, incomprensiblemente, dejó de convocarme al comité ejecutivo y no me dio explicación alguna. Decidí retirarme del todo y me jubilé. Era el primer director de la firma que se jubilaba, y lo lógico hubiera sido el reconocimiento usual en todos grandes bufetes del mundo. En muchos de ellos los retratos de los antiguos *managing partners* están colgados en las paredes. Yo no pretendía tanto. Me hubiese bastado una mención de reconocimiento. A los socios que se jubilaban se les daba un magnífico reloj; a mí me dieron una pequeña bandejita de plata.

Las normas del bufete no impedían que los abogados jubilados siguieran ejerciendo la profesión. Yo recibí la oferta de incorporarme a varios de los mayores despachos españoles. Pero consideré que mi nombre, como abogado, estaba vinculado al bufete J&A Garrigues, a quien le debía el poco o mucho prestigio que pudiera tener. No me pareció apropiado vincularlo a ningún otro despacho.

Cuando mi sucesor —a quien yo había propuesto en contra de la opinión de muchos socios— cesó en su cargo, creó un nuevo precedente y se marchó a un bufete competidor. Siguió siendo un abogado de prestigio, reconocido por la profesión con su nombramiento como decano del Colegio de Abogados de Madrid.

EL COLEGIO DE ABOGADOS

Ocupé, siendo aún muy joven, un puesto de diputado en la Junta de Gobierno del Colegio de Abogados de Madrid, institución muy importante para los que hemos ejercido nuestra profesión en la capital de España. El Colegio tiene más de cinco siglos de antigüedad y fue fundado con la misión de defender a sus miembros. En los años finales de la dictadura, la Iglesia y las organizaciones sociales de todo tipo pasaron del letargo a un ansia desenfrenada por participar activamente en una vida política, que, hasta entonces, había estado cerrada a los ciudadanos y a las instituciones sociales de todo tipo. Tanto el cardenal primado, Tarancón, como Pedrol, decano del Colegio de

Abogados de Madrid, fueron elevados por los medios de comunicación al olimpo de los padrinos de la reforma política.

Antonio Pedrol, uno de los personajes más hábiles e inteligentes que yo he conocido, se había presentado a decano del Colegio en las elecciones a la Junta de Gobierno de 1973. Fue una elección muy disputada. Recuerdo una asamblea en la que personas de la categoría de Lucas Oriol y Joaquín Satrústegui estuvieron a punto de llegar a las manos.

Pedrol se había dado a conocer en muy poco tiempo con una campaña electoral moderna e inteligente. Visitó uno a uno a los grandes despachos colectivos y tuvo la habilidad de convencerlos de que la mejor manera de conseguir que se aceptara nuestra moderna práctica de la profesión era desde la Junta de Gobierno del Colegio de Abogados. Al ser nuestro bufete el más importante en aquel grupo, Pedrol le ofreció a Antonio Garrigues un puesto en su candidatura. Antonio no dudó en aceptar. Los abogados de los grandes despachos votaron en masa y contribuyeron a una victoria abrumadora de la candidatura de Pedrol.

Con buen criterio, Antonio Garrigues consideró que nuestro despacho debía de estar siempre presente en el Colegio de Abogados, y esta política se mantuvo desde entonces. En las siguientes elecciones yo le acompañé como miembro en la candidatura de Pedrol, que volvió a arrasar, y pasé así a formar parte de la Junta de Gobierno del Colegio. Mi presencia cumplía también la misión de dar la apariencia de que los grandes partidos políticos estaban representados en el Colegio: como yo era jefe de gabinete del Ministro de Justicia, se suponía que estaba en la Junta en representación de UCD; Gregorio Peces Barba padre, hombre profundamente antipático, se consideraba que representaba al PSOE; Gil Olmo, al PC; y Fanjul, a Alianza Popular. Pedrol consiguió de esta forma dar al Colegio una imagen de institución con influencia social y política, que en realidad no tenía. Pero en política la apariencia cuenta mucho. Pedrol lo sabía, y, como decano del Colegio, se convirtió en algo así como un cardenal Tarancón, laico.

Antonio Pedrol era un magnífico jurista y un extraordinario abogado. Había escrito un tratado en tres tomos sobre quiebras y su intervención se reclamaba invariablemente en todas las suspensiones de pagos y quiebras de cierta importancia que se producían en España, sobre todo en Cataluña. Se había hecho un hombre muy rico. En las quiebras se aplicaba la disparatada tabla de honorarios mínimos que establecían los colegios de abogados, calculadas como un porcentaje sobre el importe de la deuda de la compañía. Los honorarios se aprobaban por el juez, generalmente sin protesta del quebrado, o con protesta, pero en voz muy baja. Los comisarios de la quiebra, cuyos honorarios también eran cuantiosos, miraban hacia otro lado.

Pedrol estaba separado de su mujer que, según se decía, estaba internada en un centro de salud, y vivía solo en su casa con una vieja criada. Era un gran bibliófilo y tenía una colección de valiosísimos ejemplares sobre el concilio de Trento. Todas las tardes veía una película de vaqueros. Sobre su persona corrían muchas historias que, en algunos casos, llegaban a lo truculento, y, como suele ocurrir, nunca estaban acompañadas de pruebas. Un día decidió dar un giro a su vida y dedicarse plenamente a la honorable tarea de revitalizar los órganos representativos de la abogacía, comenzando con el decanato del Colegio de Abogados de Madrid; siguió luego con la presidencia del Consejo General de la Abogacía. Su despacho continuó abierto y su antiguo pasante Pablo Chillón siguió llevando las quiebras de costumbre.

LA TUMBA DE CANALEJAS

No puedo ocultar una actuación poco brillante que tuve en mi condición de diputado de la Junta de Gobierno del Colegio de Abogados de Madrid. Fue con motivo del homenaje anual que el Colegio dedicaba a Canalejas en el aniversario de su muerte. Canalejas había sido decano del Colegio. Consistía el homenaje en depositar unas flores en su tumba en el Cementerio de la Almudena. Se fijó la fecha y avisamos a las hijas del político, muy ancianas, que siempre asistían al acto.

El día previsto, en medio de una lluvia tropical de las que ya no se suelen ver en Madrid, me correspondió asistir al cementerio acompañado de un ordenanza vestido con uniforme de gala, que portaba el ramo de flores para depositar en la tumba de Canalejas. El uniforme de gala de un ordenanza del Colegio de Abogados era tan vistoso y elegante, o más, que el de un teniente general o el de un embajador. Al llegar al cementerio, bajar del coche fue una auténtica heroicidad por la fuerza de la lluvia que casi impedía la visión.

Empezamos el camino hacia la tumba dirigidos por un empleado del cementerio, mutilado de una pierna, que andaba a saltitos, impulsado por unas muletas que se enterraban en la humedecida arena del camino y le daban al sepulturero la imagen de un Quasimodo revivido. Le seguía el ordenanza del Colegio con el ramo de flores; su elegante levita se había convertido a los pocos minutos en un trapo arrugado chorreando agua y el ramo de flores quedó despeluchado y reducido a un par de tallos mustios y desnudos. Yo cerraba la columna dando saltos laterales o hacia adelante para salvar los charcos que cada vez eran más profundos.

Decidí abortar la operación, como se dice en el lenguaje aeronáutico para los despegues fallidos. Lo sometí a votación informal, y, tanto el ordenanza como el Quasimodo, estuvieron de acuerdo. Depositamos los restos del ramo de flores sobre la tumba más próxima, nos apresuramos a volver a la entrada del cementerio y subimos al taxi que nos había traído.

Pensé que las hijas de Canalejas habrían hecho lo mismo. Era lo razonable vista la situación. Pero me equivoqué. Demostrando su firmeza de carácter y la importancia que atribuían al cumplimiento del rito anual, las señoras habían permanecido estoicamente junto a la tumba, esperando la llegada del ramo de flores. Vuelto al colegio, envié una nota para informar al decano de que el depósito del ramo de flores en la tumba de nuestro ilustre compañero había fracasado, y le daba cuenta de lo sucedido en los términos que acabo de exponer.

Al secretario de la Junta de Gobierno le pareció una historia divertida, y, sin consultarme previamente, la publicó en el Boletín del Colegio de Abogados. Lamento no conservar la nota para que el lector pueda comprobar por sí mismo que mi narración no era ni mucho menos ofensiva o irrespetuosa para la memoria de Canalejas. Pero mi breve crónica del suceso llegó a sus hijas, montaron en cólera y protestaron en una durísima carta al Decano, calificando mi actuación de intolerable. Es posible que fuese la mención de Quasimodo les pareciera fuera de lugar, vaya usted a saber. Escribí a las señoras pidiendo disculpas, pero nunca tuve contestación.

LA ACADEMIA Y SAN RAIMUNDO DE PEÑAFORT

Por lo general, los abogados se distinguen de los juristas académicos, en que estos rara vez descienden a la tierra desde las alturas de los conceptos. No son muchos los que han sabido aunar la ciencia jurídica y la práctica del Derecho. Yo tuve el privilegio de tener de maestro de la profesión a Don Joaquín Garrigues. El gran novelista Miguel Delibes, decía que él había aprendido a escribir leyendo el *Curso de Derecho Mercantil* de Garrigues.

La ciencia jurídica carece de sentido por sí misma. Lo mismo pasa con la medicina. En otras palabras: están muy bien la Academia de Legislación y Jurisprudencia, las tesis doctorales y los largos debates entre escuelas; pero toda esa sabiduría no debe hacer olvidar que la razón de ser del Derecho es resolver los conflictos que se plantean en la sociedad. Sin esta visión práctica del Derecho no sirven para nada los cinco años de carrera; todo lo aprendido se convierte en algo inútil.

Odio a los sabios juristas que desprecian a los simples abogados de pueblo; quizá a estos les falte formación teórica, pero si un día lo necesito, preferiré que sea un abogado de a pie quien me defienda ante el juzgado, antes que un prestigioso catedrático de filosofía del Derecho. A lo largo de mi carrera profesional he vivido muchos ejemplos suficientemente demostrativos de que lo que digo es correcto. Admiro a los juristas famosos que han sabido conjugar la excelencia en lo académico con una gran pericia profesional, pero son minoría. Tuve el enorme privilegio de que muchos de mis maestros, empezando por Joaquín Garrigues, pertenecieran a esa minoría.

Al final de mi carrera profesional fui designado miembro correspondiente de la Real Academia de Legislación y Jurisprudencia. Es un rango inferior al de miembro de número, pero, sinceramente, no me importó que no se me considerara digno de la primera categoría de la casa. No aceptar el nombramiento hubiera sido descortés y presuntuoso; por tanto, acepté y se lo agradecí de todo corazón a mi buen amigo Ramón López Vilas, gallego, catedrático de Derecho Civil, gran jurista y magnífico abogado, que fue quien propuso mi nombre. Me consta que Ramón López Vilas intentó mi designación como académico de número, pero fracasó. Varios de mis más prestigiosos colegas han sido designados también académicos correspondientes; alguno, incluso, ha leído su discurso de entrada, lo que a mí de tiempo en tiempo me reclamaba Ramón López Vilas. Las sesiones de la Academia se celebran los martes, antes de la cena de socios del Nuevo Club, que se encuentra a un par de manzanas, lo que me resulta muy conveniente.

En la misma línea de reconocimiento de mi largo ejercicio como abogado, mis compañeros en el Ministerio de Justicia me propusieron para la cruz de San Raimundo de Peñafort, conocida como «la

Raimunda», que es la distinción máxima en mi profesión. El ministro me dio la cruz de honor, no la gran cruz y ello me degrada a la condición de ilustrísimo, no de excelentísimo. La acepté para no desairar a mis compañeros que habían tenido un gesto de amistad que nunca olvidaré. Me ha venido bien para las escasas ocasiones en las que por protocolo he debido llevar frac con condecoraciones: el collar de la cruz es muy espectacular.

Mi conciencia, generalmente impertinente, se pregunta si mi actitud ante la Academia y ante la cruz de San Raimundo no es una intolerable manifestación de soberbia luciferina. Pienso que quizá sea algo de soberbia, pero calificarla de luciferina me parece demasiado.

VIII. LOS NUEVOS ABOGADOS

La nueva manera de ejercer la profesión nos acercaba a los abogados de J&A Garrigues, más a la imagen de ejecutivos de empresas que a la clásica estampa de los abogados de siempre: almuerzos en caros restaurantes, viajes en avión en primera clase, mucho informe de pocos párrafos, mucha palabrería en inglés, etc. En la minuta de honorarios se incluía el epígrafe «gastos incurridos por cuenta del cliente» sin más detalle. Si el cliente lo solicitaba, se le enviaba una precisa relación de los gastos, pero esto sucedía rarísimamente.

RESTAURANTES EN MADRID

Benjamín Labatut es un escritor chileno de moda. Me gustó mucho su libro *Un verdor terrible*. El siguiente, *Maniac*, ha sido también un superventas. En él hay esta referencia al restaurante Horcher del Berlín del tercer Reich. A mí me recordó una singular anécdota con uno de mis primeros clientes. Esto se dice en *Maniac*:

> «A Horcher, nada menos. El mismo restaurante decadente donde los jerarcas del Partido Nazi se citaron a comer cangrejos y a celebrar la matanza de la Noche de los Cuchillos Largos solo cuatro años después. Esa era la quintaesencia de von Neumann. Tan acostumbrado al privilegio que nada, salvo lo mejor era suficiente. Si Horcher era el restaurante más fino de Berlín, no se podía comer en otra parte. Cuando llegué a la puerta y vi las paredes revestidas de paneles de madera de ébano, me sentí completamente fuera de lugar».

Cené en el Horcher de Madrid con mi primer cliente americano. Se llamaba Leonard Cecil y estaba interesado en llegar a un acuerdo con una fábrica alicantina para el suministro de guantes de golf. No se podía decir que el señor Cecil fuese hombre de aspecto elegante ni sofisticado, pero era mi primer cliente extranjero y debía tratarle por todo lo alto. En otras palabras, estaba justificado invitarle a almorzar en Horcher que era el restaurante que usábamos para los clientes más importantes; a los de categoría algo inferior, pero también importantes, los llevábamos al Club 31; por último, para los de menos nivel estaba Aguilera, en la calle Montalbán, donde se podían comer las mejores gambas de Madrid.

Una vez sentados en la mesa, Cristóbal, el viejo *maître* de Horcher, nos preguntó si queríamos beber algo de aperitivo. Le recomendé a mi invitado el jerez oloroso embotellado especialmente para la casa, pero él se decantó por «*a glass of milk, please*»; Cristóbal no pestañeó y un camarero apareció enseguida con un catavino para mí y un inmenso vaso de leche que depositó con cierto desprecio delante del señor Cecil. A continuación formularíamos la comanda, palabra espantosa pero aceptada por la Real Academia de la Lengua.

Antes de que nos sirvieran el primer plato, el señor Cecil se levantó para ir al servicio. Al volver, se fijó en unas vitrinas con fotos y otros recuerdos del Horcher del Berlín de los años treinta, al que asistían con frecuencia las altas jerarquías nazis. Al finalizar la guerra mundial, el señor Horcher se trasladó a Madrid y abrió el magnífico restaurante de la calle Alfonso XII, con una carta que aún hoy conserva como especialidad los platos de caza que le habían dado fama en Berlín. Sin llegar a sentarse en la mesa, Cecil me preguntó alterado si el restaurante donde estábamos tenía algo que ver con el Horcher de Berlín. Le contesté que, en efecto, así era. Entonces masculló algo de lo que solo entendí la palabra «*bitch*», no se sentó y se dirigió a la puerta para irse. Me disculpé ante Cristóbal, alcancé a Cecil en la calle y nos fuimos andando al hotel Ritz donde se hospedaba. No me dirigió la palabra en todo el trayecto y me fui sin saber qué había pasado.

Al día siguiente apareció en el despacho con una espectacular bolsa de golf y un juego de palos que he conservado muchos años. Me pidió disculpas por su actuación de la noche anterior y se justificó porque sus abuelos paternos, judíos, habían muerto en un campo de concentración nazi. Años después el señor Horcher retiró de su establecimiento de Madrid los recuerdos más significativos de su pasado berlinés.

Recuerdo también un almuerzo en Jockey con motivo de una visita que nos hizo Henry Ford III para comprobar el progreso de la nueva fábrica en Almussafes. Yo me sentaba en un extremo de la mesa. En el menú se ofrecía un huevo pasado por agua con caviar; también se podía comer con huevas de mújol a un precio infinitamente más razonable. Cuando me lo sirvieron, Henry Ford me miró, sonrió y, antes de que yo pudiera articular palabra, me dijo: «Decide usted bien, espero que así lo siga haciendo como abogado de nuestra compañía». Sonreí y le contesté: «Son huevas de un pescado que se llama mújol; tienen un sabor magnífico y cuestan una décima parte que el caviar más barato. ¿Quiere usted probarlo?». El señor Ford, me devolvió la sonrisa, rechazó probarlo y zanjó la conversación con un «*well done*». Confirmé la verdad que encierra el proverbio que ya he citado de «*keep your office mean*» (mantenga su despacho humilde). Y aprendí la conveniencia de aplicarlo, no solo al despacho, sino a todo lo relativo a la profesión.

ABOGADO VIAJERO

Reconozco que no todo eran inconvenientes en mi vida de abogado viajero. Para qué voy a mentir; no tendría el menor sentido.

Me encantaban los largos viajes en avión en la primera clase de entonces. Me rodeaba de todos los periódicos, que podía leer con una calma imposible de disfrutar en tierra firme, llena de interrupciones constantes por llamadas de teléfono. En aquellos años las líneas aéreas ofrecían en primera clase un magnífico caviar, un delicioso *foie-gras* y unos vinos que no hubiese osado pedir en ningún restaurante. El mejor caviar que recuerdo era el de Swiss Air. Todo eso desapareció cuando se inventó la clase *business*, que en los vuelos europeos sustituyó a la primera; en los transatlánticos, primera y *business* siguieron coexistiendo algún tiempo.

En vuelos largos nocturnos, algunas líneas facilitaban un pijama a los pasajeros de primera clase. Ponerse el pijama en el reducido cuartito de aseo del avión era un ejercicio circense. En un viaje a Los Ángeles pensé usarlo, pero mi compañero de asiento lo hizo primero y después de verle decidí no ofrecer su misma imagen ridícula.

Como asesor jurídico de nuestra compañía pesquera familiar tuve que volar con alguna frecuencia a Sudáfrica. El vuelo de vuelta hacía escala a medianoche en Kinsasa. Mientras el avión repostaba, los pasajeros esperaban en la terminal. Una vez, antes de aterrizar, el comandante comunicó por el altavoz que se estaba produciendo un ataque de la guerrilla en el aeropuerto y que los pasajeros debían quedarse junto al avión. El ataque había comenzado cuando ya estábamos cerca de Kinsasa sin otra alternativa válida para repostar. Aterrizamos, bajamos del avión, y desde el suelo pudimos ver y oír a poca distancia los reflejos y los ruidos de los disparos. Por fortuna llegó enseguida el camión con el carburante, se hizo a toda prisa la operación de repostaje, subimos al avión, y, aun con miedo en el cuerpo, despegamos sin ningún daño.

Unos días antes, el doctor Garaizabal, al aterrizar en el aeropuerto de las cataratas Victoria, había muerto por un disparo de la guerrilla mientras se dirigía andando a la terminal.

En aquella época, el *apartheid* estaba en su apogeo en la República Sudafricana. Recuerdo a un niñito negro que vendía periódicos junto a mi hotel en Johannesburgo. Para evitar cualquier roce, juntaba sus manos de modo que en el hueco pudiera dejarle caer las monedas sin riesgo de tocarle; me amargaba el día. Como compensación al desprecio que aquello suponía a su dignidad, yo le compraba todos los periódicos y me llevaba solo uno. El niñito salía corriendo, lleno de felicidad.

Las normas del *apartheid* distinguían solamente entre *white* y *non white*. A los sudafricanos les interesaban mucho las inversiones de los japoneses, que obviamente eran *non white*. Esto les creaba un gran problema. Lo resolvieron declarándoles *honorary whites*. En el derecho, incluso en la regulación del régimen racista columna vertebral de la vieja República Surafricana, siempre hay la posibilidad de «circunvenir» la ley cuando interesa. Nunca lo he olvidado en algunas situaciones difíciles.

El régimen de *apartheid* obligaba a una estricta separación de razas en los aviones. Para asegurar la total falta de contacto de los viajeros negros con los viajeros blancos, en el rarísimo caso de que algún negro viajara en el avión, lo sentaban en las últimas filas de la cabina, dejando una separación «razonable» con los asientos ocupados por los blancos. En ningún caso los negros podían volar en primera clase.

En un viaje de vuelta a España yo era el único viajero de primera clase. A punto de despegar el avión, entró en la cabina el comandante y me informó que en el vuelo viajaba el rey de Lesoto con su séquito; iba a una visita oficial al Congo y desembarcaría durante nuestra escala en Kinsasa. Lesoto era uno de los varios Estados, supuestamente independientes, que servían de residencia a negros que trabajaban en la República Sudafricana. El comandante quería pedirme permiso para que el rey de Lesoto y el resto de sus acompañantes pudieran desembarcar por la parte delantera del avión, ya que las autoridades congoleñas estarían esperándoles al pie de la escalerilla. Le dije que no tenía el menor inconveniente, y según lo previsto, poco antes de aterrizar en el aeropuerto de Kinsasa, el rey y sus acompañantes entraron en el espacio de primera clase, se vistieron con sus trajes de gala, sus pieles y plumas, me saludaron cortésmente y descendieron a la pista donde una banda de música les dio el recibimiento digno de un séquito real.

Para los pasajeros de primera clase de algunas líneas americanas, había en Nueva York un servicio gratuito de helicópteros que hacían el traslado entre el aeropuerto Kennedy y un helipuerto en el río, a la altura de la calle 42; también volaban desde la terraza del Panam Building, en Madison Avenue. Yo usé algunas veces el servicio, que te libraba de los atascos de la autopista hasta Kennedy. Un helicóptero, al despegar, se precipitó en el río, y se suprimió el servicio, que no se volvió a restaurar nunca.

En un viaje de vuelta a Madrid me encontré atrapado en uno de los atascos infinitos de Nueva York. Le ofrecí al taxista, un centroamericano simpático, una buena propina si llegábamos a tiempo al aeropuerto. Me garantizó que lo conseguiríamos. Después de cruzar el río, en lugar de seguir el recorrido habitual, se dirigió hacia el sur, atravesando Brooklyn por una zona industrial desierta a esa hora de la tarde. Cuando yo había perdido toda esperanza de llegar a tiempo para no perder el vuelo, atravesamos un parque para mí desconocido y aparecimos junto al aeropuerto. Tuve el tiempo justo para sacar la tarjeta de embarque y de dirigirme corriendo a la puerta del avión; llegué sudando.

En primera clase había una sola fila de asientos de los que únicamente uno estaba ocupado: era el marqués de Tamarón, cuya estampa de diplomático elegante de la vieja escuela contrastaba con mi aspecto sudoroso. Le saludé, coloqué mi maletín en el portaequipajes y me senté, agotado por la tensión y la carrera por los pasillos. Tamarón me miró con ojos de conmiseración y me dijo una frase que recuerdo cada vez que veo a alguien orgulloso de su condición de ejecutivo yupi apresurado: «Mira Daniel, mi abuela siempre decía que viajar es de pobres». Se trataba de una manifestación máxima de diletantismo, pero encerraba una verdad incontrovertible. La tuve presente a partir de entonces.

Los asientos de primera clase en los aviones que hacían los vuelos transatlánticos eran muy cómodos, pero no lo suficiente para algunos pasajeros importantes y experimentados, como Luis María Ansón, el prestigioso director de *ABC*. Me lo encontré de vecino de asiento en un viaje desde Buenos Aires a Madrid. Cenamos, y después de una breve charla de sobremesa, Luis María me dijo que no era razonable que los dos sufriéramos aquellos asientos que, por más que llegaban a una postura casi horizontal, estaban lejos de la comodidad de una cama. Me propuso que uno de los dos ocupara los dos asientos, subiendo el brazo de separación entre ambos, y que el otro durmiera en el suelo sobre unas mantas. Decidiría la suerte. Me pareció una propuesta algo estrambótica, pero acepté.

Pedimos una baraja y procedimos al viejo procedimiento de la carta más alta; la sacó él, y cuando yo estaba arrepintiéndome de haber aceptado imprudentemente la propuesta, que me condenaba a dormir en el suelo, me dijo con una cara llena de satisfacción: «Estupendo. Como ganador elijo el suelo, y tú tendrás que dormir en los dos asientos». Nos dimos las buenas noches, Luis María se tumbó en el suelo sobre tres o cuatro mantas y tardó poco tiempo en dormirse; yo lo hice sobre los dos asientos con las piernas encogidas.

El sabio principio enunciado por la abuela del marqués de Tamarón de que viajar es de pobres no se cumple —o al menos se mitiga— cuando uno tiene la posibilidad de hacerlo en avión privado. Es el mayor de los lujos del que se puede disfrutar. Nunca entendí cómo en España personas con capacidad económica para usarlo, no lo hacían. Ahora la situación ha cambiado.

Durante mi vida profesional usé bastantes veces aviones privados; Ford tenía varios que circulaban de manera continua entre las ciudades donde tenía instalaciones y oficinas en Europa; Madrid y Valencia eran paradas del recorrido; en la época en que me ocupaba de la expropiación de los terrenos de Almussafes para la instalación de la fábrica de Ford, usaba con frecuencia el avión de la compañía. Villar Mir, uno de mis clientes más importantes, viajaba habitualmente en su avión privado con capacidad para cruzar el Atlántico. Recuerdo haberle acompañado a México cuando puso en marcha el desarrollo turístico de Mayakoba; Juan Miguel trabajaba en sus papeles durante todo el vuelo; yo me hacía el dormido, pero no me libraba de sus preguntas de vez en cuando.

Fuera de la vida profesional, el avión privado era un lujo inasumible por su elevado coste. Mi madre, mi suegra, mi tía María José y mi hermana tenían un gran interés en asistir a la ceremonia de la beatificación de Escrivá de Balaguer en Roma. Mi madre y mi suegra no estaban en las mejores condiciones físicas. Le alquilé a Villar Mir su avión particular; me aplicaría como precio el coste estricto del vuelo. El día de la beatificación nos llevó a Roma por la mañana temprano. Un coche contratado nos esperaba en el aeropuerto y nos acercó lo más posible a la plaza de San Pedro. Creo que en aquella ceremonia se batieron récords de asistencia y tuvimos que seguirla desde muy lejos por los altavoces situados a lo largo de la Avenida de la Conciliación; mis invitadas estaban emocionadas y yo encantado de haberles hecho posible el viaje. Después de la ceremonia y de tomar una pasta en un pequeño restaurante, el avión nos devolvió a Madrid. La felicidad de mi madre y de mi suegra no la he olvidado nunca.

Le pedí la factura a Juan Miguel, que sabía el motivo de mi viaje; la factura no llegaba y le repetí mi petición varias veces, pero la respuesta era siempre la misma: mañana, mañana sin falta. Hasta hoy.

HENRY KISSINGER

Conocí en Madrid a Henry Kissinger con motivo de un viaje oficial cuando era Secretario de Estado. Fui invitado por Marcelino Oreja, entonces ministro de Asuntos Exteriores, a un desayuno en el palacio de Santa Cruz. La conversación tuvo como tema único nuestro proceso de transición a la democracia y me quedé muy impresionado de la lucidez de los análisis de Kissinger. Volví a verle cuando vino para asistir al Mundial de fútbol de 1982. Durante su estancia tuve ocasión de coincidir con él en una cena en casa de Antonio Garrigues, y en otra en el magnífico piso del decorador Duarte Pinto Coelho.

A los pocos días volvimos a vernos en la sala de espera reservada en el aeropuerto de París para los pasajeros del Concorde. En el avión no había más que una sola cabina sin división entre primera y turista, pero a los pasajeros importantes se les sentaba en las primeras filas, siempre hay clases. Kissinger, como es lógico, se sentaba en las primeras filas, y un servidor de la mitad para atrás.

En París hablamos largamente de fútbol y del campeonato mundial de 1982 recién terminado. Kissinger me contó que en su niñez en Alemania jugaba al fútbol con sus amigos y que había conservado su afición por ese deporte; se sentía muy orgulloso de su nombramiento como presidente del Cosmos, equipo de fútbol New York. Estaba escribiendo unos artículos sobre el mundial para un periódico americano, creo recordar que se trataba del *Christian Science Monitor*. Me preguntó si le daría mi opinión sobre las ideas que desarrollaba en sus artículos. Le dije, por supuesto, que sí. Los leí durante el vuelo, me senté junto a él y le dije que, salvo algún matiz, me parecían muy acertados. Tomó nota de mis observaciones. Cuando los artículos se publicaron los leí con detenimiento; me gustaron mucho; demostraban la capacidad analítica del profesor Kissinger sobre cualquier tema, fútbol incluido, especialmente sobre las diferentes estrategias que siguen los equipos, defensivas y conservadoras en algunos casos, o de agresivo ataque en otros.

Me he sentido siempre muy orgulloso de haber asesorado, aunque fuera solo un poco, nada menos que a Kissinger en algo tan importante como es el fútbol. No había móviles y no pude hacerme un selfi con él en el avión.

COSAS QUE PASAN EN LOS HOTELES Y EN LOS AVIONES

Éramos abogados muy viajeros, lo que es fácil de comprender porque la gran mayoría de nuestros clientes eran compañías extranjeras: si el abogado iba a la sede del cliente, con el gasto de un solo viaje, se podía atender directamente a las consultas de todas las personas de la compañía interesadas. Los viajes me permitieron ser huésped de los mejores hoteles de Europa y de América.

Mi buen amigo Alfonso Ussía, en uno de sus divertidos libros sobre el marqués de Sotoancho, incluye entre el servicio del cortijo al «ponebaños», un criado cuya única función era la de preparar debidamente el baño del marqués. Supongo que Alfonso ha sabido de algún cortijo donde tal puesto laboral existiera. Yo he disfrutado del servicio de ponebaños en el exclusivo hotel Connaught de Londres en Carlos Place. Me lo recomendó Luis Joaquín Garrigues que se hospedaba allí todos los años cuando asistía, perfectamente vestido con su *morning suit*, a las carreras de Ascot, en un Rolls que alquilaba para tal menester. El ponebaños del Connaught preguntaba cuál era la temperatura deseada para el agua y las sales a emplear de entre los muchos frasquitos alineados al pie de la bañera. El servicio dejó de prestarse años después. El hotel era tan caro que si la estancia se iba a prolongar dos o tres días se corría el riesgo de que el importe del alojamiento excediera de la minuta de los honorarios; por esa razón, para mis estancias en Londres, usé el Connaught en muy contadas ocasiones; por lo general me alojaba en uno de los muchos hoteles de la zona de Park Lane, caros, desde luego, como todo en Londres, pero no ridículamente caros como el Connaught.

En uno de mis viajes de trabajo me encontré en Londres con los matrimonios Gaytán de Ayala, Carvajal, Melgar y Riveiro, con los que salíamos y seguimos saliendo todos los sábados a cenar. Habían reservado una mesa en el Connaught, donde se celebraba una semana dedicada al caviar. A mí siempre me gusta el caviar y algunas veces me permitía una pequeña lata de cincuenta gramos en la Caviar House del aeropuerto. Mis amigos me informaron del precio de la cena, me pareció increíblemente barato y me uní a ellos. La cifra resultó correcta, pero había habido un pequeño error en la moneda: no eran dólares, sino libras esterlinas. Una verdadera ruina. Jamás he pagado una cantidad ni medio parecida en un restaurante.

El Plaza Athénée de París demostró ser para mí un lugar gafe. En una ocasión, al bajar del avión, noté una punzada intensa en los gemelos de la pierna izquierda. Llegué al hotel y uno de mis colegas me sugirió que fuese a un hospital por si se trataba de una trombosis. Me pareció un buen consejo. En el hospital Americano me diagnosticaron un trombo, me inyectaron heparina y me dijeron que lo aconsejable era internarme en el hospital. ¿Cuánto tiempo? Imposible saberlo. Pensé que si el único tratamiento era el reposo y la heparina, no veía por qué no podía «internarme» en mi habitación del hotel. Firmé un papel dándome por enterado del diagnóstico y de los riesgos que corría, me pusieron una media de presión en la pierna —las sigo usando— me proveí de heparina, me marché al hotel y asistí al consejo con la pierna apoyada en una silla.

Dos días después se casaba mi hija Isabel. Organicé mi viaje de vuelta a Madrid en el coche-cama del exprés Madrid-París. Nuestro médico y gran amigo, Javier Sanz, habló con el hospital Americano para conocer el detalle de mi trombo y decidió volar a París para acompañarme en el viaje de vuelta. ¡Por un motivo o por otro siempre estoy en deuda con Javier! Después de una segunda trombosis que tuve en Roma me convertí en un experto en ponerme inyecciones de heparina en la barriga cada vez que me subía a un avión. Las he sustituido con anticoagulantes diarios y ahora soy uno de los ciudadanos con la sangre más licuada del mundo. Desde hace poco tiempo le dedico mi atención a un nuevo trombo, que ha tenido el mal gusto de alojarse en una pequeña venita del empeine de mi pie izquierdo. La medicina no es ya la misma: a partir del segundo día nada de reposo, se puede andar, pero siempre con la media de presión. Ponerla y quitarla exige habilidad y fuerza en grado máximo; estaría perfectamente justificado convertirlo en deporte olímpico.

En 1971 me alojé por primera vez en el Marbella Club de Alfonso Hohenlohe, a quien la selecta clientela del hotel le otorgaba el título de príncipe Hohenlohe. Por primera vez en mi vida vi un *buffet*. Estaba preparado junto a la piscina con una gran cantidad de fuentes que ofrecían todo tipo de comidas. Me resultaba incomprensible que uno pudiera servirse de todo y repetir las veces que quisiera sin que el precio variara. Muchos años después, cuando mi hijo Daniel comenzó su negocio de hostelería en Aranjuez, lo entendí: lo caro no es la comida, sino el coste de los camareros, que en el *buffet* son muchos menos que en el servicio ordinario de un comedor. En la piscina estaba Gunilla von Bismarck, la celebridad máxima de Marbella en aquellos momentos, y otros famosos de las revistas del corazón.

Conocí también en el Marbella Club al matrimonio neoyorquino Brockman. Se convirtieron en mis clientes. Les asesoré en la compra de un imponente terreno en Marbella de propiedad estatal, la Sierra Blanca y Nogüeles. En la operación estaban asociados unos ricos alemanes residentes en Marbella. Se comentaba que el patriarca había tenido que abandonar Alemania por un delito fiscal, tipo delictivo inexistente entonces en España, por lo que la extradición no era posible.

Intentamos que Sierra Blanca pudiera ser urbanizable. No hubo manera, pasaban los años y seguiría siendo un baldío, hasta que los Brockman, hartos de esperar, se lo vendieron a unos inversores, que ¡oh milagro!, consiguieron poblarlo de chalets en poquísimo tiempo. El urbanismo español era entonces muy propicio a este tipo de milagros, y en alguna medida lo sigue siendo hoy. Fui amigo de los Brockman muchos años; les visitaba en su estupendo piso de la Quinta Avenida cada vez que viajaba a Nueva York; aún les recuerdo con cariño cuando veo en mi salón un conjunto de preciosos grabados japoneses que me regalaron.

Viajé a Finlandia para cerrar un contrato de compra de papel. El comprador era un grupo español al que representaba el exministro Carlos Pérez de Bricio; el vendedor era la papelera propiedad de la familia Myllykoski, buenos clientes míos. El abuelo de los hermanos Myllykoski se había dedicado al comercio de la sal. Con ese motivo viajó con frecuencia a Torrevieja y allí se enamoró de una guapísima alicantina cuya foto estaba en el salón principal de la casa; decidieron huir y casarse. Como en España resultaba prácticamente imposible por la religión luterana del finlandés, se subieron a un barco que recaló en Gibraltar, donde no tuvieron la más leve dificultad en contraer matrimonio; de allí marcharon a Finlandia y vivieron unidos hasta su muerte. Sus nietos, los tres hermanos Myllykoski, a los que yo asesoraba, presumían de su ascendencia española; en el salón tenían encuadernada la colección completa de la revista de toros *Dígame*, que durante muchos años publicó la Editorial Católica.

La casa de los Myllykoski estaba en medio de un gran bosque. En la época de mi viaje solamente había un par de horas al día de luz solar. Al terminar la cena, el mayor de los hermanos nos preguntó qué deporte queríamos practicar, tenis o esquí nórdico. Pérez de Bricio se abstuvo, el abogado finlandés de la familia se inclinó por el esquí y yo por el tenis. Cuando el esquiador bajó de su habitación debidamente equipado, uno de los Myllykoski bajó un interruptor eléctrico de palanca y el bosque empezó a iluminarse con lucecitas en los árboles que marcaban el trayecto; era un largo recorrido por el bosque. El anfitrión aseguró que no había riesgo de lobos. Llegó entonces mi turno. Me facilitaron unas zapatillas adecuadas y una raqueta; supuse que fuera de la casa habría una pista iluminada en alguna parte; pero no, la pista estaba dentro de la casa junto al comedor como un salón más y con una altura de techo suficiente para jugar.

Sudamérica es la parte del mundo a la que siempre me gustó más viajar. Era uno de mis destinos más frecuentes, no como abogado del despacho Garrigues, sino para atender a las cuestiones que se planteaban en nuestra empresa pesquera familiar. Con motivo de la extensión de las aguas territoriales, nuestros barcos tuvieron que abandonar las costas de Sudáfrica y pasar a faenar, primero en las de Argentina y luego en las chilenas. Viajaba con frecuencia a Buenos Aires y hacía escala en Río de Janeiro. Estuve a punto de morir ahogado en Ipanema por culpa de las corrientes que te arrastran hacia fuera sin posibilidad de resistencia. Con el brazo en alto intentaba llamar la atención de Isabel que estaba en la orilla para que avisara a un socorrista, pero ella me devolvía lo que creía que era un saludo. Cuando empezaba a agotarme, una gran ola me salvó empujándome hacia la playa. Nunca me ha gustado bañarme en el mar, con corrientes o sin corrientes. El agua está por lo general fría; las olas son incomodísimas; el agua salada, que inevitablemente trago, no me gusta nada; he estado a punto de naufragar un par de veces. En fin, el mar no es mi hábitat preferido, a pesar de que mi familia ha vivido de él varias generaciones.

Estuve con Isabel en Asunción un 12 de octubre; en la embajada española había una recepción. Me encontré allí con dos jesuitas, el padre Solís y el padre Meliá. Hablé con ellos y resultó que el primero, de una conocida familia de Sevilla, recordaba a mi madre de soltera. No pregunté más detalles. Isabel, sin mi previa conformidad, se ofreció a llevarlos al día siguiente a su misión, en medio de la selva, con el Volkswagen «escarabajo» que habíamos alquilado.

Toda buena acción tiene, invariablemente, su justo castigo. Después de varias horas de conducir por carreteras y senderos perdidos, dudé si seríamos capaces de volver sanos y salvos a la civilización; por no hablar de la ausencia de gasolineras durante el trayecto. Consideré incluso la posibilidad de quedarnos allí como misioneros y contribuir a la labor culturizadora y evangelizadora que ha hecho a España grande entre las grandes naciones. Hoy en día el indigenismo, una de las más estúpidas advocaciones de la progresía, abomina de nuestra labor en Hispanoamérica. Se llega a tal punto de estulticia sectaria, que se considera políticamente incorrecta una de las mejores estrofas del himno nacional, cuya letra, por cierto, es obra de mi abuelo Pemán: *Gloria a la patria que supo seguir sobre el azul del mar el caminar del sol.*

El padre Solís nos tranquilizó asegurando que, antes o después encontraríamos el camino, y que, aunque quedaban tribus sin civilizar, ya no tenían como deporte la reducción de cabezas. Algo era algo. Nos despedimos, demostré ser un explorador nato, y el Volkswagen «escarabajo» resultó el coche más económico del mundo. Después de perderme varias veces llegamos, a punto de anochecer, a la ciudad de Coronel Oviedo, con unos centilitros de gasolina.

Nueva York era un destino habitual. Me alojaba casi siempre en el Plaza, el hotel más animado y divertido de la ciudad. En el bar pedía su famoso «surf and turf», plato combinado de langosta y pollo que no llegaba al nivel de calidad del que en la fiesta de la patrona tomábamos en Cedeira. En España, la combinación de pollo y langosta se llamaba Pollo Costa Brava. En compensación, los huevos Benedictine y el *bloody Mary* del Plaza eran insuperables.

Viví en el Plaza el famoso 11-S. Estaba despierto desde muy temprano, como sucede inexorablemente el primer día después de cruzar el Atlántico, y repasaba la documentación para la reunión del Consejo de la firma que íbamos a celebrar esa tarde. Tenía encendida la televisión con el sonido apagado. En algún momento levanté la vista y vi de reojo en la pantalla cómo el primer avión se estrellaba contra una de las torres gemelas. Di por supuesto que se trataría de alguna película y no le presté más atención.

Mientras trabajaba, recibí la llamada del presidente de una importante inmobiliaria española con el que había coincidido en el vuelo. Con un tono de gran angustia me dijo que había perdido su ropa y su dinero en un hotel cercano a las torres y que necesitaba ayuda; a cada instante repetía como una salmodia «pero estoy vivo, estoy vivo». Me alarmé porque se trataba de una persona seria y respetable; traté de tranquilizarle diciéndole que le acompañaría a comprar la ropa que necesitase y que si le hacía falta dinero con gusto se lo facilitaría; pero él me interrumpía una y otra vez repitiendo «estoy vivo, estoy vivo» y me colgó. No supe qué le pasaba.

A los pocos minutos volvió a sonar el teléfono; era Isabel, mi mujer, y, también, con tono de angustia, me preguntó si estaba lejos de las torres gemelas, y si estaba a salvo y bien. Le contesté que sí. Entonces me informó de los aviones estrellados contra las torres. Comprendí que la imagen que había visto de reojo en la tele no era una película, sino una escena real. Me puse a zapear de emisora en emisora; todas ofrecían una y otra vez imágenes de los dos choques y del derrumbamiento de las torres. Me vestí y bajé al vestíbulo que estaba lleno de gente. Salí a la calle con el propósito de tomar un taxi y acudir a lo que luego se conoció como «*ground zero*». Imposible, no había taxis.

Anduve hacia el sur contemplando el espectáculo inédito de una Quinta Avenida totalmente desierta y con cazas militares sobrevolando a muy baja altura. Al llegar a las proximidades de la zona cero, aquello era un caos de bomberos, policías y gentes corriendo. Decidí volver al hotel y por el camino me encontré con puestos de donación de sangre. Me situé en la cola de uno de ellos, pero la abandoné enseguida, porque pensé que si decía que tomaba medicamentos cuyo nombre no recordaba, sería rechazado como donante. En lo que atañe a mi medicación diaria, como en otras muchas cosas, dependo al cien por cien de Isabel. De nuevo en el hotel me puse en contacto con nuestra oficina donde me informaron que estaban investigando si alguien de nuestro personal se encontraba trabajando en las torres, porque era el domicilio de muchos clientes. Por desgracia murió la hija de José Luis San Pío, uno de nuestros abogados residentes en Nueva York.

La reunión del consejo no se suspendió y se celebró por la tarde, según lo previsto. Al día siguiente mi prioridad se convirtió en conseguir volver a Madrid. A los aviones que venían a Nueva York desde Europa se les había hecho descender en Terranova y era imposible encontrar vuelo de vuelta. Hubo quien tardó más de una semana en lograr volver. Pero allí estaba mi amigo Manuel Melgar, con el que había coincidido en el viaje de ida. No sé cómo, pero consiguió dos billetes en un avión con trayecto desde Filadelfia a Hamburgo con escala en Madrid. Alquilamos un coche para ir a Filadelfia y dos días después del desastre ya estábamos en casa. Me atrevo a asegurar que fuimos los primeros españoles en regresar. Desde entonces trato de convencer inútilmente a Manolo Melgar que abandone cualquier otra actividad y abra una agencia de viajes especializada en evacuaciones urgentes para casos de desastre.

De Nueva York guardo otros muchos recuerdos, por fortuna no trágicos, como el 11-S, que tantas cosas —para mal— cambió en el mundo. Cuando he conocido de verdad, la ciudad ha sido viendo las películas de Woody Allen. Lo que Carlos III es a Madrid o el Barón Haussmann a París, lo es Woody Allen a Nueva York; con una diferencia: Carlos III y Haussmann son autores de la epidermis, de lo visible de la ciudad, pero Allen es el alma de Nueva York. De la misma manera que es mucho más auténtico un pub londinense descrito por Dickens que cualquiera que, hoy día, visite uno para tomarse una cerveza, la realidad de Nueva York, mucho más que lo que uno ve, es lo que refleja Woody Allen en sus películas. En alguno de mis viajes tuve el placer de escuchar a Allen, tocar el clarinete; en el Michaels pub y pude darle la mano. Más tarde pasó a tocar en el Carlyle y volví a oírle.

En un paso de peatones en Nueva York viví una anécdota que es expresiva de la cercanía que demuestran los americanos; están, para su suerte, liberados de las mil y una normas y condicionamientos que agobian la vida ordinaria de un ciudadano de la vieja Europa. Era invierno y yo esperaba que el semáforo permitiera cruzar la calle. Un señor bien vestido miró mi gorra —una clásica gorra inglesa de cuadritos— y me dijo: es una gorra muy bonita, aquí no se encuentran en las tiendas. ¿Dónde la compró usted? Le contesté que, aunque la gorra era inglesa, la había comprado en Madrid. Se sorprendió y medio segundo después echando mano a su cartera me preguntó cuánto quería por la gorra. Le dije que hacía mucho frío y que no se la vendería por nada. Entonces me propuso cambiármela por su sombrero; a mí me pareció bastante mejor que la gorra, y también me protegería del frío neoyorkino. Acepté el trato, intercambiamos gorra y sombrero, nos dimos la mano y seguimos cada uno por nuestro camino. Esas cosas solo suceden en Nueva York.

Durante la guerra de las Malvinas había problemas para entrar en Inglaterra si en el pasaporte figuraba alguna entrada reciente en Argentina. Era mi caso. Una vez me metieron en una habitación y, después de varias horas, apareció un caballero que me interrogó largamente para asegurarse de que no era un espía. Como yo viajaba con frecuencia a Argentina, empecé a usar dos pasaportes; el antiguo lo conservé para ir exclusivamente a Argentina, y el nuevo para el resto del mundo.

En un viaje a Nueva York me equivoqué y tomé el nuevo pasaporte, sin caer que el visado para Estados Unidos estaba en el antiguo. La señorita del mostrador en Barajas, me dijo que, sintiéndolo mucho, no podía darme la tarjeta de embarque. Su vecino de pupitre la oyó, me miró con simpatía y me indicó que podía resolver el problema si sacaba un billete de ida y vuelta desde Nueva York a algún sitio en Canadá. En ese caso las autoridades norteamericanas me permitirían estar dos días en Estados Unidos sin visado. No tenía otro remedio que creerle porque quedaba media hora para despegar el avión, así que saqué un billete ida y vuelta Nueva York-Montreal. Era un acto de fe en aquel amable empleado de Iberia. Volví al mostrador, me expidió sonriente la tarjeta de embarque, miré con odio a su compañera de pupitre, y embarqué. Al llegar a Nueva York mostré el billete a Montreal y no tuve el menor problema. De ese truco no había oído hablar nunca, pero funcionaba.

Me arrepiento de no haber contratado a aquel empleado de Iberia como asesor para resolver conflictos necesitados de una urgente decisión, que tantas veces se les presentan a los abogados.

LOS RIESGOS DE SER ABOGADO EN ESTADOS UNIDOS

Padecía desde mi juventud cólicos debidos a divertículos en mis intestinos. A veces los cólicos eran muy dolorosos. En un viaje a Nueva York consideré que podía ser una oportunidad consultar con un buen especialista americano. Pedí información al abogado de una gran empresa de productos médicos a la que estaba asesorando y me consiguió que esa misma tarde me recibiera un prestigioso médico del New York Hospital. Cambié mi vuelo de vuelta para el día siguiente. La consulta duró unos pocos minutos. El médico me ratificó lo que ya me habían dicho varias veces en España: no había otra solución que un régimen de comidas muy estricto, o bien operarme. Al salir de la consulta rellené una ficha con nombre, nacionalidad, teléfono, profesión y domicilio en Nueva York, que señalé en el Plaza.

Al día siguiente, estaba dando cuenta de un magnífico desayuno americano, con huevos, salchichas etc. cuando recibí una llamada del New York Hospital. Sin darme más explicaciones me citaban urgentemente, esa misma mañana, en la consulta del médico que me había visto el día anterior. Fui al hospital sorprendido por una llamada tan extraña. Me recibió una enfermera y me dijo que era necesario hacerme una colonoscopia. Pedí hablar con el médico, pero no podía atenderme en ese momento. Una colonoscopia después de un copioso desayuno americano no es razonable, pero la enfermera no atendió a mis argumentos. Me la hicieron y vi las estrellas; en aquella época el tubito era bastante más gordo que los que hoy se utilizan, y además no se sedaba a la víctima como ahora se hace.

A los dos días, ya en Madrid, recibí una llamada del hospital, me dijeron que habían descubierto unos pólipos, y me aconsejaban que me repitiera una colonoscopia en condiciones cuanto antes. Localicé al hijo de mis buenos amigos los Brockman, que era médico, y le pedí que tratara de averiguar algo más. Se sorprendió de que me hubieran notificado por teléfono el resultado. A los dos días me llamó: el análisis de los pólipos no reflejaba malignidad, y me explicó el porqué de una conducta tan extraña por parte del hospital: en la ficha que rellené había indicado que mi profesión era abogado. Saltaron entonces las alarmas, porque el médico me había despachado en una visita de pocos minutos, y decidieron cubrirse de una posible demanda por negligencia profesional.

En aquellos tiempos, ese tipo de demandas era el pan nuestro de cada día en los Estados Unidos. En España se trataba de algo muy poco usual, si bien la cosa fue cambiando poco a poco.

IX. EL CONTRATO DE LA SERVILLETA, RUMASA, RODRÍGUEZ DE LA FUENTE Y OTROS CASOS

Llegado al punto de contar los casos en los que intervine como abogado del bufete J&A Garrigues se cierne sobre el lector una doble amenaza: en primer lugar, que me empeñe en contar una lista interminable de asuntos, y, en segundo lugar, que lo haga con todo tipo de detalles para poner de manifiesto mi pericia profesional. Me enfrento decidido a la cuestión y acometo la tarea con un doble compromiso: limitaré al máximo la lista de los casos profesionales a los que me voy a referir y seré exquisitamente breve en la narración. Ambas cosas las garantizo con juramento indecisorio. El juramento indecisorio es una deliciosa sutileza jurídica, de gran tradición procesal en nuestro país: si una de las partes del pleito declara en la prueba de confesión judicial bajo este tipo de juramento, lo que declare solo tiene valor en aquello que le perjudique, pero no se tiene en cuenta en lo que le beneficie; a cambio, la falsedad en la declaración no constituye un delito de perjurio.

Un buen amigo y compañero de universidad, Javier Jiménez Ugarte, me regaló las memorias del abogado de Onassis. Las leí y comprendí que hay margen para poder contar muchos asuntos sin poner en riesgo el principal mandamiento de la ética a la que está sujeto un abogado: el deber de secreto profesional. Al padre de Javier Jiménez Ugarte, piloto militar, se le conocía como «el Palomo» y era especialista en aterrizajes nocturnos. Formó parte durante la guerra civil de la célebre escuadrilla de García Morato en la que también volaron Álvaro Domecq el rejoneador, Pichichi Gutiérrez Soto, el arquitecto de moda en Madrid durante muchos años, y José María

Ripollés que hubiese sido mi suegro de no haber muerto en un accidente con su avión, mucho antes de mi boda. Jiménez Ugarte fue el piloto designado para llevar a mi abuelo por los frentes de batalla para arengar a las tropas durante la guerra civil.

Amparado en el antecedente del abogado de Onassis, haré un esfuerzo para recordar alguno de los asuntos interesantes en los que intervine como abogado. Por mi pérdida de memoria, el esfuerzo tendrá que ser grande, y ya he entrado en una edad en la que los esfuerzos de cualquier tipo deben de ser los mínimos.

MIS DOS PRIMEROS CASOS

Hoy en día, no se concibe una buena formación como abogado si no viene precedida de unas prácticas en un bufete; los estudiantes las realizan durante sus periodos de vacaciones, o bien al terminar la carrera. Ese requerimiento no se exigía cuando yo comencé a ejercer; J&A Garrigues no era excepción; se daban por supuestos los conocimientos necesarios para llevar un asunto profesional desde el primer día.

A los quince minutos de estar sentado en mi modesto cubículo, apareció uno de mis nuevos colegas, Antonio Barragán. Me preguntó si sabía algo de la legislación en materia de inversiones extranjeras en España. Le contesté que nada de nada. Me entregó un folletito editado por un banco, me dijo que allí estaba todo lo que había que saber, que lo leyera rápidamente, y que subiera a su despacho para atender la llamada de un posible nuevo cliente: quería información sobre los requisitos que debía cumplir para una inversión en España; la llamada se iba a producir en media hora y él, se disculpó, no hablaba muy bien inglés.

Leí el folletito en pocos minutos y subí al despacho de mi colega. Me preocupaba la conversación telefónica por el posible uso de tecnicismos legales cuya traducción al inglés yo desconociera. Me armé de valor. La fortuna, que siempre ayuda a los audaces, no me decepcionó. El teléfono sonó a la hora prevista, mi compañero lo descolgó y me lo pasó directamente. Con gran serenidad dije «*good afternoon*», pero al otro lado de la línea me contestaron en español con acento venezolano: «Buenos días. Soy Juan Rodrigo Ramírez, el *legal counsel* de... (dijo el nombre de la compañía, una gran multinacional farmacéutica). ¿Con quién tengo el gusto de hablar?» Hechas las presentaciones, me hizo una serie de preguntas que se contestaban con claridad en el folletito de inversiones extranjeras que me había facilitado mi compañero. Salí airoso del trance y comprendí que el ejercicio profesional no tendría secretos para mí.

Lleno de entusiasmo y osadía afronté esa misma mañana un caso bastante más complicado. Guillermo Senén, mi profesor de prácticas de mercantil en la facultad, y a quien debía mi entrada en el bufete, me pidió que fuese a su despacho. A diferencia del mío, era amplio y con un luminoso ventanal dando a la calle de Antonio Maura. Guillermo me hizo entrega de la carpeta amarilla que archivaba los documentos correspondientes a Don César Calleja Morante. Se trataba de un cliente muy antiguo del despacho, a quien yo debía asesorar en un asunto. El primer documento de la carpeta era una carta en la que Don César formulaba su consulta de forma muy detallada.

Don César era propietario de varios cines en la zona de Cuatro Caminos, de los que yo nunca había oído hablar. Los cines de barrio eran muy populares en aquella época y solían proyectar películas españolas antiguas que no se ofrecían en los lujosos cines de la Gran Vía; tenían un enorme éxito. Los cines del señor Calleja Morante le proporcionaban importantes beneficios.

La consulta se refería a la explotación de los ambigús de los cines. En la carpeta amarilla se encontraban los contratos de arrendamiento de los ambigús. Yo nunca había oído antes la palabra ambigú, pero comprendí de inmediato que se trataba del bar del cine. Hoy en día los cines no tienen ambigú y la razón es que ya no hay NO-DO. Los lectores más viejos recordarán el NO-DO; era un noticiario oficial que se proyectaba antes de la película, en el que se daba cuenta de los principales acontecimientos sucedidos fuera y dentro de España: imágenes de un partido de fútbol importante, de una corrida de toros, y, sobre todo, de las actividades de su excelencia el jefe del Estado, es decir, de Franco, acompañado la más de las veces de su esposa Doña Carmen.

El locutor hacía énfasis en el tratamiento de «su excelencia». Las actividades consistían en la inauguración de un pantano o de alguna otra obra pública. El NO-DO comenzaba con los acordes de una marcha marcial mientras en la pantalla aparecía el lema «El mundo entero al alcance de todos los españoles»; seguía una imagen de Franco en su uniforme de generalísimo, con todas sus condecoraciones. En ausencia de la televisión, que en España era muy minoritaria aun, el NO-DO cumplía la función de telediario oficial. Bajo los gobiernos actuales, sobre todo los socialistas, lo más parecido al NO-DO de entonces es el *Telediario* de Televisión Española. El NO-DO era lo mismo, pero sin camuflaje de la propaganda y del halago al presidente del gobierno.

La obligatoria proyección del NO-DO tenía algunas ventajas: permitía llegar tarde al cine, esa era la principal; además, entre su proyección y la de la película había un breve descanso durante el que los espectadores podían salir a tomar algo en el ambigú y a visitar los servicios. Hoy día los cines han sustituido el NO-DO por anuncios de electrodomésticos y de coches, o por avances de las próximas cintas que se van a exhibir; sin descanso intermedio se pasa a la proyección de la película. Los espectadores no tienen ya la opción de tomar algo en los ambigús, que, lógicamente, han desaparecido, sustituidos por el consumo de palomitas de maíz durante la proyección de la película. No se ha resuelto el problema de las urgencias mingitorias, solucionadas antes durante el intermedio; los prostáticos están obligados a salir a los servicios durante la proyección de la película, con las consiguientes molestias para los propios prostáticos y para sus vecinos de asiento.

Llamé a Don César y le cité para el día siguiente. Llegó puntualmente a la hora convenida. Era muy mayor y delgado. Llevaba un viejo abrigo marrón de cuadritos que con los años se le había quedado grande. Insistió en no quitarse «el gabán», se sentó al otro lado de mi pequeña mesa de despacho, me miró y se sorprendió de mi uniforme de alférez; yo lo llevaba durante los primeros meses de mi estancia en el bufete mientras hacía mis prácticas de las milicias universitarias.

Me preguntó si no sería yo demasiado joven para atenderle. Le respondí con sequedad que no era esa la opinión de su admirado Guillermo Senén, que me había encomendado el asunto. Debió de parecerle suficiente garantía de mi capacidad, porque pasó a exponerme su problema, que era el siguiente: en los ambigús de sus cines se vendían pipas, y con las cáscaras, que se tiraban al suelo, las salas quedaban hechas un asco después de cada proyección. Como había tres sesiones diarias, estaba obligado a mantener un servicio de limpieza, muy costoso, para que el cine quedase inmaculado antes de cada sesión; en esa limpieza radicaba, en gran parte, el éxito de sus salas frente a otros cines próximos.

Quería saber si tenía motivo suficiente para rescindir los contratos vigentes con el explotador de los ambigús como suministrador de las pipas. Nos despedimos y quedé en darle mi opinión por escrito en unos días.

En J&A Garrigues los informes, contratos y cartas no se escribían a mano, se dictaban directamente a la secretaria; todas ellas eran excelentes taquígrafas. Don Joaquín no era una excepción y dictaba sus libros y sus artículos a su secretario, trabajo que, hasta poco tiempo antes de entrar yo en el despacho, había ejercido el padre de Luis Díez Picazo, uno de los mejores civilistas que hemos tenido en España. Dictar a una taquígrafa es una técnica que se aprende con la práctica. Uno no ve lo que la secretaria escribe y eso conduce a repeticiones de palabras y de frases, a párrafos demasiado largos, y a mala puntuación. Yo tardé bastante en aprender la técnica del dictado. Al cabo de un año, a mi secretaria Teresa la sustituyó Rosi, acompañada al poco tiempo por María Antonia. Estuvieron conmigo hasta mi jubilación y me advertían durante el dictado de los errores de redacción. Fueron para mí una ayuda esencial durante los muchos años que pasé en J&A Garrigues.

Mi dictamen para el señor Calleja lo tuvo que mecanografiar mi secretaria un par de veces. Siguiendo la costumbre, comenzaba con un primer capítulo de «consideraciones preliminares». Servía para aumentar las páginas, mostrar la profundidad de los conocimientos del autor, y justificar una minuta de honorarios elevada. No era una práctica muy honorable. Los abogados anglosajones, por el contrario, buscan siempre la concisión: se citaba el caso de un célebre *solicitor* al que su cliente le había pedido opinión sobre si tenía o no derecho en una disputa que mantenía con un vecino; el *solicitor* emitió un dictamen de solamente tres palabras: «*do not litigate*», esto es, «no vaya usted a juicio».

Pasé a razonar como los contratos de explotación de los ambigús establecían con claridad que su objeto era prestar un servicio de bebidas y comidas en el propio ambigú, cuya localización se situaba en un planito anexo al contrato. Quedaba excluida, por tanto, la venta de comida y bebida para consumir fuera del ámbito señalado en el planito. Las pipas eran comida para llevar, y, en consecuencia, su venta debía considerarse excluida de la actividad permitida. Si el arrendatario del ambigú, una vez requerido, no dejaba de suministrar pipas, habría justificación para cancelar los contratos. Adjunté como anexo del dictamen un texto de requerimiento notarial notificando la rescisión del contrato.

Mi doctrina era discutible, pero Don César se quedó encantado con mi dictamen y le comunicó a Guillermo Senén su satisfacción de cómo le había atendido. Siguió mi consejo, pero el arrendatario de los ambigús le mandó literalmente a hacer puñetas en una desagradable conversación telefónica. Preparé entonces una demanda de conciliación previa a la de cancelación de los contratos de arrendamiento. Se celebró el acto de conciliación sin resultado y me puse a preparar la demanda principal. En esas estaba, cuando apareció un inversor inmobiliario que le ofreció al señor Calleja una importante cantidad para convertir los cines en edificios de pisos. El comprador se hacía cargo de indemnizar al arrendatario de los ambigús.

Esa Navidad recibí una inmensa culebra del mejor mazapán de Toledo, acompañada de frutas de Aragón caramelizadas, que me envió Don César. Lo repitió los años siguientes; la serpiente de mazapán se convertía en nuestro postre navideño durante muchas semanas. Un año, el mazapán vino acompañado de una carta orlada de negro en la que el hijo de Don César me comunicaba el fallecimiento de su padre.

Aún hoy, cuando como una figurita de mazapán, recuerdo a Don César con su viejo abrigo marrón entrando en mi primer despacho, en el modesto cuartito del tercer piso de Antonio Maura, 16.

El mazapán es, desde entonces, mi magdalena proustiana.

EL CONTRATO DE LA SERVILLETA

Mi gran amigo Manolo Melgar era el consejero delegado de una importante cementera. Me pidió asesoramiento en relación con la posible la compra de la filial española de una cementera francesa. Le acompañé a París para entrevistarnos con los propietarios y cenamos con ellos. Manuel negoció durante la cena con el representante de los vendedores, y, a los postres, la operación estaba hecha... Salvo el «pequeño detalle» del precio a pagar por acción. Manuel tomó su elegante servilleta de hilo, la dobló cuidadosamente, escribió un número con su bolígrafo y se la pasó al francés; este, puso cara de ofendido, escribió otro número debajo, y le devolvió la servilleta a Manuel; se repitió la operación otras dos veces. A la tercera fue la vencida.

El importe finalmente acordado fue rodeado con un círculo, junto al cual Manuel y el francés garabatearon sus firmas. Se levantaron y se estrecharon las manos con gran solemnidad. Se acababa de documentar un acuerdo de muchos millones de pesetas en una servilleta de hilo. Jamás se había puesto en práctica con tanta originalidad el principio de libertad de formas que en materia contractual rige desde hace siglos en nuestro derecho, así como en el francés. Brindamos, nos despedimos, y acordamos que al día siguiente se cruzarían unas cartas formales con el acuerdo alcanzado.

A primera hora del día siguiente volamos de vuelta a Madrid. Ya en el avión, tomé unas notas para la redacción de una carta-contrato formal, que, nada más llegar al despacho, dicté a mi secretaria. Como manda la más elemental cortesía profesional, envié el borrador a mi colega francés por si quería modificar algún detalle. Pasaban las horas y mi colega no llamaba; le telefoneé, pero no se ponía al teléfono. Melgar me llamó antes del mediodía y me dio la noticia de que los franceses habían cerrado la venta con unos competidores suizos que mejoraban ligeramente el precio acordado con nosotros el día anterior. Nos consolamos recíprocamente: era imposible haber hecho más de lo que habíamos hecho, la conducta de los franceses era inimaginable, etc.

Todo eso estaba muy bien, pero el problema consistía en hacer valer en los tribunales nuestro derecho, contando con una servilleta garabateada como toda base documental. Me reuní en el despacho con mi colega Fernando Pantaleón, catedrático de derecho civil, y, sin lugar a duda, el litigador más brillante que yo he conocido jamás. Le conté la historia con los matices necesarios para que se sintiese ganador desde el principio. Los buenos litigadores son como los lobos, y una vez que huelen la sangre no descansan hasta la derrota del contrario.

Pero llegamos al punto que yo había estado retrasando intencionadamente para que el lobo no perdiese interés en la presa: el cómo habíamos documentado el contrato. Me lo pidió y le dije, como el que no quiere la cosa, que inmediatamente le enviaría la servilleta. Me preguntó alarmado qué era eso de la servilleta. Le expliqué con todo detalle la historia. Fernando hizo esfuerzos para no estrangularme allí mismo, pero, además de gran abogado, era excelente persona, y se hizo cargo de la situación. Se calmó y se comprometió a tener preparada antes de dos días una petición de medidas cautelares, suspendiendo la compra por el nuevo comprador.

Cumplió su compromiso con un escrito magnífico, de fondo y de forma. Fernando era y sigue siendo de una brillantez insuperable. El juez denegó las medidas cautelares en un auto cuya argumentación, sin embargo, permitía ser optimista respecto del pleito principal. Venía a decir que la ejecución de un contrato tan importante no se podía interrumpir cautelarmente por una servilleta y que la cuestión requería de los trámites y de la serenidad de un pleito.

Nuestro cliente decidió no entablarlo. Era una decisión comprensible, pero todavía hoy lo sigo lamentado.

LA INTERNACIONALIZACIÓN DE TELEFÓNICA

El impulsor de la internacionalización de Telefónica fue Luis Solana y su ejecutor Javier Monzón. Conocí a este último cuando trabajaba en Caja Madrid. Estaba en el departamento de créditos y sus informes eran precisos, siempre con un análisis inteligente de los datos. En una ocasión se propuso la concesión de un crédito de cierta importancia que a primera vista ofrecía dudas. Le llamé para pedirle algunas aclaraciones. Era muy joven, me impresionó, y en la comisión se aprobó el crédito.

En 1982 Felipe González ganó las elecciones y Luis Solana fue designado presidente de Telefónica; su primera decisión fue sustituir al director financiero de la compañía. Llamó a Antonio Garrigues para pedirle una reunión y recibir recomendación de posibles candidatos al puesto. Asistí a la reunión. Luis Solana vino con playeras; nunca entendí por qué la imagen de progreso que los socialistas querían dar se identificaba con algo tan superficial como llevar playeras en una entrevista de negocios. En la reunión hablé de Javier Monzón, el joven funcionario de Caja Madrid que tanto me había impresionado. A las pocas semanas, Javier Monzón se convirtió en el director financiero de Telefónica más joven de la historia. Una de sus primeras tareas fue llevar a cabo un plan de internalización de la compañía.

Telefónica fue la primera sociedad española en cotizar sus acciones en las bolsas de Nueva York y de Londres, operaciones en las que yo intervine para buscar fórmulas jurídicas que permitiesen esquivar las decimonónicas reglas que seguían vigentes en España desde nuestro primer Código de Comercio de 1829. Al comenzar la década de los ochenta, nuestra Bolsa se acercaba a la de los tiempos del marqués de Salamanca. Todas las transacciones sobre acciones debían de pasar obligatoriamente a través de un agente de Cambio y Bolsa. Tuvimos que emplear un camino lleno de recovecos para que Telefónica pudiese cotizar en la Bolsa de Nueva York, donde, obviamente, no operaban los Agentes de Cambio y Bolsa españoles.

Hubo que inventar una póliza —«polizía» la denominaban los abogados de la bolsa de Nueva York— mediante la que un gran número de acciones se depositaba en un banco americano; este emitía a su vez unos títulos —*depositary shares*— con el respaldo de las acciones de Telefónica incluidas en la «polizía». Las *depositary shares* pasaban a ser cotizadas en la bolsa neoyorquina. La comisión que había que pagar por la intervención de un Agente de Cambio y Bolsa por la «polizía» era disparatada. Se negoció un acuerdo en virtud del cual no la autorizaría ningún Agente en particular, sino la propia sindicatura de la Bolsa, que aceptó aplicar un gran descuento. A pesar de ello, el importe siguió siendo disparatado. Creo honradamente que mi trabajo profesional fue creativo y eficaz. La fórmula se fue perfeccionando en las sucesivas admisiones a cotización de las acciones de Telefónica en las Bolsas de Tokio y de Londres, que pronto siguieron a Nueva York. Otras compañías españolas usaron el mismo camino para internacionalizar la cotización de sus acciones. La primera de ellas fue el Banco Central.

Con la internalización de Telefónica, Javier Monzón alcanzó fama de gran ejecutivo. El gobierno le encargó gestionar la creación de una gran compañía de tecnología a partir de la fusión de las principales sociedades del sector en España. De ahí surgió Indra, cuyo Consejo de Administración presidió Javier y del que yo fui muchos años, primero secretario letrado y luego vicepresidente.

RUMASA

Durante la dictadura, los pocos escándalos económicos que se hacían públicos tenían lugar habitualmente en el mundo inmobiliario. Con el tiempo los focos se centraron en el hasta entonces exclusivo club de las finanzas. Esto nos acercó al mundo desarrollado.

Nuestros bancos seguían siendo pequeños, y si hay un negocio en el que el tamaño no solo es importante, sino que es lo único importante, ese es el negocio bancario. La banca ha acumulado poca ciencia desde los prestamistas más antiguos de la historia. Endeudarse y prestar a un tipo de interés más alto que el banco paga a sus depositantes no requiere gran sabiduría, aunque no deja también de ser cierto que, a medida que el tamaño del negocio aumenta, lo hacen también los riesgos; no es tarea fácil saber analizar y predecir el futuro de los negocios del prestatario, y, cuando el banco se equivoca, las consecuencias son graves, porque el dinero prestado solo es propiedad del banco en una muy pequeña parte; el resto procede de los fondos depositados por su clientela.

La crisis de un banco genera males muy superiores a las de una empresa cualquiera. Cuando la crisis afecta a todo el sistema financiero se origina un crack en el país. En la España de la democracia hubo bastantes casos de crisis de bancos, que generaron desconfianza en nuestro sistema financiero. Como abogado que llevaba estos asuntos en el bufete, estuve presente en casi todas estas crisis.

La primera de importancia en el tiempo, fue sin duda la del grupo Rumasa, que se había convertido en propietario de un gran número de bancos de mediano y pequeño tamaño. Nuestro despacho intervino en la compra de uno de ellos; con esa excepción, J&A Garrigues no había tenido antes, como cliente, ni a Rumasa ni a ninguna de las compañías de su grupo. Con los bancos comprados, Ruiz Mateos financió un gran grupo de empresas comerciales e industriales que sufrieron los efectos —tardíos en España— de la crisis del petróleo de 1974 que afectó a todo el sistema económico mundial. El gobierno socialista de Felipe González se encontró ante un problema muy preocupante por la situación del grupo bancario de Rumasa. Sus bancos eran los principales prestamistas de las empresas del grupo que, lógicamente, habían sufrido la crisis general de 1974. El gran número de bancos que controlaba Rumasa y su dispersión por todo el país aumentaban la preocupación.

El principal escollo al que se enfrentaban el glamuroso ministro de economía Miguel Boyer y su amigo Mariano Rubio, subgobernador del Banco de España, era tener un conocimiento exacto de la situación de los bancos de Rumasa. Ante la imposibilidad de que el Banco de España pudiese llevar a cabo en un corto espacio de tiempo la inspección de un grupo tan amplio, con la profundidad necesaria, el gobierno exigió una auditoría que fue encomendada a Arthur Andersen.

Manuel Soto, socio director de la firma auditora, fue citado por el subgobernador del Banco de España, Mariano Rubio. En mi condición de abogado de los auditores le acompañé a la entrevista. Rubio le conminó a que de inmediato facilitase al Banco de España las auditorías de Rumasa, y Manuel se mantuvo firme en la negativa, ante la imposibilidad de romper el secreto profesional al que estaba obligado. La reunión terminó como el rosario de la aurora.

Un par de días después visité a Javier Solana en su despacho del Ministerio. Salió a relucir el tema de Rumasa y Javier me dejó claro que el nuevo gobierno socialista no tenía el propósito de empezar su mandato perdiendo autoridad frente a ningún grupo económico por importante que este fuese. Entendí el mensaje. En nuestra entrevista de un par de días antes, Mariano Rubio ya había lanzado amenazas de duras medidas, pero en ningún momento las había concretado. Tampoco lo hizo Solana en mi reunión con él. Lo lógico era pensar en una intervención de los bancos por el Fondo de Garantía de Depósitos, pero eso era una solución incompleta porque Rumasa era un grupo que tenía más de doscientas cincuenta sociedades conocidas, y la sospecha de bastantes más, desconocidas, muchas de ellas situadas en el extranjero fuera del control de las autoridades españolas; a este grupo de sociedades se le conocía en la prensa como «la Rumasa sumergida».

El gobierno dio un ultimátum a Rumasa para la presentación de las auditorías. Se convocó una reunión en el despacho de José María Ruiz Mateos, a la que asistí junto a Manuel Soto. Al llegar fuimos informados de que Matías Cortés, abogado de Rumasa, había tenido que viajar al extranjero y asistiría a la reunión por teléfono. Me sorprendió. Matías Cortés saludó desde el otro lado de la línea, pidió la opinión de Manuel Soto, y este me cedió la palabra. Expuse mi convencimiento de que el gobierno actuaría duramente y que intervendría todo el grupo si no se presentaban las auditorias; recordé que la legislación de postguerra, concretamente, un olvidado decreto de guerra de 1939, permitía la incautación de empresas y seguía vigente. Añadí que frente a hechos consumados, una decisión favorable a Rumasa en los tribunales tardaría mucho en llegar y el daño de la incautación sería irreversible; por el contrario, si se entregaban las auditorías, el gobierno salvaría la cara, y cabría la posibilidad de negociar alguna salida menos traumática para el grupo.

Salimos de la reunión, y José María Ruiz Mateos, junto con los restantes ejecutivos del grupo de Rumasa, se quedaron en la habitación para hablar con Matías Cortés sin nuestra presencia. No conozco el detalle de la conversación, pero, evidentemente, mi consejo no fue aceptado, y, con el de Matías Cortés, Rumasa decidió mantenerse firme y no entregar las auditorías al Banco de España.

La respuesta la dio el gobierno al día siguiente, 24 de febrero de 1983, en el *Boletín Oficial del Estado* con el «Real Decreto-Ley de 23 de febrero, de expropiación, por razones de utilidad pública e interés social, de los Bancos y otras Sociedades que componen el grupo Rumasa, S. A.». Tras una breve exposición de los hechos, el Gobierno declaraba de utilidad pública la expropiación de las más de doscientas cincuenta compañías del grupo Rumasa, que aparecían en una lista por orden alfabético como apéndice del real decreto ley.

La historia de aquella expropiación, las aventuras de Ruiz Mateos vestido de Superman pegándole al ministro Boyer un coscorrón durante una rueda de prensa, mientras gritaba «que te pego, leche», su encarcelamiento, al que siguió luego el de varios de sus hijos, y, finalmente, los escándalos en el proceso de la «reprivatización» por el gobierno socialista de las compañías expropiadas, forman parte de la agitada vida política de aquellos años y han sido objeto de numerosos libros. Hoy es historia pasada.

En aquellos tiempos, el que le echaba un pulso al gobierno de Felipe González lo perdía. No fue el único.

IBERCORP Y LOS *HAPPY FEW*

Los periodistas Jesús Cacho y Casimiro García Abadillo destaparon el asunto Ibercorp en una serie de artículos publicados en el diario *El Mundo.* Más tarde escribieron un libro con todos los detalles del escándalo. En síntesis, se acusó a los gestores de Ibercorp de información privilegiada, de la recompra de acciones de la sociedad a determinados accionistas, aplicándoles condiciones favorables, y de haber ocultado la información de estas recompras a la CNMV.

Los gestores de Ibercorp eran dos personajes importantes en el mundo financiero de aquellos tiempos: Manuel de la Concha, síndico de la Bolsa de Madrid, y Jaime Soto Domecq, ex-consejero delegado del Banco Hispano Americano. El libro de Cacho y García Abadillo es revelador del ambiente que se vivía en el mundo financiero de España en aquellos años, dominado por lo que se conocía como la *beautiful people,* el grupo de los *happy few* de la nueva España democrática, una singular élite de la vida social y de los negocios. Eran, en cierta forma, una especie de nobleza del dinero que había desplazado a la de siempre de su posición. En la historia, siempre hay un grupo de *happy few* que ocupa una posición de privilegio en los países; esta posición nunca se queda vacante; varían sus componentes, pero siempre hay quien la ocupa.

De una manera o de otra, al margen de titulaciones, cargos, o fortunas, siempre ha habido un grupo de *happy few* shakespeariano en la cima de la sociedad.

> *We few, we happy few, we band of brothers.*
> *For he to-day that sheds his blood with me*
> *Shall be my brother; be he ne'er so vile...*

España no era una excepción. Nosotros teníamos un notable grupo de *happy few,* la llamada gente guapa, o, más habitualmente, la *beautiful people,* protagonista en aquellos tiempos de noticias en los periódicos.

Durante la dictadura, habíamos pasado, de la miseria anterior a la guerra civil, a una situación que permitía soñar con el desarrollo preciso para poder integrarnos en la Unión Europea, el Mercado Común Europeo, según la denominación de entonces: ese era el objetivo y el sueño de los españoles desde los últimos años de la dictadura y continuó siéndolo dieciséis años más. La muerte de Franco y la transición a la democracia permitieron que España cumpliera el requisito previo, *sine qua non,* para entrar en el selecto club europeo: ser una democracia. Una vez cumplido el trámite, la cuestión fundamental era superar las brechas que aún nos separaban de los países de la Unión; no era solamente el tamaño de nuestra economía, sino su estructura. La española era una economía en la que la participación del Estado era importante en las grandes empresas, con un monopolio en muchos sectores básicos. El turismo y la emigración facilitaron un crecimiento de la economía que permitió ver con optimismo nuestra integración en Europa.

El negocio bancario estaba cerrado a la entrada de nuevos competidores, lo que impedía su modernización. En el mundo europeo de la banca jugábamos en tercera regional de una región modesta. Bancos y cajas de ahorros seguían concentrados en la actividad tradicional de depósito y préstamo, ignorando las nuevas formas de financiación que ya se practicaban en los países de economías desarrolladas. No había una banca de inversiones, esencial para el crecimiento. El hueco lo ocuparon los *investment banks* extranjeros, sobre todo ingleses y americanos. Los beneficios de los *investment banks* eran cada vez más cuantiosos. Trabajar en un *investment bank* se convirtió en la meta dorada de los jóvenes españoles. Los grandes bancos tradicionales, confortados con su monopolio en la banca clásica, seguían sin mover ficha.

Manuel De la Concha, síndico de la Bolsa de Madrid, me llamó una mañana para hacerme unas preguntas sobre un tema de mi especialidad como mercantilista. Acudí a su despacho en la Bolsa el día siguiente. Quería saber la forma de constituir una entidad similar a los *investment banks* americanos e ingleses que se habían puesto de moda en España, y que, como ya he dicho, ganaban mucho dinero con los honorarios que cobraban por su intervención en todo tipo de operaciones financieras. Le expliqué que, a pesar del nombre, los *investment banks* no podían asimilarse a los bancos industriales que habían nacido en España como consecuencia de la reforma bancaria de 1962. Eran otra cosa: entidades esencialmente dedicadas a la prestación de servicios de asesoramiento financiero, de intermediación en la compra de compañías, y en la financiación de esas operaciones; Al no ser bancos, no tenían los inconvenientes que representaba el régimen de supervisión del Banco de España, ni los estrictos requerimientos de capital y de todo tipo que la ley exigía para la práctica del negocio bancario; no estaban sometidos a la obtención de una licencia bancaria española que en aquellos tiempos era muy difícil de conseguir, por no decir imposible. Esa era su gran ventaja competitiva.

Me encargó preparar la constitución de una sociedad cuyo objeto se ajustara lo más posible a las características de los *investment banks*, pero sin «pisar la raya» del ámbito de actuación legalmente reservado a los bancos. En una nueva reunión, a la que también asistió Jaime Soto, les presenté mis ideas. De la Concha y Soto me ofrecieron participar como accionista en el proyecto con un diez por ciento del capital de la nueva sociedad. A las pocas semanas estaba constituida la nueva sociedad. Empezó su actividad con la compra de una compañía del grupo industrial del Banco Hispano Americano —Muebles AF— que se revendió al poco tiempo con un importante beneficio. El primer *investment bank* español pasó a denominarse Ibercorp y algún tiempo después, tras la compra de un pequeño banco local, el nombre se cambió a Banco Ibercorp.

Ibercorp tuvo una vida efímera y cesó en su actividad después de protagonizar un gran escándalo financiero, probablemente el mayor de una época que no estuvo precisamente exenta de ellos. Antes debo decir que mi condición de socio de la compañía financiera de moda me acercó a lo que se conocía como *beautiful people*; había una gran cola para ser admitidos en el grupo. Quiero recalcar el «me acercó», porque no quise, ni probablemente habría podido, integrarme como miembro de pleno derecho de la nueva aristocracia de la España de Felipe González.

El personaje más importante del grupo era el poderoso ministro de economía del gobierno socialista, Miguel Boyer, que desde su boda con la perennemente famosa Isabel Preysler se convirtió en el indiscutible número uno de la *beautiful people*. Un miembro no mucho menos poderoso era Mariano Rubio, casado con la guapísima, encantadora, e inteligente Isabel Azcárate. Isabel trabajaba en J&A Garrigues en un despacho próximo al mío. En aquella breve época fui invitado a algunas cenas en las magníficas casas de la *beautiful* en Madrid y en Marbella. Pero en todo grupo exclusivo hay clases, y la *beautiful people* no era una excepción. Para ser miembro de primera clase había un trámite que yo no había superado: pasar un fin de semana en la finca familiar de Isabel Azcárate[9]. Sin haber superado ese trámite, me quedé en un *beautiful* de segunda, o, incluso, de tercera clase. No estuve incluido en los célebres versos de Shakespeare que he citado más arriba. Jamás he dejado de reconocerlo... Y de alegrarme de ello.

La crisis bursátil que nos asoló con motivo de la invasión de Kuwait por Iraq fue el principio del fin de Ibercorp y de otros muchos negocios surgidos durante la euforia económica que se había vivido en la España felipista. «Este es el país en el que es más fácil hacerse rico y en menos tiempo», había proclamado para general escándalo el Ministro de Industria del gobierno socialista, Carlos Solchaga. Lo era ciertamente, pero siempre que uno perteneciese a la *beautiful*. En España todo cambia con rapidez, y llegó un momento en el que esa pertenencia, o simplemente la apariencia de tal, empezó a mirarse con desconfianza.

El poder del Estado seguía siendo muy grande en la economía y muchos asuntos de los que yo llevaba profesionalmente requería una autorización discrecional del Banco de España o del Ministerio de Economía; por mi condición de próximo a la *beautiful people* pasaron a ser analizados con microscopio en perjuicio de mis clientes. La decisión de vender mis acciones justo en el momento en que Ibercorp parecía destinada a ser el gran proyecto financiero del futuro fue una decisión acertada desde el punto de vista de mi condición de abogado; eso era lo que a mí más me interesaba.

Yo jugaba al golf alguna vez con De la Concha y Rubio y oía, inevitablemente, sus conversaciones. Dejé de jugar con ellos. ¿Por qué me separé de Ibercorp en un momento en que era el negocio de moda en España? Jesús Cacho lo explica en su libro:

> «...otro tanto ocurría con Daniel García-Pita, algunos de cuyos clientes le plantearon abiertamente la existencia de conflicto de intereses entre su condición de accionista de Investcorp y la asesoría legal de sus empresas; o con Josechu Ysasi, quien, desde su puesto en el Círculo de Empresarios, daba casi una cobertura institucional al grupo. Estas presiones tuvieron como resultado que, a principios de 1987, pocos meses después de haberse integrado en Investban (como había pasado a llamarse Ibercorp), Manuel Soto, Daniel García-Pita y Josechu Ysasi vendieran sus acciones a través del despacho de Manuel de la Concha. Los títulos se repartieron entre los socios originarios del grupo, con lo que el dúo De la Concha-Soto reforzó aún más su control sobre la sociedad. Este hecho, totalmente desapercibido para la opinión pública, tuvo una gran importancia: por primera vez, un grupo de personajes influyentes consideraba peligrosa, o al menos perjudicial para ellos, su asociación con Manuel de la Concha».

Yo no me sentía cómodo cerca de la *beautiful people*, aunque fuera un miembro de segunda clase. Por un motivo o por otro, aquel grupo era objeto permanentemente de la atención de la prensa, y no solamente de las crónicas sociales, sino también de las que se ocupaban de la política y la economía. Por poco importante que fuera mi persona, mientras se me considerara miembro o próximo al grupo no podría evitar la publicidad, y eso no era lo mejor para mi ejercicio profesional. Estar cerca de los focos de atención de los periódicos es lo último que un abogado serio quiere. Pero, dicho lo cual, esa razón no era la única ni la principal.

En España, los negocios como Ibercorp acaban, inexorablemente, pasando de la prensa a los juzgados penales. Es un deporte nacional y aquí se cumplió la regla. Pronto empezaron a silbar las balas. A diferencia de lo que sucede en el drama Shakespeariano, en la tragedia de Ibercorp la «banda» de *happy few* no terminó bien, sino mal como los franceses en la batalla de Azincourt. Se descubrieron operaciones de las que resultaban indicios serios de información privilegiada. Al escándalo se le dio una gran notoriedad en la prensa y el gobierno quiso reaccionar con energía tratando de que no le salpicase políticamente. No lo consiguió. La peor parte la llevaron De la Concha y Mariano Rubio, que acabaron en la cárcel.

En Ibercorp se cumplió la regla común en estos casos: como en el lejano oeste, primero te disparan y luego te preguntan; te conviertes en investigado, sales en la prensa como si ya fueses culpable, y, por más que no se pueda demostrar tu participación en algo indebido, sigues sufriendo, meses y meses, la odiosa e injusta «pena de banquillo».

Hice bien en vender mis acciones de Ibercorp antes de que las balas comenzaran a silbar, y separarme de todo lo que tuviera que ver con la *beautiful people*.

Al menos yo lo creo así.

X. EL CASO BANESTO

El caso Banesto merece un capítulo aparte. No se trataba solo de un banco: era el icono de nuestras finanzas. La banca española estaba acostumbrada a un sistema de oligopolio que evitaba las molestias de la competencia y amparaba generosamente una mala gestión. Con la democracia cambiaron las cosas; poco a poco, pero cambiaron. La protección que prestaba el sistema a los miembros del club de la banca se fue diluyendo, la competencia comenzó a funcionar, y una gestión anticuada y ajena a los cambios que se habían producido en la economía, empezó a causar graves daños en nuestros bancos. La crisis bancaria, centrada sobre todo en las Cajas de Ahorro, nos costó a los españoles una fortuna, que lastró varios años nuestra economía. Pocos responsables fueron castigados; los periódicos hablaban del tema un par de días y se acabó la cuestión. Los gestores de Banesto se convirtieron en una de las escasas excepciones. Es increíble como la vara de medir las responsabilidades, se alargaba o se encogía: el caso de Banca Catalana se cerró sin rozar siquiera a Pujol. Se aplicó la doctrina, hoy aún vigente, del todo vale con tal de arreglar el problema catalán.

PRIMERA PARTE. LA INTERVENCIÓN DE BANESTO

El caso Banesto se describe con minuciosidad y rigor en varios libros escritos por entonces. Yo me quedo con el de Luis Herrero publicado en 1994 *Conde. El ángel caído,* título que es suficientemente expresivo de quien era el protagonista principal de la historia.

El primer acto fue la OPA del Banco de Bilbao sobre las acciones de Banesto, que resultó inadmitida por la CNMV. En este primer acto mi intervención profesional fue marginal, se limitó a un dictamen. Después del fracaso de la OPA, Mario Conde y Juan Abelló se hicieron con el control del banco, que ya entonces apuntaba problemas de solvencia. Juan Abelló, con buen criterio y gran vista para los negocios, abandonó pronto el banco. Los problemas de Banesto no solo no se solucionaron, sino que se agravaron y motivaron la intervención del Gobierno con la toma de control del banco por el Fondo de Garantía de Depósitos. Es en esa parte del asunto Banesto en la que yo tuve una intervención profesional de abogado.

Una mañana, me llamaron de la sucursal de J.P. Morgan en Madrid para asistir, ese mismo día, a una reunión urgente con unos directivos del banco americano, que habían llegado de Nueva York. Me presenté a la hora convenida en las oficinas de la sucursal de J.P. Morgan en España. Los ejecutivos eran Violy de Harper y Roberto Mendoza. Violy, colombiana, me pareció presuntuosa y lista, pero no muy inteligente, y, durante la reunión, dio a entender que aceptaba perder su valioso tiempo con un paleto abogado español; lo consideraba una estupidez, pero no tenía más remedio que hacerlo para cumplir las normas internas de J.P. Morgan. Roberto Mendoza, su superior, cubano, era, por el contrario, un hombre educado, y, al menos, simulaba cierto interés por mis respuestas a sus preguntas. Mendoza y Violy, sobre todo esta última, se convirtieron en la pareja de moda de la prensa económica española; tuve en todo momento la sensación de que eso les gustaba; rompía con la vieja tradición de la casa Morgan, que era la de una máxima discreción. En el edificio de la sede de J.P. Morgan en Nueva York no existe rótulo, como antes he recordado. Violy no era partidaria de ese estilo; su afán de protagonismo resultaba vulgar y excesivo. Roberto Mendoza era bastante más discreto.

Me expusieron el motivo de su llamada: J.P. Morgan tenía el encargo de ayudar a Banesto en una importante operación, concretamente, vender a la mayor brevedad posible la división industrial del banco, que era el grupo empresarial privado más importante del país. Los aspectos financieros de la operación los negociarían ellos, lógicamente; mi misión se reduciría a asesorarles sobre los aspectos jurídicos y asegurarme de que las formalidades legales se cumplirían estrictamente. Empecé a desempeñar el encargo y desde el primer momento me convertí en un personaje molesto. Se llegó a sugerir en algún periódico que yo participaba en una conspiración para que la operación fracasara, y así acabar con Mario Conde, que se había convertido en un personaje con mucho poder, y que, según se decía, albergaba secretas ambiciones políticas. A mí me pagaban como abogado para recordar la necesidad de cumplir con los requisitos de la ley, eso es todo lo que hacía; pero, no obstante, me convertí en sospechoso de participar en la conspiración. Vincularme a una conspiración, si es que tal existía, era una absoluta estupidez.

Violy no disimulaba su antipatía hacia mí y comenzó a excluirme de las reuniones que se celebraban con los representantes de Banesto. Mendoza me llamó una mañana, vino a verme y, después de muchos circunloquios y alabanzas a mi profesionalidad, me dijo que «se» había llegado a la conclusión de que mi puntillosidad estaba dificultando el cierre de la operación. No aclaró a quién se refería con el «se». Añadió que a partir de ese momento sería Matías Cortés el único abogado que intervendría en la operación, sin perjuicio de que J.P. Morgan me consultaría las cuestiones que considerase oportuno; estaban, obviamente, en su derecho de cambiar de abogado, por más que Matías Cortés era algo diferente de un abogado al uso.

Esto es lo que opina de él su entonces compañero de bufete, Rafael Pérez Escolar, en sus memorias:

> «Matías Cortés, era harina de otro costal: el dúplice sujeto no era un abogado propiamente dicho, nadie podrá exhibir o dar cuenta de un papel escrito por él, cualquier recurso, un dictamen, la nota más simple. Se trataba de un consumado feriante dotado de singular habilidad para los tratos de pillo a pillo. Paco Fernández Ordóñez se vio obligado a abandonar el despacho después de un serio encontronazo con Matías Cortés. Y yo, para mi desgracia, aún tuve que soportar la penosa carga de este último durante algún tiempo, ante lo que me armé de una paciencia que en mí resultaba insospechada, hasta que no tuve más remedio que ponerle de patitas en la calle».

La decisión de J.P. Morgan de marginarme del asunto me irritó sobremanera. Llamé a Mario Conde para visitarle con urgencia y me citó para esa misma mañana. La visita me dio la oportunidad de ver dos cosas poco comunes: la primera, una piscina instalada en la habitación anexa al despacho de Conde en el piso cuarto del antiguo edificio de Alcalá 14; nunca había visto antes nada parecido ni creo que vuelva a verlo; en Madrid hay casas con piscina en las azoteas, pero dentro de un piso y en un edificio antiguo dudo que las haya. En segundo lugar, pude contemplar una colección de todos los billetes y monedas de peseta emitidos por el Tesoro desde que la peseta se convirtió en la moneda oficial de España en 1868. Esa magnífica colección se había ofrecido por un precio más que razonable a la Caja de Ahorros de Madrid en la temporada en que yo formé parte de su Consejo de Administración, pero la Caja, incomprensiblemente, rechazó la compra.

Conde me recibió en su despacho, muy amable. Le dije que se trataba de una conversación entre abogados y le pregunté cuáles eran las razones por las que Banesto me había vetado. Me contestó que no había tal veto; que él entendía perfectamente que fuera minucioso en mi trabajo, porque a la postre redundaría en beneficio de todos; insistió en que solo J.P. Morgan decidía quienes eran sus abogados. Le di las gracias, me levanté, nos dimos la mano, me acompañó al ascensor, y me fui más enfadado que cuando había llegado.

Era la primera vez, y creo que fue la única en mi carrera, en la que había sido sustituido por otro abogado. Me consolé pensando que J.P. Morgan quizá buscase capacidades de Matías Cortés de las que yo carecía. La cosa no tenía remedio y cuanto antes me olvidará mejor que mejor. Recordé el asesoramiento de Matías Cortés a Ruiz Mateos diez años antes: Rumasa acabó expropiada por el gobierno y sus propietarios en la cárcel. En el caso de Banesto, la historia se volvió a repetir. ¿Gafe? Me limito a recordar la opinión de Pérez Escolar que he transcrito más arriba. Lo cierto es que por primera y última vez en mi vida fui despedido por mi cliente. Despedido era la palabra justa por mucho que se quisiera maquillar el despido. Di el asunto por finalizado y mi trabajo en nuevos casos me hizo olvidarlo pronto.

El trato entre J.P. Morgan y Banesto se cerró con mi ausencia a las pocas semanas y se acordó una celebración en Nueva York. Para mi sorpresa me invitaron. Decidí asistir después de pensarlo mucho porque J.P. Morgan seguía siendo un cliente muy importante del bufete. Como suele ocurrir en estos casos, había dos categorías de invitados: los de primera asistirían a un cocktail en la *New York Librery* y a continuación a un «*warm-up party*» en el nuevo apartamento que se acababa de comprar Violy de Harper; los invitados de segunda categoría no estaban requeridos al *party* en casa de Violy. Yo era de estos últimos.

Me alegré de haber viajado a Nueva York porque tuve el premio de ser espectador de algo que, con absoluta seguridad, nadie ha tenido la ocasión de presenciar en los solemnes salones de la *New York Library*: un tablao flamenco al completo, con guitarristas, palmeros, cantaores, bailarinas y bailarines con sus trajes de faralaes, tacones, mantones y sombreros cordobeses. Cuando los vi aparecer me atraganté con un canapé y necesité un largo trago de cerveza para evitar morir de asfixia. Allí estaba el grupo flamenco del mejor tablao de Madrid dispuestos a cantar y bailar. ¿Cómo era posible aquello? ¿Era una visión? ¿Me estaba volviendo loco? No señor, aquello estaba ocurriendo de verdad. Al parecer, alguien de J.P. Morgan había asistido en Madrid al tablao y había alabado el espectáculo con gran entusiasmo. Conde, o Matías Cortés, o ambos, no lo sé, habían pensado que sería un detalle llevarlos a la celebración y así se hizo. Fue un éxito completo.

Yo no hubiese podido competir con una prestación extrajurídica de ese tipo; todo lo más podría haberme ofrecido para amenizar el acto con un recital de acordeón, pero mi ofrecimiento hubiese sido desechado con toda seguridad.

La operación Banesto será en el futuro tema de estudio en las escuelas de negocios. Mario Conde, una personalidad arrolladoramente atractiva, junto con Violy de Harper, Roberto Mendoza y J.P. Morgan, se habían convertido en protagonistas de la prensa, y no solo de la económica. Por cierto, también se había modificado la fonética financiera: el «J.P.» del banco americano que corresponden a las siglas del nombre de su fundador John Pierpoint Morgan, dejó de pronunciarse en español «Jota Pe» como hasta entonces se había hecho; se empezó a pronunciar «Lli Pi» con una incorrecta pronunciación inglesa, que es «Llei Pi». Supongo que esta nueva fonética no tuvo nada que ver con el desastre posterior.

Mariano Rubio, gobernador del Banco de España, era implacable y no olvidó ni dio por terminado el asunto. No pasaron muchos meses antes de que la inspección del Banco de España destapara un importantísimo agujero en las cuentas de Banesto. Me alegré de haber sido apartado como abogado de la operación. Aquello fue una hecatombe que yo viví solamente por la prensa. El banco fue intervenido y pasó al Fondo de Garantía de Depósitos.

Mario Conde y varios consejeros fueron objeto de procedimientos penales por operaciones que se consideraron fraudulentas. No tengo información suficiente para juzgar sobre aquellas condenas y no lo haré; pero sí me gustaría hacer un comentario: al igual que sucedió con Ibercorp, el ambiente que se transmitía con las condenas era la necesidad de hacer prevalecer la ejemplaridad. Yo estoy totalmente en desacuerdo con esa motivación a la hora de administrar justicia. La justicia no debe de tener otra finalidad que la del cumplimiento de la ley y no la de satisfacer los deseos de linchamiento del público. Me pareció deplorable el espectáculo televisivo de los condenados entrando en prisión para ofrecerle al pueblo soberano una imagen que recordaba a la de María Antonieta camino de la guillotina. No sé si el resultado de los procedimientos penales hubiese sido otro sin esa obsesión por la ejemplaridad.

No puedo ocultar mi sorpresa ante la dura condena a Conde por lo que se conoció como «caso CDS», partido fundado por el Presidente Suárez; fue una operación especialmente llamativa por la identidad del personaje. Se acusaba a Conde de haberse apropiado de trescientos millones de pesetas, que Conde aseguraba haber entregado a Suárez en el garaje del banco, dentro de un maletín, para financiar al CDS las elecciones generales. En el juicio, Conde prescindió de su abogado y se defendió a sí mismo. Le recuerdo en la Audiencia Nacional, levantándose del banquillo de los acusados y dirigiéndose arrogante, con la toga puesta, al lugar que ocupa el abogado defensor, a la derecha del tribunal. Su informe daba la sensación de ser una lección teórica a los magistrados. Demostrar arrogancia ante la justicia es siempre un gravísimo error.

Cuando entró en la sala Adolfo Suárez, llamado como testigo, los magistrados se pusieron en pie, Suárez los fue saludando uno a uno, y no se sentaron hasta que Suárez lo hizo en el banquillo de los testigos. ¿Hacía falta algún signo más para saber cuál iba a ser la sentencia? Suárez negó haber recibido el dinero. La sentencia modificó la jurisprudencia que existía hasta ese momento, que requería la prueba expresa de la apropiación de los fondos por el administrador acusado, y condenó a Conde. Yo viví personalmente un caso similar de financiación de un partido político «vía maletín» que narraré más adelante. Por esa razón no puedo negar que a mí no me parece tan claro que la versión de Conde fuera incierta.

Roberto Mendoza había aceptado ser miembro del Consejo de Administración de Banesto. No fue perseguido penalmente, pero sí acusado en el expediente sancionador abierto por el Banco de España a todos los consejeros. Vino a verme para que asumiera su defensa. Le pregunté educadamente, sin asomo de ironía, por qué no acudía a Matías Cortés, que se conocía mejor todos los entresijos del tema y que le ayudaría con más conocimiento de causa. Me contestó que nosotros seguíamos siendo los abogados de J.P. Morgan. Pensé en el viejo dicho español de «a buenas horas, mangas verdes», le expliqué que del expediente podrían derivarse posteriores acusaciones de responsabilidad penal, por lo que yo no era el abogado apropiado. El trabajo quedó encomendado a mi socia María José Mora, brillante abogada de nuestro departamento procesal.

Diez años después de la intervención de Rumasa, Mario Conde, como José María Ruiz Mateos, ingresó en la cárcel. Matías Cortés repitió una vez más el mismo papel de abogado, y, parodiando a Cervantes, no caló el chapeo, porque no lo usaba, pero cobró su minuta, fuese, y no hubo nada. En realidad, sí hubo una durísima condena a Conde. Ya he dicho que la ejemplaridad en las condenas no me gusta.

Así terminó la primera parte de mi frustrada relación profesional con Banesto. La segunda, también frustrada, pertenece a otra época, la de mi paso por el glamuroso mundo de los consejos de administración. Me adelantaré a la Tercera Parte de este libro, dedicada a los consejos de administración, y la contaré ahora.

SEGUNDA PARTE. NOMBRAMIENTO DE CONSEJERO Y DIMISIÓN

Unos meses después de ser intervenido por el Fondo de Garantía de Depósitos y con su balance ya saneado, Banesto fue adjudicado al Banco de Santander en una subasta. De todo ello no tuve más información que la que ofreció la prensa. Ana Patricia Botín fue designada nueva presidenta del banco. En una cena en casa de nuestro común amigo Jesús Quintanal, Alfredo Sáez me planteó la posibilidad de ser consejero del banco y le dije que sí. A los pocos días recibí una llamada de Ana Patricia Botín, fui a verla a su oficina particular en un chalet en el Viso y me ratificó la propuesta de ser consejero independiente del banco. También lo eran Francisco Daurella, importante accionista de Coca Cola España, Isabel Polanco, hija del primer accionista de *El País*, y Rafael del Pino, hijo, que aún no era presidente de Ferrovial. Acepté. El nombramiento se hizo inmediatamente, por cooptación, en una sesión del Consejo. De acuerdo con la ley de sociedades anónimas, el nombramiento debía ser confirmado por la Junta General de Accionistas.

A los pocos días de hacerse público recibí una carta de Rafael Pérez Escolar, que había sido miembro destacado de la dirección de Banesto en la época anterior a su intervención. En la carta denunciaba graves irregularidades en la intervención de Banesto por el Fondo de Garantía de Depósitos. Por aquel entonces Rafael Pérez Escolar dedicaba su tiempo libre, que era mucho, y su dinero, que también lo era, a presentar todo tipo de acusaciones en la prensa y a ejercitar acciones civiles y penales contra cualquiera que tuviera algo que ver con la intervención de Banesto o con su adquisición posterior por el Santander. No llegó a aparecer como Ruiz Mateos, cuando le expropiaron Rumasa, vestido de Superman, dándole un capón en público al ministro Miguel Boyer en una rueda de prensa, pero no le faltó mucho.

En su carta, Pérez Escolar argumentaba que, al haber yo intervenido en su día como asesor de J.P. Morgan en la fallida operación de venta de la división industrial del banco, quedaba inhabilitado para ser consejero independiente de Banesto, y estaba obligado a dimitir de inmediato. El argumento carecía de la menor justificación y era sorprendente en alguien de la categoría profesional y conocimientos jurídicos de Rafael Pérez Escolar.

Para que haya un conflicto de intereses que impida a alguien ser consejero independiente de una sociedad, es obvio que deben existir intereses contrapuestos o incompatibles. Yo no había tenido nunca la menor relación ni profesional ni de cualquier otro tipo con el Santander o con Banesto. Había asesorado a J.P. Morgan diez años antes en una operación en interés de Banesto, y, además, había sido sustituido por Matías Cortés en esa tarea. Era igualmente obvio que había sido totalmente ajeno a la decisión del gobierno de intervenir Banesto, a la subasta del banco, y a su adjudicación al Santander. Esos acontecimientos los conocí como los demás españoles por la prensa. Era imposible entender donde radicaba mi supuesto conflicto de intereses.

En su carta, Pérez Escolar me informaba, también, de que el Fondo de Garantía de Depósitos, una vez intervenido Banesto, había dotado provisiones en el balance del banco totalmente inadecuadas, aumentando de forma indebida el «agujero» que se hizo público en la prensa. Yo no había tenido la menor participación en nada que tuviera que ver con la intervención del banco, y menos aún en los criterios seguidos por el Fondo de Garantía de Depósitos para dotar las provisiones en su balance. Como el resto de los españoles, lo que yo conocía sobre esas cuestiones era lo que había publicado la prensa.

Jesús Cacho, por entonces el periodista económico de mayor influencia, publicó en el suplemento de economía de *El Mundo* de 18 de enero de 2004, un artículo con el título «Los consejos de la banca y el arte de frecuentar damas». La dama era Ana Patricia Botín y el artista frecuentador un servidor.

En ese ambiente se celebró la junta de accionistas que debía confirmar mi nombramiento como consejero de Banesto. Pérez Escolar no asistió personalmente, sino que envió al típico revienta-juntas profesional. He sufrido a muchos durante mi carrera como abogado. Pidió la palabra y se opuso a mi nombramiento. El sicario repitió sin mucha claridad en su exposición las razones para justificar la existencia de un supuesto conflicto de intereses que impedía que yo pudiera ser consejero del banco. Le contestó con brillantez Ana Patricia Botín. La Junta ratificó mi nombramiento por una mayoría abrumadora.

Pero yo me sentía incómodo. Me había convertido en un objetivo más de la vendetta particular que había iniciado Pérez Escolar, con el riesgo de una previsible presencia continuada en la prensa, de convertirme en parte de la interminable lista de destinatarios de las acciones judiciales que Pérez Escolar promovía como una ametralladora, y de ser el origen de nuevos altercados en las futuras juntas de accionistas del banco. ¿Tenía sentido soportar todo eso? Llegué a la conclusión de que no. Decidí dimitir, pero no quería que mi dimisión fuera considerada una aceptación tácita de que mi nombramiento como consejero había sido indebido.

Mi incomodidad duró poco tiempo. Se hizo necesario nombrar a un consejero independiente para presidir la Comisión de Auditoría y Cumplimiento del banco. Los restantes consejeros independientes tenían motivos más que razonables para no ocupar el cargo: Isabel Polanco estaba convaleciente de una grave enfermedad; Daurella residía en Barcelona y sus empresas le dejaban poco tiempo libre; otro tanto era aplicable a Rafael del Pino, presidente ya de Ferrovial. El candidato no podía ser más que yo y así me lo confirmó oficialmente Ana Patricia Botín. El socio de la firma auditora responsable de la auditoría de Banesto, Price Waterhouse, me informó que, si quería cumplir correctamente mis obligaciones de presidente de la Comisión de Auditoría y Cumplimiento de Banesto, debía tener despacho en el banco y emplear en la tarea muchas horas diarias. Estaba claro que yo no había aceptado ser consejero de Banesto para dedicar gran parte de mi tiempo a un trabajo ajeno a mi profesión. A pesar de todo, dimitir seguía siendo una decisión difícil de tomar.

Pero tuve suerte. La jubilación de José Luis López Combarros, uno de los socios fundadores de Arthur Andersen en España, me dio la solución. José Luis cesaba también como presidente del Instituto de Contabilidad y Auditoría de Cuentas (ICAC). Tenía el máximo reconocimiento como auditor. Era mi sustituto perfecto para presidente de la Comisión de Auditoría y Cumplimiento del banco. Hablé con él y no tuvo duda en aceptar mi puesto. Ana Patricia Botín estuvo también de acuerdo, porque ponía al frente de la Comisión de Auditoría del banco a un prestigiosísimo auditor. En el Banco de España, López Combarros se consideraba un candidato inmejorable para el cargo. Y, sobre todo, mi dimisión no era la noticia; lo noticioso era la designación de un prestigioso auditor como López Combarros para presidir la Comisión de Auditoría del banco. Nadie puso en duda que se trataba de una sustitución muy apropiada y sin razones ocultas. Todos contentos.

Rafael Pérez Escolar, en sus memorias publicadas muchos años después, menciona de pasada mi dimisión y me llama «cauteloso» con evidente ironía. ¿Qué decir a eso? Pues bien, solo se me ocurre una cosa: nadie mejor que él habrá aprendido en carne propia que ser cauteloso en el mundo de las finanzas no es mala costumbre... Digo yo.

XI. CON LA TOGA PUESTA

Como mercantilista de a pie estoy lejos del excelso mundo académico y formo parte de los abogados a los que desde tiempos inmemoriales se les ha equiparado con los tratantes de feria. Pero a los chicos de Garrigues se nos consideraba señoritos de la profesión que solo piensan en la minuta de honorarios; unos piratas del caribe. No es justo. En mi trabajo me he sentido tanto o más abogado que los colegas que centran su profesión en el uso de la toga ante los juzgados y tribunales. Ellos se encuentran ante unos hechos que habitualmente tienen que retorcer para defender a sus clientes. Yo no he estado obligado a ello.

En la rama del derecho que yo ejercía eran muy poco frecuentes los asuntos que tuvieran trascendencia penal. Con el tiempo la cosa varió y comenzaron a llegarnos los escándalos económicos que llenaban las portadas de los periódicos. Para entonces yo era ya un mercantilista razonablemente conocido y asesoraba frecuentemente a mis colegas penalistas en los aspectos de derecho mercantil de los asuntos cuya defensa penal ellos llevaban.

Mi actividad profesional se centraba en cuestiones de derecho mercantil. Intervine en muchos asuntos de relevancia. Era una época en la que se introdujeron en España modelos de financiación que contribuyeron a la modernización del negocio bancario en España: préstamos a interés variable, subastas de pagarés, créditos sindicados, y otras muchas fórmulas que hoy son el pan nuestro de todos los días, pero que entonces los bancos españoles no ofrecían. Me atrevo a asegurar, sin incurrir en falsa modestia, que nadie asesoró a un mayor número de bancos extranjeros en este tipo de operaciones. Recuerdo, como ejemplo, un crédito sindicado en multidivisa asegurado con hipoteca sobre un edificio en construcción; no cualquier edificio: la torre Picasso, el más grande de Madrid en aquel momento; era una operación sin un solo precedente. Diseñé también hipotecas navales sobre las primeras plataformas petroleras semisumergibles que se construyeron en astilleros españoles.

En muchas ocasiones me he encontrado que cláusulas que había redactado yo por primera vez para determinados tipos de contratos se hicieron «de estilo», con el paso del tiempo.

Fueron años de gran satisfacción en el ejercicio de la abogacía; pero era consciente de que, para ser un auténtico abogado, me faltaba ponerme la toga en un tribunal. La regla general en Garrigues era la de reenviar los pleitos a otros abogados con experiencia ante los tribunales. La única excepción era Don Joaquín Garrigues, que aún seguía interviniendo, si bien cada vez más esporádicamente, en recursos de casación ante el Tribunal Supremo. Muchos miembros del bufete jamás se habían puesto la toga. Siempre he pensado que la formación de un abogado no es completa si no se ha intervenido ante un tribunal. Me propuse corregir esa carencia, y, aunque no con mucha frecuencia, nunca dejé de intervenir ante juzgados y tribunales. Ahora lamento que no fuera en más ocasiones; ya es tarde, qué le vamos a hacer; pero aún recuerdo mis intervenciones en las que lucí con orgullo la toga de abogado.

ABOGADO DE OFICIO

Los abogados en España tienen el llamado turno de oficio, que es una especie de seguridad social jurídica universal: si alguien necesita la asistencia de un abogado y no puede sufragar sus honorarios, el juez ordena que se le provea de esa asistencia gratuitamente. En estos casos, el Colegio de Abogados designaba un letrado que estaba obligado a llevar el caso *gratis et amore*. La justicia en España era y sigue siendo gratuita. Ahora bien, todos los intervinientes en el pleito estaban remunerados: el juez, el fiscal, el secretario, los oficiales, los peritos, etc. etc.; todos, menos el abogado de oficio, obligado a intervenir sin cobrar ni una peseta. Era entonces la parte más dura de la profesión: violaciones, asesinatos...

Más adelante el turno de oficio pasó a estar pagado gracias a los esfuerzos de Antonio Pedrol Rius, una verdadera institución en la profesión. Como presidente del Consejo Nacional de la Abogacía, Pedrol consiguió que el presupuesto del Ministerio de Justicia cubriera unos honorarios modestos para pagar el servicio del abogado. La designación del abogado de oficio se hizo desde entonces entre los letrados que voluntariamente se apuntaran a una lista. La paga era modesta, pero la lista no era ni mucho menos reducida, lo que pone de manifiesto que la profesión de la toga no es fuente de grandes ganancias, o no lo era en la época en que yo comencé a ejercerla.

Al incorporarme a J&A Garrigues era el abogado más joven del bufete, e, inevitablemente, me convertí en el destinatario de los asuntos de oficio de todos mis colegas. Cuando alguno de mis compañeros recibía una citación para cumplir el turno de oficio en un asunto, los autos acababan sobre mi mesa, como por arte de magia, junto con un escrito en el que se notificaba al Colegio de Abogados que yo pasaba a sustituir al letrado inicialmente designado. En el servicio militar existía la práctica llamada «redención en metálico»: el obligado a hacer la mili podía ser eximido por el pago de una cantidad que solamente algunos se podían permitir. Desapareció con la Ley de Remplazos de 1912.

Mi primera intervención como abogado de oficio tuvo lugar en un caso dramático. No creo que nunca vaya a olvidarlo. Se trataba de una violación ocurrida en una localidad cercana a Madrid, me parece recordar que Alcalá de Henares. La víctima era una niña de pocos años y además síndrome de Down. El violador era un joven que había declarado ante la Guardia Civil que la víctima no había opuesto resistencia. Le visité en la cárcel, le saludé con frialdad, le pedí que me confirmara su declaración, lo hizo, me despedí de él más fríamente aun, y me fui. En el juicio, el fiscal lo machacó en su interrogatorio y renunció a interrogar a la víctima. Yo no tenía otra posibilidad de defensa que la de justificar el consentimiento de la chica y pedí interrogarla. Insistí con preguntas con las que la pobre niña se iba liando. Lo hacía para dar origen a una posible duda de la culpabilidad de mi defendido.

Estaba próximo a lograrlo cuando el presidente de la Sala, mirándome con fuego en los ojos, me recriminó por mi interrogatorio que calificó de vergonzoso. Le recordé que yo estaba allí —maldita sea la hora— cumpliendo una obligación y no por mi gusto. Me amenazó con acusarme de desacato y me retiró la palabra. Me senté feliz al verme liberado de aquella atroz tarea con la que me estrenaba como abogado penalista. La sentencia fue condenatoria. Me alegré en el fondo de mi corazón y me juré a mí mismo no volver a defender a un violador por más que estuviera obligado a hacerlo. Pasados los años he sido padre y abuelo de dos maravillosas personas con síndrome de Down.

El siguiente caso en el que tuve que ponerme la toga tenía también sexo de por medio. Se trataba de un taxista denunciado de proxenetismo por una mujer que ejercía su antiguo oficio en un tugurio cercano a la plaza de Santo Domingo. Son raras estas denuncias en el mundo de la prostitución, en el que las disputas se resuelven, por lo general, de manera más directa. Me pareció obligado inspeccionar el tugurio y hablar con ella. Era guapa. Me ofreció una amplia gama de servicios a prestar en una pensión próxima, con una detalladísima información de precios para cada una de las variedades. Decliné su oferta y le indiqué que venía como abogado del taxista. Me dijo muy nerviosa que lo de la denuncia no era cosa suya, sino obligada por el dueño del tugurio que tenía una discusión permanente con el taxista por el reparto de los honorarios que ella tan trabajosamente ganaba. Se asustó cuando le expliqué la gravedad de una denuncia falsa.

A los pocos días compareció en el juzgado para retirar la denuncia y yo quedé libre de una nueva y segura derrota. Me negué a recibir a mi cliente, el taxista, que me llamó para darme las gracias por mi brillante actuación profesional.

Siguió otro caso de violación, pero esta vez con homicidio. Los autos, enviados por la Audiencia Territorial de La Coruña a la sala segunda del Tribunal Supremo, terminaban con una condena a muerte del acusado por el procedimiento del garrote vil. Examiné los autos con detenimiento. En el «rollo», como se denomina el expediente judicial, eché en falta un par de providencias, que, sin duda, en un descuido el oficial del juzgado había olvidado incluir al coser con la «cuerda floja» los documentos en el rollo. A la guita usada para ese menester se le llama, técnicamente, la cuerda floja. Las providencias omitidas se referían a trámites procesales totalmente irrelevantes para el fondo del asunto, pero, frente a perspectiva del garrote vil, nada es irrelevante.

Presenté un escrito alegando que el rollo estaba incompleto, y el Tribunal Supremo devolvió los autos a La Coruña a fin de que se completaran. Así concluía mi intervención como abogado de oficio, porque una vez devueltos los autos al Supremo, el turno corría a otro abogado. Pasado el tiempo investigué y conocí la sentencia del Tribunal Supremo en aquel caso: se desestimaban todos los motivos del recurso de casación y se confirmaba la condena de muerte por garrote vil de quien había sido mi cliente involuntario por un par de días.

Recuerdo con agrado una ocasión en la que tuve que intervenir para asistir a un colega de mucha edad. Había aparcado su coche en la calle de Serrano rebasando los límites del vado de entrada al garaje del consulado de no sé qué país. Apareció un municipal y le ordenó retirar el coche. Alegó mi colega que «el supuesto» vado no estaba señalado con las placas reglamentarias. El municipal, sin más palabras, sacó el cuadernillo de denuncias, rellenó una y se la puso en el parabrisas. Mi colega rompió la hoja de denuncia y empezó una discusión cada vez más violenta que el guardia zanjó llamando a la policía. Llegó una patrulla y se llevó a ambos a la comisaría. Mi colega exigió su derecho a ser asistido por un abogado antes de prestar declaración en el atestado. El comisario llamó al Colegio de Abogados pidiendo hablar con el diputado de guardia, que era yo.

Fui a la comisaría y mi colega me contó muy excitado su versión de lo sucedido y su firme propósito de no abdicar de sus derechos como ciudadano. Le aconsejé sin éxito que se tranquilizara, porque tenía el riesgo de que le metieran en el calabozo. A los pocos minutos entramos en el despacho del comisario. Era también hombre de edad y de semblante serio. Le pidió a mi cliente que diera su versión de los hechos. Comenzó a hablar, lo hacía muy excitado, y el comisario le interrumpía continuamente para señalar que la denuncia del municipal contradecía sus afirmaciones; esto alteraba aún más a mi cliente. En un momento dado, se levantó de la silla y, en posición militar de firmes, acampanando la voz, le dijo al comisario:

—Señor comisario, como caballero oficial de la marina mercante, no estoy dispuesto a tolerar que se dude de mi palabra.

—¿De qué promoción es usted? —le cortó el comisario, mientras miraba el carnet de identidad de mi colega.

—De la de tal año —le contestó mi cliente.

—¿Pero no serás Pepito Martínez? —preguntó el comisario.

—Sí, señor, ese soy yo.

—Pero hombre, no te he reconocido; yo soy tu compañero tal y tal. (nombre y mote que no recuerdo).

Se levantó el comisario, se dirigió a mi cliente, se fundieron en un abrazo de al menos un minuto durante el que yo pude apreciar alguna lagrimilla furtiva. Volvió el comisario a su mesa y, dirigiéndose al municipal, que aún exhibía su cara de asombro por la deriva que tomaba el caso, le dijo con rotundidad que, en su opinión, debería retirar la denuncia. Se quedó charlando con su compañero marino mercante y nos despidió a todos los demás.

El municipal era duro de roer y se negó a retirar la denuncia. Al cabo de unos meses mi cliente fue citado a un juicio de faltas y me pidió que fuera yo quien le defendiera. Acepté. Me encomendé a San Raimundo de Peñafort, patrono de nuestra profesión, para que aquello no acabara en un delito más grave. San Raimundo intervino con eficacia. Leída la denuncia, el fiscal, hombre de edad avanzada, pidió al municipal que precisara el lugar de los hechos. Lo hizo el munícipe. El fiscal se acercó entonces al juez y le dijo al oído —yo lo pude escuchar perfectamente— que conocía muy bien el lugar, y que él mismo había tenido que soportar el abuso de aquel vado sin señalar, además de una longitud excesiva; el juez asentía solidarizándose con el fiscal por aquel vado abusivo. El fiscal anunció que no formularía acusación. Solicité la absolución, que de inmediato fue declarada por el juez.

Tuve por aquellos tiempos otro caso en el que también me favoreció la fortuna. En esta ocasión el cliente era mi mujer. Al desaparcar su coche, un niño pequeño cruzó la acera por detrás con su bici justo en el momento en que ella daba marcha atrás en la maniobra. El niño cayó al suelo y se hizo una herida en la rodilla. Se montó un cierto revuelo, pasaron a la casa de socorro de Aravaca y de allí al cuartel de la guardia civil, donde un número redactó el correspondiente atestado. Al haber un herido, se dio parte al juzgado, y, al cabo de unos meses, llegó la citación para un juicio de faltas.

Comenzó el acto con la lectura del atestado. Para general sorpresa, la madre del niño lesionado había declarado que su hijo había cruzado con imprudencia por detrás del coche; que a pesar de que la conductora pisó el freno de inmediato, el niño ya estaba encima y fue imposible evitar que cayera al suelo; la conductora se había bajado enseguida del coche y lo había acompañado a la casa de socorro. Juez, fiscal y un servidor nos quedamos atónitos ante una acusación que era, en verdad, un alegato a favor de la acusada. La madre del niño se ratificó en su declaración, yo pedí el sobreseimiento, el fiscal, con cara de asombro, no se opuso, y el juez, sin ocultar tampoco su asombro, así lo acordó de inmediato.

Ya en la calle, le pregunté a Isabel si conocía a la madre, porque no era comprensible que hubiese renunciado sin más a una posible compensación económica. Su respuesta fue muy clarificadora: después del accidente la madre del niño estaba nerviosísima y era incapaz de contarle al guardia civil, sin trabucarse, lo que había sucedido; entonces ella la había ayudado a hacer la declaración.

Todo lógico y natural.

LOS CARO BAROJA Y EDITORIAL PLANETA

A lo largo de mi profesión he llevado algunos pleitos. Tengo que reconocer que en mi condición de director del bufete elegía los más fáciles de ganar; pero también gané pleitos difíciles. Recuerdo el de los hermanos Caro Baroja contra Editorial Planeta, del que estoy particularmente orgulloso.

Don Joaquín me pidió que atendiera a los hermanos Caro Baroja porque él estaba muy ocupado. En la carpeta del asunto solo había una carta de Julio Caro Baroja: solicitaba la opinión de Don Joaquín en relación con la edición de las obras de su tío, Pío Baroja. El editor era Planeta, uno de los principales de España ya en aquellos tiempos. Cumpliendo el encargo de Don Joaquín llamé a Julio Caro Baroja y le cité para esa misma tarde en el despacho. Vino acompañado de su hermano, Pío. Era un asunto interesante. Baroja había firmado un contrato para la edición en exclusiva de toda su obra con Editorial Planeta. Muerto Don Pío, la titularidad de los derechos de autor había pasado a sus sobrinos, Pío y Julio, mis nuevos clientes. Querían rescindir el contrato con la editorial porque consideraban que Planeta había descuidado la venta de las obras de Baroja, con la consiguiente disminución de los derechos de autor.

En los pleitos hay que dar una gran importancia a la narración de los hechos. Aún hoy sigue vigente el viejo aforismo romano *»da mihi factum, dabo tibi ius»*, es decir, cuénteme usted los hechos que del derecho me ocupo yo, el juez. Es una verdad a medias: los jueces también esperan que los litigantes les faciliten su trabajo, sobre todo en la recopilación de jurisprudencia previa sobre el tipo de asunto del que se trate.

En la narración de los hechos siempre hay detalles que a simple vista parece que no tienen un gran valor jurídico, pero que, bien manejados, se convierten en una pieza esencial. En este caso se trataba de una fotografía, publicada en el diario *Pueblo*, en la que aparecía el anciano Don Pío, con su boina, firmando el contrato de edición con Don José Manuel Lara. Mientras Don Pío firmaba, Lara le exhibía unos billetes, igual que se le muestra una golosina a un perrito como promesa de premio si hace su gracia. Los Caro Baroja consideraban con toda razón que se trataba de una imagen humillante; Julio Caro me insistió en que vengar la humillación de aquella fotografía era para él lo más importante del pleito.

Una imagen vale más que mil palabras, es un dicho que encierra una gran verdad. Incluí la fotografía en la demanda y tengo la seguridad de que fue decisiva para atraer la simpatía del juez hacia los hermanos Caro Baroja.

Me entrevisté con el abogado de Planeta, el más prestigioso letrado de Barcelona entonces: José A. Ramírez, autor de un monumental tratado de derecho concursal. Se negó a aceptar un acuerdo muy razonable que le propuse. Visto lo cual presenté la demanda. Alegaba que, en el momento de firmar el contrato con Pío Baroja, Editorial Planeta era un nombre comercial propiedad de una tal señora Bosch Carbonell, la esposa de José Manuel Lara. Este antiguo legionario dirigía el negocio editorial de su mujer. Muy poco tiempo después de firmarse el contrato, se había constituido una sociedad anónima a la que la señora Bosch Carbonell había aportado el negocio editorial y el nombre comercial Editorial Planeta. La nueva sociedad era la que, de hecho, había llevado a cabo durante años la edición de la obra de Baroja.

Centré mi argumentación en la cesión no consentida del contrato de edición de la señora Bosch Carbonell a la nueva sociedad anónima; mis clientes tenían derecho a desconocer una cesión del contrato de la que ni siquiera habían sido informados. La consecuencia era que el obligado a editar —la señora Bosch Carbonell— no lo había hecho. Gané el pleito en primera y segunda instancia, y mis clientes recibieron una sustanciosa indemnización. Mi alegría fue inmensa. Lo celebramos en la casa de Baroja en Itzea. Pío Caro me regaló unas obras completas de su tío, y Julio un precioso cuadro pintado por él.

Don Joaquín tuvo noticia del resultado del pleito, me llamó, me felicitó y me dijo que en el recurso de casación ante el Tribunal Supremo, él haría la vista. Los Caro Baroja se mostraron encantados. Como todo abogado sabe, la dificultad de un pleito está en ganar la primera y la segunda instancia; con esa doble victoria la estadística demuestra que es muy improbable perder en casación ante el Supremo.

Para mí hubiera sido una oportunidad de lucimiento, nada menos que ante el Tribunal Supremo, cuando solo tenía veintipocos años; pero tuve que aceptar la decisión de Don Joaquín. Ya se sabe que donde hay patrón... Le preparé una nota sobre cada uno de los motivos de casación alegados por Planeta; se celebró la vista, a la que no asistí, y el Supremo confirmó la sentencia. No volví a saber nada de los hermanos Caro Baroja y aprendí una dura lección sobre la fragilidad del agradecimiento humano; no ha sido la última que he recibido a lo largo de mi vida.

UN EMPLEADO INFIEL

La evolución de nuestra sociedad ha convertido el derecho penal casi en un capítulo más del derecho mercantil. El primer caso penal al que me enfrenté tuvo lugar en Sevilla. Los procesalistas, especializados en los temas penales del mundo de los negocios, tropiezan a veces con jueces, diríamos, singulares. Mi tío José Joaquín Ysasi, que había sido juez antes de ser abogado del Estado y de presidir importantes compañías, repetía con frecuencia que no hay nada más peligroso que un cura con un micrófono o un juez con una estilográfica. El caso al que voy a referirme pone de manifiesto la sabiduría de mi añorado Josechu Ysasi. Nuestro cliente era una de las grandes multinacionales americanas que habían aterrizado en España; estaba domiciliada en Sevilla, donde tenía sus instalaciones.

El empleado del departamento de contabilidad encargado de la preparación de los cheques para pago de proveedores descubrió un procedimiento sencillo para incrementar su sueldo: entre los numerosos cheques que pasaba semanalmente a la firma del consejero delegado intercalaba uno a su nombre por una pequeña cantidad. Como medida de seguridad usaba su segundo nombre propio, una inicial para el primer apellido, por el que era conocido, y el segundo apellido completo. El consejero delegado firmaba los cheques mecánicamente y pedía aclaración si había alguno por cantidad importante; el destinado al empleado infiel, al ser por una cantidad pequeña, era firmado sin más aclaración. El sistema funcionaba; el empleado infiel se fue animando y los importes de los cheques a su favor fueron en aumento. El dicho popular de que la avaricia rompe el saco se demostró cierto.

En una de las sesiones de firma, al consejero delegado le sonó el nombre tantas veces repetido del beneficiario del cheque y preguntó por el servicio o suministro que realizaba. El temblor del empleado le hizo sospechar, ordenó una revisión y se descubrió el pastel. Esta expresión popular de descubrir el pastel se usa con muchísima frecuencia sin que nadie sepa a qué pastel se refiere.

El cliente nos encargó que preparáramos la correspondiente reclamación contra el empleado. Al tratarse de Sevilla y de un cliente importante, el asunto se lo encomendamos a nuestro corresponsal en esa ciudad, Don Manuel Olivencia, catedrático de derecho mercantil de la amplia escuela de Don Joaquín Garrigues. Olivencia me propuso presentar una querella, en lo que estuve de acuerdo. Con el tiempo he aprendido que la tendencia a acudir a las querellas no es siempre una buena solución; es preferible muchas veces olvidarse de la presión psicológica que supone la vía penal y seguir la reclamación por lo civil, más lenta pero más segura. Interpusimos la querella, pero pasaba el tiempo y el juez no acababa de admitirla a trámite; yo no sabía ya cómo tranquilizar al cliente, que se impacientaba con toda razón. Olivencia me sugirió visitar al juez para hacerle ver la importancia que el asunto tenía.

Nos recibió en su despacho, y sin dejarnos hablar nos indicó que la querella le parecía totalmente absurda, que después de pensarlo mucho su criterio era no admitirla a trámite y no perder el tiempo interrogando al querellado. «Es insólito —dijo— que todo un consejero delegado firme cheques sin comprobar el nombre del beneficiario». En ese momento entró un oficial, se acercó a la mesa del juez con un montón de papeles, se excusó por interrumpir la reunión y le dijo al juez que eran las providencias y autos de firma urgente. El juez, mientras seguía hablando con nosotros, sacó su pluma, los fue firmando sin leerlos, y entregándoselos al oficial. Yo me sonreí. Entendió el motivo de mi sonrisa, y, visiblemente molesto, dio por terminada la visita.

Manolo Olivencia salió preocupado del juzgado, pero lo cierto es que unos días después la querella fue admitida a trámite y el proceso penal siguió su curso.

El famosísimo naturalista Rodríguez de la Fuente murió en Alaska al estrellarse su avioneta cuando seguía la tradicional carrera de trineos tirados por perros. Me vino a ver su viuda con la pretensión de que reclamásemos una indemnización a Televisión Española, ya que la filmación estaba destinada al programa semanal de Rodríguez de la Fuente en dicha emisora. No vi clara la demanda porque en España sería un pleito largo y difícil de ganar en unos tiempos en que eran poco frecuentes las sentencias concediendo indemnizaciones por responsabilidad civil. Desde entonces la situación ha variado, y en España no son extrañas las indemnizaciones elevadas en este tipo de reclamaciones. En el caso de Rodríguez de la Fuente había un argumento poderoso en contra de la responsabilidad de TVE: el hecho de que la contratación de la avioneta la había decidido y realizado el propio naturalista, como hacía con todo lo que tuviera que ver con el programa.

Aconsejé a la viuda explorar la posibilidad de éxito en Estados Unidos; en esa jurisdicción la responsabilidad civil se exigía con gran rigor y los jueces eran muy proclives a conceder generosas indemnizaciones. Acordamos que ella sufragaría mis gastos de viaje a Estados Unidos para entrevistarme con algunos abogados especializados en reclamaciones de este tipo, explorar las posibilidades de éxito y el coste de una reclamación judicial en los tribunales americanos.

Nuestra oficina de Nueva York me informó de que en Omaha estaba el abogado perfecto para el caso: era un experto en accidentes similares. Le visité, le gustó el asunto y me pidió unos días para decidir. Volví a Madrid y a las dos semanas recibí su llamada. Me confirmó que aceptaba llevar la reclamación en términos que nosotros denominamos de *quota litis*, y en los países anglosajones se llama de *contingent fees*: significa que el abogado solo cobra en el supuesto de que se gane el pleito, y los honorarios son un porcentaje del importe obtenido por el cliente. En España esto estaba entonces rigurosamente prohibido por las normas medievales que aún regulaban la abogacía. El abogado americano proponía cobrar en caso de éxito un cincuenta por ciento de la indemnización que recibiera la familia de Rodríguez de la Fuente. A la viuda le pareció un porcentaje muy alto, y lo era, pero como no había otra solución mejor, acabó aceptando el trato.

El colega americano no necesitó mucho tiempo para investigar los hechos; como medida preparatoria del juicio pidió al tribunal que requiriera la documentación relativa a las revisiones de la avioneta siniestrada; la obtuvo, la analizó minuciosamente y descubrió que en la última revisión no se había corregido un fallo mecánico detectado ya en la revisión anterior. Se trataba al parecer de un fallo que se daba en otras avionetas del mismo modelo. No era relevante y más que improbable que hubiese sido la causa del accidente. Lo cierto es que el fabricante de la avioneta —una marca muy conocida— consideró la mala publicidad que supondría el litigio y ofreció una importante cantidad de dinero para transar la reclamación. La viuda siguió mi consejo y aceptó el trato.

LA PENA DE BANQUILLO

Se llama coloquialmente pena de banquillo al daño que sufre en su prestigio y en su buena fama alguien que es imputado injustamente de un delito, del que es finalmente absuelto. Mientras dura la imputación, la publicidad en los medios de comunicación social erosiona el prestigio y la buena fama del acusado. En España funciona como dogma de fe la bellaquería del dicho popular «cuando el río suena...». Esta burda manifestación de sabiduría popular hace especialmente severa la pena de banquillo. Yo estuve a punto de sufrirla como consecuencia de una transacción que llevó a cabo Obrascón. Aunque desempeñaba en aquellos momentos el cargo de secretario del Consejo de Administración de la compañía, no había tenido la menor intervención. Me libré por los pelos de sufrir la pena de banquillo.

Obrascón había comprado una pequeña constructora en Galicia, cuya propiedad había heredado la viuda del fundador, gran fumadora de puros. En la transacción había intervenido la asesoría jurídica interna de Obrascón y yo no había tenido la menor participación. Por razón del importe de la compra no era precisa la autorización del Consejo de Administración, que simplemente fue informado de las características principales de la compañía adquirida y del precio pagado. Para celebrar el cierre de la operación fui invitado a una cena en casa de Villar Mir. Allí conocí a la vendedora. La recuerdo muy bien: lista, de muy buen ver, y fumando puros uno tras otros. Juan

Miguel me presentó como un abogado magnífico, el mejor de España, incluso del mundo, sin cuya intervención allí no se hacía nada; esas alabanzas eran típicas de Juan Miguel. La cena de celebración fue la única ocasión en la que vi a la vendedora/fumadora de puros, con la que no tuve ocasión de intercambiar palabra alguna durante la velada.

Los abogados de la vendedora habían diseñado una estructura fiscal para reducir los impuestos sobre los beneficios que la vendedora obtendría en la operación: la constructora acordaría una ampliación de capital y la propietaria le vendería a Obrascón los derechos de suscripción preferente, pago que entonces estaba exento de impuestos. ¡Curiosidades del intrincable mundo fiscal! Esta fórmula se usaba con frecuencia y se consideraba perfectamente legítima por las autoridades fiscales. Una de las primeras operaciones en las que se usó fue la venta de Antibióticos, una transacción que supuso el lanzamiento de Mario Conde a la fama en el mundo financiero. Más adelante se cambió la ley y el precio de la venta de los derechos pasó a tributar, con lo que el procedimiento se dejó de utilizar. Pero en el momento de la venta de la constructora gallega, la fórmula se seguía usando con habitualidad.

Se negoció la compra, se firmaron los contratos, se pagó el precio de los derechos, y la propietaria fumadora de puros hizo su declaración de impuestos beneficiándose de la exención. Un empleado de la constructora, que había sido despedido y que conocía los detalles, denunció ante el juzgado a la fumadora de puros por delito fiscal. La acusación de delito fiscal no era mínimamente sostenible, pero se trataba del juzgado de un pequeño pueblo gallego y su titular, una jueza joven, de «entrada», es decir, en su primer destino como jueza, no estaba al tanto de las sutilezas fiscales existentes en la venta de empresas. Y lo que es más grave, tampoco las entendía.

Hubiera sido de esperar que se informase sobre la cuestión antes de tomar ninguna resolución, pero no lo hizo. En su lugar, quedó subyugada por el glamur de una operación muy diferente de las que son costumbre en las ferias y mercados de un pueblo gallego como Corcubión, y decidió convertirse en «jueza estrella» incoando un procedimiento por delito fiscal que implicaba a Obrascón y a una conocida empresa gallega. Estábamos en la época de los jueces estrella, auténtica epidemia que se inició con el juez Garzón.

La jueza llamó a declarar a la vendedora/fumadora de puros, que compareció en el juzgado; afirmó que era una pobre viuda desconocedora del complejo mundo de los impuestos, y, mintiendo descaradamente, aseguró que todo había sido organizado por un abogado muy listo del grupo Villar Mir, cuyo nombre no era otro que el mío.

Me encontré con la sorpresa de una citación para comparecer ante el juzgado de Corcubión como imputado en un caso de delito fiscal. No entendía nada. Acudí el día señalado en compañía de mi colega Florentino Ortí, que había sido el fiscal del caso Banesto y se había pasado a la práctica privada de la profesión. El interrogatorio que sufrí fue delirante. La jueza insistía en preguntarme sobre la «ingeniería financiera» —le encantaba el término— que yo había diseñado y que el Consejo de Administración de Obrascón había aprobado para eludir los impuestos de la fumadora de puros. Las preguntas eran absurdas y me costaba entenderlas. Le contestaba una y otra vez que yo no había tenido la menor intervención en la operación, que no había tenido el gusto de conocer a la fumadora de puros salvo en la cena que tuvo lugar para celebrar la venta, que no había participado en ninguna «ingeniería financiera», que no llegaba a entender en qué consistía la ingeniería en cuestión, que, por lo que yo sabía, se trataba de una operación de compra de derechos de suscripción de las que se celebraban continuamente, que no comprendía dónde estaba el delito, que tenía derecho a conocer por qué se me involucraba en la supuesta, y al parecer delictiva, «ingeniería financiera» y, por último, que la operación no se había aprobado en el Consejo de Administración de Obrascón, único lugar en el que yo hubiese tenido una información detallada de la misma.

Pero la jueza volvía a empezar con la puñetera «ingeniería financiera», insistía en que era imposible que una operación tan importante no se hubiese aprobado en el Consejo de Administración; y yo, una y otra vez, le explicaba que, por el importe de la transacción, no era necesaria la aprobación del Consejo; la jueza contestaba que eso era imposible porque el importe ascendía a una cifra elevadísima; a lo que yo le replicaba que para mi economía personal también era una cifra elevada, pero que estaba lejos de la cifra que se requería para que una operación tuviese que ser aprobada por el Consejo de Administración, como constaba en los estatutos de Obrascón inscritos en el Registro Mercantil, estatutos que ella podía consultar fácilmente. Y la jueza, erre que erre, volvía a que eso era imposible.

La irritación de la jueza crecía y también la mía. En un momento dado me amenazó con acusarme de desacato. Yo, cabreado, hice algo que un abogado medianamente experto no debe hacer jamás: le dije que si me mantenía imputado por la denuncia absurda de un delito fiscal que no existía y que me era totalmente ajeno, me obligaría a abandonar el bufete con los daños económicos que esto llevaría consigo. Me preguntó, más cabreada que yo, si la estaba amenazando; le contesté que en absoluto, pero que exigía que mi manifestación constase en el acta del interrogatorio. Florentino Ortí me miraba horrorizado, su rostro era todo un poema; el de la jueza expresaba un claro deseo de estrangularme. Dio por terminado el interrogatorio y suspendió momentáneamente la sesión. Me acerqué a Florentino que se temía que la suspensión fuera para redactar un auto ordenando mi detención. Me entró miedo de que Florentino acertara en sus temores.

Al cabo de una hora de tensa espera apareció el secretario con el acta de mi interrogatorio y la notificación de un auto levantando mi imputación. Florentino no se lo acababa de creer, yo miré al cielo para dar gracias, y nos fuimos a celebrarlo como se hacen estas cosas en un puerto de mar gallego.

XII. DOS PERSONAJES: JUAN MIGUEL VILLAR MIR Y RAFAEL PÉREZ ESCOLAR

Hay dos personajes en mi vida profesional que he citado ya varias veces, sobre los que debería hablar un poco más detenidamente: Juan Miguel Villar Mir, que fue mi cliente emblemático durante los muchos años que dediqué a la abogacía, y Rafael Pérez Escolar, con quien tuve muy poco contacto, pero que, como impulsor de la campaña en contra de mi persona por haber aceptado el cargo de consejero de Banesto, fue quien me reintegró a la senda de mi profesión y me evitó caer en la tentación de sustituirla por la de banquero, profesión dignísima, sin duda. Vista ahora, desde la lejanía que me proporciona mi experiencia en los consejos de administración de varios bancos, tengo el convencimiento de que, como profesión no me hubiera proporcionado ni las satisfacciones ni la libertad que me ha dado mi carrera de abogado.

Rafael Pérez Escolar, sin proponérselo, hizo verdad en mi vida el viejo dicho de que no hay mal, que por bien no venga.

VILLAR MIR

Rosi, mi secretaria, me anunció que tenía a Don Juan Miguel Villar Mir al teléfono, y recalcó que se trataba de él personalmente, no de su secretaria. Esa manifestación de buena educación, de estar al teléfono él mismo y no su secretaria cuando la llamada era suya —costumbre que yo he procurado seguir— era norma que rara vez dejaba de cumplir Juan Miguel. Nos saludamos y me indicó que quería verme con urgencia para hacerme una consulta. Quedamos para después de comer ese mismo día. Le ofrecí ir a su oficina, pero insistió en venir a mi despacho, nueva muestra de su buena educación que no abandonaba jamás por estresante que fuese la situación.

Llegó puntualmente a la hora prevista, nos saludamos, me dio las gracias por recibirle tan pronto, le contesté que era para mí un honor, cortó amable, pero enérgicamente esas cortesías preliminares que en España tienden a eternizarse, y pasó directamente a la cuestión. Juan Miguel Villar Mir jamás perdía el tiempo en preludios innecesarios. Quería que le explicara en qué consistían y cómo se estructuraban las llamadas «compras apalancadas» de empresas, que se habían puesto de moda por entonces. Me dijo que Jaime Vega de Seoane, amigo común, le había hablado de mí como un especialista en la materia. Comprendí que iría en contra de sus normas, perder unos segundos con el clásico «no es para tanto, ya se sabe, los amigos exageran, etc. etc.» y pasé directamente a la cuestión.

Villar Mir me impresionó desde nuestra primera reunión. Jamás he conocido a nadie en el mundo de los negocios como él, con su precisión en el análisis, su frialdad en la toma de riesgos y su capacidad infinita de trabajo. Era un jugador de póker, pero un jugador de póker de los ganadores por su maestría en el cálculo de probabilidades de cada jugada y su determinación de seguir la partida hasta ganar. Pocas veces le he visto desistir de llevar a cabo alguna operación que se hubiera propuesto hacer; si se presentaba alguna dificultad en el camino, era incansable en la búsqueda de atajos para obviarla, por muchas dificultades y riesgos que representara seguirlos. La palabra «imposible» no estaba en su vocabulario, y, por mucho que se le repitiera, sus oídos estaban entrenados para desecharla automáticamente sin transmitirla a su centro de decisiones en el cerebro. Rara vez le he visto abandonar algún proyecto.

Le caracterizaba también su falta de límites en el halago hacia la persona de quien necesitara obtener algo, cosa que no le importaba hacer en público y que, a veces, llegaba a producir cierta vergüenza ajena. El halago hecho en público era, en su opinión, el verdaderamente eficaz, y le traía por una higa la vergüenza ajena que pudieran sentir los demás presentes ante un elogio desmedido, si se trataba de alguien que a él le interesara agradar. Juan Miguel era plenamente consciente de la verdad que Salomón proclama en el primer versículo del capítulo primero del Eclesiastés, que ya he citado varias veces: «Vanidad de vanidades, dijo el Predicador; vanidad de vanidades, todo es vanidad». Por cierto, la atribución a Salomón está discutida, pero se acepta como la más probable.

La operación Obrascón fue la primera de las muchas en las que asesoré a Juan Miguel y sentó la base de su gran grupo empresarial. Era una compañía propiedad de Altos Hornos de Vizcaya (AHV); la había comprado el propio Villar Mir cuando presidía dicha sociedad. Según se dice en un librito publicado en 2011 con motivo del centenario de la fundación de Obrascón, la decisión de AHV de comprar la constructora se justificó por la conveniencia de contar con una empresa propia para llevar a cabo la obra civil de Altos Hornos del Mediterráneo en Sagunto. Este proyecto acabó fracasando.

Obrascón adquirió entonces otra constructora, Coviles, que estaba en una situación económica desastrosa. En el librito en cuestión se dice que la razón era contar con las cualificaciones administrativas necesarias para la construcción de viviendas. Se decía, no obstante, que la verdad era que Carrero Blanco, el segundo en el poder después de Franco, «sugirió» la compra de Coviles, que estaba en dificultades, para ayudar a su propietario, un conocido militar y miembro de la alta nobleza. No hay prueba de ello. Tampoco hay explicación válida del porqué de la compra. Los propietarios de Coviles tuvieron que avalar la mitad de los créditos necesarios para cubrir las pérdidas de la compañía que aparecieran sin estar provisionadas en el balance. ¿Cómo no se pidió un informe de los auditores antes de cerrar la compra de la compañía para conocer su situación con exactitud? ¿Por qué solo se exigió el aval de la mitad de los créditos necesarios para cubrir las pérdidas y no su totalidad? Lo ignoro.

Mientras Villar Mir estuvo al frente de Altos Hornos, Obrascón obtuvo beneficios; después la constructora comienza una carrera desenfrenada de pérdidas que la llevó a una situación de quiebra. Ese es el momento, poco antes del verano de 1987, en el que Juan Miguel, decide comprarla y me consulta sobre la forma de estructurar su «compra apalancada».

Durante nuestra primera reunión la operación quedó diseñada: se constituiría una sociedad con un mínimo capital; Villar Mir asumiría el 70 % del capital y el restante 30 % se distribuiría por partes iguales entre José Luis García Villalba, su amigo y compañero en la escuela de caminos, Jaime Vega de Seoane, que le aconsejaba habitualmente en temas financieros, y yo mismo. Preparé la constitución de la sociedad compradora y me fui de vacaciones. Quedaba pendiente un pequeño detalle, cerrar el precio de compra. Villar Mir lo negoció en un tiempo récord. También en tiempo récord, Obrascón tramitó un expediente de regulación de empleo, y su balance quedó saneado con una ampliación de capital, desembolsada íntegramente por AHV, por un importe igual al del precio de compra.

Sin el lastre de sus pérdidas y con una plantilla laboral adecuada, comenzaba una nueva etapa. El primer consejo del nuevo Obrascón se celebró en el domicilio de la sociedad, en la calle Santa Rita de Madrid. Juan Miguel trazó las líneas principales de un plan de desarrollo del negocio que se cumplió con rigor.

Los juegos olímpicos de 1992 retrasaron el comienzo de la crisis de los años noventa en España, pero fue cuestión de poco tiempo el que impactara de lleno en Obrascón. Se hicieron necesarios nuevos fondos, y los créditos bancarios eran caros y difíciles de obtener al comienzo de la durísima crisis. La única solución posible era la bolsa. Las nuevas Sociedades y Agencias de Bolsa que habían sustituido a los viejos Agentes de Cambio y Bolsa tenían un apetito insaciable de comisiones; las colocaciones de acciones en bolsa las producían de manera generosa. La crisis mundial estaba en ebullición, y la salida a bolsa de la constructora Lain[10] había tenido lugar con un gran fracaso. A pesar de todo, una de las más prestigiosas Sociedades de Bolsa del momento aceptó llevar a cabo la colocación de las acciones Obrascón; y no solo eso: aseguró la colocación a un precio muy elevado[11].

Después del fracaso en la salida a bolsa de Lain unos meses antes, garantizar un precio mínimo a las acciones de Obrascón resultaba incomprensible, pero el ansia de comisiones empujaba a las Sociedades y Agencias de Bolsa a cometer esas locuras. La fijación del precio de aseguramiento lo negoció personalmente Villar Mir con los propietarios de la Sociedad de Bolsa. Yo discutí los contratos con un joven muy brillante que no acababa de entender cómo sus jefes habían aceptado el precio mínimo de colocación; se lo oí repetir un centenar de veces, pero no le hicieron caso; ya se sabe que donde hay patrón... Ese joven ha demostrado después su talento en el mundo empresarial español en la presidencia de Telefónica. Como era de prever, la colocación fue un fracaso. La Sociedad de Bolsa cumplió su obligación de aseguramiento y se quedó con un hermoso paquete de acciones de Obrascón a un precio muy superior al de su cotización; fue un milagro que no quebrara; aquellos eran tiempos de milagros.

Yo decidí vender mis acciones y concentrarme en mi función de abogado. A partir de entonces mis relaciones con Villar Mir se redujeron a las puramente profesionales, y así se mantuvieron durante muchos años. A lo largo de ese tiempo su grupo de empresas se convirtió en uno de los mayores del país, sin dejar nunca de perder su carácter exclusivamente familiar. Juan Miguel me invitó varias veces a participar en alguno de los muchos negocios que acometió, pero nunca lo hice. Preferí limitarme a prestarle mis servicios de abogado. No me arrepiento en absoluto.

Cuando me jubilé en J&A Garrigues dejé la asesoría de Obrascón que fue asumida por José María del Cuvillo, excelente abogado. Villar Mir me ofreció formar parte del Consejo de Administración del holding familiar y acepté ser secretario con mi hija Isabel como vicesecretaria. Allí seguí hasta que decidí dejar por completo cualquier actividad profesional. A Juan Miguel no le gustó mi retirada; insistió en que siguiera, pero yo había tomado en firme mi decisión. Desde entonces dejamos de vernos.

Mis recuerdos de Juan Miguel se completan con aspectos poco conocidos de su personalidad. El lector se sorprendería de la ternura —o quizás fuera más apropiado el término piedad— que demostraba en ocasiones. Los domingos que jugaba el Real Madrid en el Bernabéu le recuerdo acompañando al fútbol a su padre, ya muy anciano. Sin fallar un solo domingo le recogía en su casa, le llevaba del brazo hasta su localidad, le quitaba el abrigo, le ayudaba a sentarse con enorme cuidado y durante todo el partido estaba atento a su persona con el máximo celo.

Esta misma actitud piadosa se la recuerdo también con mi buen amigo Jaime Vega de Seoane. Jaime tenía una mente financiera brillante y una gran habilidad manual. Ponía un guisante sobre sus labios, echaba hacia atrás la cabeza, soplaba suavemente y mantenía el guisante en el aire. En un viaje a Londres hizo esta exhibición en el avión durante la comida; junto a su asiento se fue formando un grupo cada vez más numeroso de pasajeros para ver el increíble espectáculo, hasta que llegó una azafata para pedir que despejaran el pasillo; Jaime hizo descender suavemente hasta sus labios el guisante que mantenía suspendido en el aire, abrió la boca y se lo comió; los pasajeros aplaudieron fervorosamente y volvieron a sus sitios.

Un día su moto patinó, iba sin casco, y en la caída se golpeó gravemente en la cabeza con pérdida de masa encefálica. Estuvo varios meses en coma y cuando ya se abandonaban las esperanzas de su recuperación, despertó una mañana. Llegó el médico y para comprobar los posibles daños sufridos, le hizo una serie de preguntas sobre su identidad, su familia, sus aficiones, etc. Jaime fue contestando las preguntas despacio pero sin error. Para completar el examen sobre su situación neurológica, el médico le hizo esta pregunta:

—Jaime, dígame usted cuánto son dos y dos.

—Pues verá usted —contestó Jaime débilmente—, dos y dos son veintidós; pero dos más dos son cuatro. ¿Qué tal me encuentra doctor?

El médico le aseguró que en poco tiempo podría abandonar el hospital. En efecto, al cabo de unas semanas Jaime recibió el alta y volvió lentamente a su vida normal. Comenzó a acudir de nuevo a los consejos de Obrascón. Aún estaba torpe de movimientos y sentía un gran cansancio. En las sesiones Juan Miguel explicaba con una minuciosidad desesperante cada una de las cuestiones que se sometían al consejo. En algunos momentos el cansancio vencía a Jaime y se quedaba dormido apoyando su cabeza sobre la mesa. En ese momento Juan Miguel detenía su exposición, ordenaba silencio con un gesto de su mano y esperaba a que Jaime se despertara; entonces continuaba como si no hubiese ocurrido nada. La duración de los consejos se alargaba considerablemente, pero jamás recuerdo un signo de impaciencia en el rostro de Villar Mir.

Transcurrió poco tiempo para que Jaime volviera a convertirse en el brillante asesor financiero que siempre había sido.

Ya he mencionado la tenacidad de Juan Miguel. Difícilmente aceptaba un no por respuesta. Excluía por principio la posibilidad de abandonar nada que se hubiese propuesto hacer, asumiendo los riesgos hasta límites increíbles. Esta actitud vital y su osadía le reportaron grandes logros y el grupo familiar alcanzó un tamaño considerable. ¿Era un hombre avaricioso? A pesar de lo que se pudiera pensarse, no lo era. ¿Tenía ansia de poder? Tampoco era el caso. Era un aventurero de los negocios, un jugador. Cuanto más difícil mejor.

Un verano, estaba yo jugando al golf y sonó mi teléfono. Era Juan Miguel. La conversación fue breve, porque Villar Mir nunca perdía el tiempo, iba al grano directamente.

—Amigo Daniel, ¿dónde te encuentras?

—Pues disfrutando de mis vacaciones, Juan Miguel. Estoy jugando al golf a poca distancia del jardín de tu casa, mira qué casualidad.

—Magnífico. Cuando llegues a la altura de mi jardín te estará esperando mi conductor. Si no te importa, dejas tu partido y él te llevará al aeropuerto de Málaga. Yo me voy a permitir llamar a Isabel según colguemos, para que te prepare la ropa necesaria. En Málaga te estará esperando mi avión que te llevará a Alicante. Tienes reservada mesa y un estupendo arroz con marisco en un restaurante cerca del puerto. Yo llegaré en torno a las once y te mandaré un coche para llevarte al barco. Zarparemos hacia Ibiza y durante el viaje te explicaré el asunto. Me es absolutamente imprescindible tu presencia en la reunión que vamos a tener por la mañana.

—Pero, hombre, Juan Miguel, acabo de empezar mis vacaciones...

—Nada, nada, lo vas a pasar fenomenal en mi nuevo barco y solo vas a perder un día. Gracias Daniel, te tengo que colgar, me está llamando la persona a la que vamos a ver mañana. —Y colgó el teléfono.

Todo sucedió exactamente según lo previsto. Llegué al barco, zarpamos rumbo a Ibiza y me acosté. Un violento movimiento del barco me hizo caer de la cama. Intenté levantarme y choqué con la pared del camarote. Repetí el intento un par de veces. Comprendí que estábamos en medio de una de esas espantosas galernas del Mediterráneo, peores incluso que las del norte. A gatas, conseguí salir del camarote y llegar al puente. Allí estaba Juan Miguel con su gorra de capitán sentado al timón; junto a él, lívido, el capitán. Me senté y me sujeté con un arnés justo en el momento en que una ola pasó por encima del barco; pensé que aquello era el final.

Yo había sufrido anteriormente otras tempestades, o marejadas o galernas, o mar gruesa, o como se diga. Recuerdo sobre todo tres: una en el ferry de Tánger a Málaga; otra, también en ferry, cruzando el canal de la Mancha; y una tercera, en Cedeira con mi *snipe*, de la que he dado cuenta en un capítulo anterior. Ninguna era comparable con la de aquella noche. Juan Miguel, inmutable, sin perder la vista al frente, me saludó:

—¿Qué tal amigo Daniel? Supongo que eres hombre de mar y que esta marejadilla no te asustará. Le queda poco según el parte que nos dieron al zarpar. El único cambio de planes es que el cocinero y otro tripulante que sirve la mesa se quedaron en Alicante a la vista del pronóstico, por lo que el almuerzo con nuestro invitado tendrá que ser a base de una magnífica lata de fabada «El Litoral» de las que siempre llevamos. A mí me encantan y supongo que a ti también te gustarán.

En ese momento le hubiese estrangulado con mis propias manos, pero me contuve y me limité a preguntarle:

—¿Pero cómo es posible que hayamos zarpado en estas circunstancias sin decirme nada? ¿Por qué no me llevó el avión directo a Ibiza? Te juro que de saber esto yo hubiese hecho lo mismo que el cocinero.

—Amigo Daniel, te aseguro que la fabada está buenísima, pero además, siempre tendremos tiempo de encargar otra cosa en algún chiringuito de la playa.

—El cocinero no me importa lo más mínimo —le contesté—, me refiero a la tormenta, maldita sea.

—Tú eres hombre de mar y no pensé que un poco de mala mar te pudiera preocupar. Es verdad que el pronóstico empeoró al poco de zarpar, pero no podía perder esta oportunidad de comprobar el comportamiento del barco en una situación realmente adversa como esta; las pruebas de mar de los astilleros son una filfa y aún estoy a tiempo de reclamar. Pero en fin, ya que estás despierto, aprovechemos el tiempo para preparar la reunión de mañana.

El capitán y yo nos cruzamos una mirada de incredulidad; comencé a rezar y supongo que él haría lo mismo. Aquel martirio duró unas horas que se me hicieron interminables; la marejada amainó y finalmente fondeamos en la costa de Ibiza cerca de una playa llena de bañistas. Tuvimos nuestro almuerzo con el invitado a base de fabada El Litoral, y de aquel almuerzo surgió la compra de otra de las grandes compañías del grupo Villar Mir. Volvimos a la península.

Juan Miguel hizo parte de la travesía en moto náutica.

De su tenacidad podría contar otros muchos ejemplos. El grupo comenzó a hacer negocios en México y construyó un gran *resort*, Mayakoba, con un campo de golf que discurría entre manglares. Acompañé a Juan Miguel en la inauguración. Había conseguido que la PGA americana hiciera una excepción e incluyera Mayakoba en su circuito. En el *pro-am* que antecedía al torneo yo jugaba en el equipo que abría el campo con Juan Miguel, otro invitado que no recuerdo y un profesional cuyo nombre tampoco recuerdo.

Juan Miguel no era buen jugador y daba golpes erráticos y de poca distancia; como se jugaba a la modalidad de «mejor bola» de los cuatro miembros del equipo, lo normal es en esos casos que los jugadores que en un determinado hoyo van a hacer más golpes que los demás del equipo, levanten su bola para no detener la marcha del juego; de esta manera no se hace esperar a los equipos que van detrás. Juan

Miguel no estaba dispuesto a levantar su bola, pasase lo que pasase, tardara lo que tardara; insistió en terminar hasta el final todos los hoyos; como resultado, el recorrido resultó eterno; los equipos que iban detrás sufrieron esperas en cada hoyo y supongo que maldecirían haber venido. Le sugerí varias veces que diéramos paso a los jugadores que nos seguían, que es la norma de cortesía en estos casos, pero romper un plan prefijado no entraba en las costumbres de Juan Miguel: el plan se sigue hasta el final por encima de cualquier obstáculo o inconveniente. Frente a una duración normal de cuatro horas, aquel día tardamos más de cinco en cumplir el recorrido.

Le recuerdo pocas derrotas. La que más sintió, sin duda, fue perder las elecciones a la Junta Directiva del Real Madrid. Tenía una gran pasión por el fútbol y era un madridista radical. Decidió presentarse a las elecciones para presidente. Me ofreció entrar en la candidatura, pero renuncié y le sugerí que mi amigo Tomás Gaytán de Ayala fuese en mi puesto. Florentino Pérez había dimitido, pero tenía el propósito de volver después de un periodo de ausencia. Propuso a Villar Mir un compromiso de caballeros: le ayudaría en las elecciones, pero en las siguientes, Florentino volvería a ser candidato y llevaría a Juan Miguel como vicepresidente. Para Villar Mir el lema es «O César o nada»; a pesar de los esfuerzos que hicimos Borja Prado y yo para convencerle, no lo conseguimos. Las elecciones se prepararon minuciosamente, pero sin el apoyo de Florentino, que controlaba las peñas, Juan Miguel perdió ante Ramón Calderón. Los tribunales confirmaron tiempo después trampas en la votación por parte de Calderón. Juan Miguel no volvió a presentarse y Florentino derrotó fácilmente a Calderón en las siguientes elecciones.

Cuando escribo estas líneas, Juan Miguel ha fallecido hace pocas semanas. Le he dedicado un emocionado recuerdo. Juan hijo ha asumido la dirección del grupo y sabrá aprovechar las enseñanzas de su padre. Es una excelente persona. Un día me llamó y vino a verme a casa con un precioso reloj en agradecimiento por los servicios prestados a su padre durante tantos años. Se lo agradecí de todo corazón.

Cuando miro la hora recuerdo con cariño a Juan Miguel. Primero mi padre, y luego él, me hicieron comprender que yo no servía para los negocios, para el «ahí va el resto». Villar Mir me ayudó a tener claro que debía dedicarme a lo mío, a la abogacía.

Descanse en paz.

En la segunda parte de mi relación con Banesto jugó un papel reducido, pero muy importante, Rafael Pérez Escolar, y por esa razón está justificado que hable de él.

Rafael era buen jurista y muy inteligente. Había hecho su carrera empezando desde abajo. Las gentes así suelen mostrar, por lo general, una disculpable vanidad, aunque, en la mayoría de las ocasiones, esa vanidad deriva hacia una poco disculpable soberbia. Ese era el caso de Rafael. Llevaba en Banesto desde los 16 años y se pasó al bando de Mario Conde cuando este, junto con Juan Abelló, tomó el poder del banco expulsando a las familias tradicionales de su todopoderoso Consejo de Administración. De entre las familias tradicionales la única excepción fue mi viejo amigo César Mora, quien, como Pérez Escolar, se sumó al nuevo grupo de poder, ante el escándalo de sus compañeros; estos en privado no se mordían la lengua a la hora de condenar lo que consideraban una traición.

A Pérez Escolar le conocí en 1971 con motivo de un viaje a Marbella que hice con mi colega de bufete Guillermo Senén. Guillermo no hablaba idiomas y necesitaba de mi presencia para tratar de un asunto inmobiliario con unos clientes alemanes. Yo estaba en la mitad de mi viaje de novios en Argentina, circunstancia que Guillermo no consideró relevante y me sugirió que continuase mi luna de miel en Marbella. No tuve más remedio que aceptar la «sugerencia». Nos alojamos en el glamuroso Marbella Club. Allí coincidimos con Rafael Pérez Escolar, buen amigo de Guillermo Senén. Pasaba las vacaciones junto con su familia; los tres matrimonios cenamos juntos un par de noches.

A partir de aquel viaje solo volví a ver a Rafael en algún acto social. Profesionalmente solo coincidimos en un asunto que afectaba a la comunidad judía de Madrid, a la que Pérez Escolar asesoraba. Recuerdo las negociaciones en las que se hablaba en español, salvo cuando los clientes respectivos se enfadaban; entonces continuaban en *yiddish* levantando la voz y señalándose amenazadoramente con el dedo; después sonreían, volvían al español y nos daban cuenta del acuerdo alcanzado.

Las memorias de Rafael Pérez Escolar son un tomo de más de seiscientas páginas de letra apretada y largos párrafos. Ponen de manifiesto una personalidad muy activa durante el franquismo y también el postfranquismo; era alguien a quien le gustaba estar en la pomada, con el significado coloquial que el diccionario de la Academia atribuye a esta expresión. Es evidente que a base de esfuerzo, inteligencia, e intuición, lo consiguió.

Ejerció como juez durante la dictadura franquista. Dejó la judicatura para vincularse a Banesto, *primus inter pares* en la comunidad bancaria y símbolo por antonomasia de la rancia economía financiera de España durante la dictadura. Los bancos conocidos como los «siete grandes» actuaban como oligopolio. La más descarada manifestación de desprecio a las reglas de la competencia eran los célebres almuerzos de sus presidentes, en los que se aseguraban de que ninguno pudiera llegar a caer en la tentación de tener iniciativas propias que amenazaran la uniformidad del club. En 1963 se había promulgado en España una ley para defender la competencia y se habían creado instituciones especializadas para asegurar su cumplimiento, pero los bancos estaban, al parecer, exentos. ¿Por qué? Sencillamente formaban parte importante de la estructura de poder del país. Los siete grandes lo ejercían de manera agobiante sobre la gran empresa española, y, así, reforzaban su condición de primer poder fáctico.

La importancia de Rafael Pérez Escolar dentro de aquel rancio club lo pone de manifiesto su designación como presidente de la patronal bancaria, que estaba integrada en el sindicato vertical franquista de Banca, Bolsa y Ahorro. El sindicalismo vertical era la manifestación filo-fascista que más tiempo perduró durante el régimen franquista; el saludo romano con el brazo estirado de los primeros tiempos de la dictadura fue desapareciendo poco a poco y solo lo conservaban los falangistas y los sindicatos verticales, donde siguió vigente hasta la muerte de Franco.

Pérez Escolar combinó su presencia en la banca con el ejercicio de la abogacía. Durante algún tiempo formó parte de un despacho en el que también participaban como socios Paco Fernández Ordóñez, Matías Cortés y Manuel Díaz Alegría, que procedía de nuestro bufete y era hijo del general que contribuyó decisivamente a la transición a la democracia. A este último no lo menciona en sus memorias. ¿Por qué? Supongo que porque su nombre estaba vinculado a Suárez, a quien Pérez Escolar detestaba.

Los contactos con el poder del bufete de Pérez Escolar quedaron asegurados después de muerto Franco con la presencia de Paco Fernández Ordóñez en el gobierno. Era un despacho de influencias. El único abogado de nivel era Pérez Escolar. Paco Ordóñez nunca se dedicó realmente a ejercer la abogacía porque la política absorbía todo su tiempo; en cuanto a Matías Cortés me remito a lo que Pérez Escolar dice de él en sus memorias, opinión que ya he transcrito más arriba. Díaz Alegría nunca sobresalió en la profesión. Me ofrecieron incorporarme al bufete. Agradecí el ofrecimiento, pero lo rechacé. Aquello era algo diferente al ejercicio profesional de la abogacía.

La competencia de Pérez Escolar —el único jurista de verdad en aquel grupo— y sus magníficos contactos con la banca le permitieron ganar mucho dinero como abogado y convertirse en un hombre rico. A pesar de ello y de sus antecedentes como miembro relevante en el *stablishment* de la dictadura, Pérez Escolar se declara reiteradamente en sus memorias hombre de izquierdas y antifranquista. Para justificarlo menciona su asistencia al llamado contubernio de Múnich, excursión que rozó el ridículo y cuyos efectos prácticos fueron inexistentes. A su vuelta a España, los participantes de la reunión, que eran opositores tolerados por el régimen, fueron confinados en pueblos remotos durante varios meses, sin juicio previo. Pérez Escolar no sufrió confinamiento ni molestia alguna. En sus memorias lo justifica por haber vuelto a Madrid tres días más tarde que los demás «conspiradores revolucionarios». No es justificación creíble a la vista de cómo actuó el gobierno con los demás asistentes a la excursión.

Tampoco parece acorde con su condición de hombre de izquierdas y antifranquista, la posición que tomó durante el periodo de transición a la democracia. Se incorporó al grupo derechista que representaba Fraga con otros exministros de Franco y participó activamente en todas las iniciativas de aquel proyecto, jaleado por la prensa más adicta al franquismo y financiado por la banca. A pesar de ese apoyo estuvo desde un principio condenado al fracaso. Fue un grave error de cálculo por parte de un hombre inteligente como Pérez Escolar.

En las primeras elecciones de 1977, Alianza Popular obtuvo nada más que siete escaños. Cauteloso, Pérez Escolar no aceptó participar como candidato en las listas electorales del partido de Fraga. Alianza Popular fue un partido irrelevante hasta la llegada de Aznar. A pesar de la evidencia del error de apostar por Fraga, Pérez Escolar no lo reconoce en sus memorias. La soberbia raramente se disuelve con el paso del tiempo. Trata despreciativamente a Suárez y a UCD —los «ucedeos» les llama—, y atribuye el triunfo de la transición a un diseño de la CIA, tesis novelesca sin el menor sentido que no apoya en ningún dato concreto. ¿Fue la CIA acaso quien sugirió al rey el nombramiento de Fernández Miranda para poner en marcha el proceso de transición a la democracia? ¿Fue la CIA quien intervino en el Consejo del Reino para que propusiera a Suárez como presidente del gobierno? ¿Fue la CIA quien aconsejó la legalización del partido comunista, esencial para el triunfo del proceso? Nada de eso tiene el menor sentido. El protagonismo de la CIA en el proceso de transición democrática es una patraña ridícula.

En lo que se conoció como «caso Banesto» Rafael Pérez Escolar fue juzgado junto con Mario Conde y otros directivos del banco. El caso ocupó muchas páginas de los periódicos, ha sido hasta la fecha presente uno de los mayores escándalos financieros de la democracia, y tardó diez años en quedar finalmente sentenciado. A los acusados se les imputaba haber ocultado con artificios contables la verdadera situación financiera del banco. Uno de los artificios que se empleaban frecuentemente consistía en otorgar al deudor de un crédito vencido e impagado, un nuevo crédito en otra sucursal, que se destinaba a cancelar el anterior; de esta forma el crédito impagado no necesitaba ser provisionado en el balance.

A los directivos de Banesto que fueron imputados, Pérez Escolar incluido, se les acusaba, además, de haber realizado operaciones fraudulentas en su beneficio y en perjuicio del banco. Fueron condenados todos ellos a severas penas de cárcel. Rafael Pérez Escolar fue condenado por las operaciones conocidas como Oil Dor y Centro Comercial Concha Espina, que fueron consideradas delictivas.

En sus memorias, Pérez Escolar proclama con énfasis su inocencia en los delitos imputados, pero resulta curioso que en un largo libro de más de seiscientas páginas no se diga ni media palabra de cuáles eran las imputaciones, ni haya argumentación alguna en contra de la sentencia que le condenó. Al lector no le es posible tomar partido y se ve en la necesidad de optar, sin más razonamiento, entre la autoproclamación de inocencia de Pérez Escolar y la dura condena de una sentencia de la Audiencia Nacional, ratificada por el Tribunal Supremo.

Defiende también en sus memorias que el «agujero» detectado en Banesto por los inspectores del Banco de España era falso, pero de nuevo no explica las razones para sostener esta afirmación. En su lugar recurre a una larga descripción de otros escándalos que a lo largo de los años ocuparon las primeras páginas de los periódicos, que nada tienen que ver con Banesto y con su intervención por el Fondo de Garantía de Depósitos. No aporta una sola prueba de las insinuaciones de que todo aquello fue una maniobra concebida para acabar con Mario Conde.

Desde la intervención de Banesto, Pérez Escolar dedicó todo su tiempo y una parte de su dinero a combatir al Banco de España y al Santander. Promovió pleitos y querellas como un fusil de repetición. Las acusaciones de prevaricación y de otra larga serie de delitos fueron continuas y rotundas. Es asombroso que no dieran lugar a una inmediata intervención del ministerio fiscal para la indagación de los hechos denunciados. Fue perdiendo los pleitos, uno a uno, y, cuando murió, sus hijos desistieron de las acciones que estaban en curso a cambio de una cantidad de dinero satisfecha por el Santander, nuevo propietario de Banesto. Esa transacción no me sorprendió.

Sí me sorprendió que algunos personajes no hayan reaccionado a las graves acusaciones que Pérez Escolar les hace en sus memorias. Son acusaciones rotundas, expuestas sin muchas sutilezas. A mí, simplemente, me llama cauteloso, lo que no considero ofensivo. Ya he contado como boicoteó mi presencia en el Consejo de Administración de Banesto, una vez adquirido por el Santander, alegando la existencia de conflicto de interés. Lo hizo por persona interpuesta, lo que es difícil de probar.

Además, alegar la existencia de conflicto de interés, en abstracto, es una opinión que no puede considerarse injuriosa.

Descanse en paz.

TERCERA PARTE

DEL PROCELOSO MUNDO DE LOS NEGOCIOS Y EL GLAMUR DE LOS CONSEJOS DE ADMINISTRACIÓN

XIII. EL PROCELOSO MUNDO DE LOS NEGOCIOS

Me parece haber escrito más arriba, y si no lo hago ahora, que soy una persona incapaz de dedicarme a una sola actividad. Me siento aprisionado detrás de los barrotes de una cárcel cuando veo angustiosamente las oportunidades que se me están escapando. Esto en lenguaje vulgar se llama tener un culo de mal asiento, o también un culo inquieto. En términos técnicos es una manifestación de neurastenia, una pura y simple neurastenia típica de *yupis* estúpidos, una costumbre que tarda mucho tiempo en perderse, si es que se pierde alguna vez. Yo la sigo conservando: considero un día desperdiciado si no hago cuarenta cosas diferentes; no concibo el reposo y la tranquilidad como algo beneficioso para mi espíritu. Eso dice poco de mi inteligencia. Lo sé.

Cuando llegué a la edad de tener que dedicar al trabajo de abogado la mayor parte de mi tiempo, empecé a sentir la voz interior que me ha perseguido durante toda mi vida, que me agobiaba preguntándome si no estaría perdiendo el tiempo en una actividad equivocada; otras veces me martirizaba asegurándome rotundamente que estaba dejando escapar grandes oportunidades. ¿Neurastenia? Como ya he reconocido, admito la posibilidad. También admito que jamás he resistido las tentaciones que se me han presentado a la hora de asumir otras tareas, por más que estuviesen alejadas de mi quehacer profesional de abogado. La abogacía ha sido siempre mi principal actividad, y me siento orgulloso de haber alcanzado en ese quehacer un prestigio razonable. Pero nunca ha sido mi único trabajo; para mí hubiera sido estar en un calabozo. Sin otras ocupaciones, antes o después me habría aburrido y hubiera dejado la abogacía para explorar nuevos mundos.

Envidio a los que tienen una vocación tan intensa que no necesitan compartirla con otra. Yo he preferido ser aprendiz de mucho y maestro de nada. Diré en mi defensa que jamás he descuidado el cumplimiento de las obligaciones que me imponían las diferentes actividades a las que simultáneamente me he dedicado. Mi secreto no ha sido otro que respetar un orden espartano en mi vida diaria y en prolongar las horas de trabajo todo lo que fuese preciso. Soy consciente de que, en gran medida, mi afición al pluriempleo me ha supuesto un déficit en la dedicación debida a mi familia. Ahora lo lamento, pero, desgraciadamente, ya es tarde. A los miembros de mi familia que lean este libro les pido desde aquí disculpas.

A la hora de buscar otras ocupaciones, mi padre me recomendó de manera insistente una línea roja que jamás debía traspasar: no dedicarme nunca a negocios por cuenta propia, dentro de cuyo ámbito se consideraba incluida nuestra compañía pesquera familiar. Mi padre había llegado a la conclusión de que yo no servía para los negocios después de verme jugar a las cartas en la partida vespertina de póker en Cedeira, en la que, si faltaba alguno de sus miembros, yo ocupaba el lugar del ausente; también me incorporaba otras veces a la partida de tresillo a la que venían los curas de Cedeira y de alguna otra parroquia próxima. Cedeira es un arciprestazgo del que dependen otras seis parroquias. El tresillo es asignatura obligatoria en los seminarios diocesanos de Galicia, aunque se oculte en el plan de estudios. Mi padre se sintió feliz cuando le confirmé que me dedicaría exclusivamente a la abogacía y nunca a los negocios.

No cumplí mi promesa.

BODEGUERO

Durante mis estancias en el Cerro Nuevo, la viña jerezana de mi abuelo, disfrutaba los paseos entre las hileras de cepas. En la vendimia resultaba especialmente emocionante ver la pisada de la uva en el lagar del Cerro Viejo, propiedad de Sandeman, que estaba a menos de un kilómetro de distancia. Me impresionaba ver a los hombres, algunos con alpargatas y otros con los pies desnudos, aplastando las uvas con ritmo de paso gimnástico, mientras los vendimiadores seguían volcando en el lagar los capazos con más uvas; los llevaban entre dos.

Para ser sincero, viendo como el sudor de los pisadores caía sobre el mosto, siempre tuve dudas de la higiene del proceso. Cuando yo comencé a hacer mi vino en el Regajal me pareció un progreso que la labor de extracción del mosto se hiciera en una prensa. Sin embargo, mi amigo Peter Sissek —uno de los mejores enólogos del mundo— pisa la uva en un bocoy de madera en su ultramoderna bodega, de la que sale el «Pingus»; se vende a cerca de mil dólares por botella. Peter me aseguró que, con el método tradicional de pisado de la uva, obtenía un resultado mucho mejor que con la prensa.

En un viaje a Ginebra encontré en una librería de viejo el libro de un americano que recorrió Europa en la primera parte del siglo XIX con el fin de conocer los más famosos vinos del mundo. Es un libro documentado y minucioso que denota un conocimiento profundo de los vinos por parte del autor. La conclusión del norteamericano es rotunda: Europa es un continente con magníficos vinos, muy variados en sus características enológicas; pero, sobre todas las regiones visitadas, hay tres en las que, en su opinión, se producen los mejores vinos del mundo: Jerez, Oporto y Burdeos. No establece un orden de prioridad entre ellas, que deja al gusto del que tiene el privilegio de beber los vinos de esas regiones.

Las calificaciones que hacen los expertos sobre los mejores vinos del mundo se refieren siempre a bodegas concretas. De estas calificaciones dependen sus precios en el mercado; en el caso de los primeros clasificados, esos precios ascienden a un importe fuera del alcance de quienes no sean miembros del club de los grandes multimillonarios. Las clasificaciones de los vinos han cambiado mucho desde aquellos tiempos; hoy en día, en las más prestigiosas guías se encuentran algunos vinos norteamericanos entre los mejores del mundo; han adquirido gran fama y se venden a precios muy elevados.

Durante muchos años solía encabezar las clasificaciones de los mejores vinos del mundo el Domaine de la Romanée-Conti, un Borgoña cuyo precio por botella puede exceder de los siete mil euros. Parece ser que el Vaticano es históricamente uno de sus principales consumidores, costumbre que data de los años del cisma de occidente, cuando la corte papal se instaló en Aviñón. En las actas de las largas deliberaciones del Concilio de Constanza, que terminó con el cisma, no consta ninguna referencia a los vinos consumidos por la corte papal. La Iglesia es conservadora en materia de costumbres y el gusto por ese excelso Borgoña se trasladó a Roma cuando finalizó el cisma con la elección de Martín V como único papa, con sede en la ciudad eterna. Benedicto XIII, el derrotado papa Luna, siguió defendiendo su legitimidad hasta morir en Peñíscola, y dio lugar al conocido dicho español de mantenerse en sus trece. No consta que en su exilio el rebelde papa Luna consumiera Romanée-Conti.

Los recuerdos de la pisada de uva durante mi infancia en el lagar jerezano del Cerro me venían inevitablemente a la memoria cada vez que en la Misa se leía el evangelio de la parábola del viñador:

> «Había un propietario que plantó un viñedo, lo cercó, cavó un lagar y construyó una torre de vigilancia. Luego arrendó el viñedo a unos labradores y se fue de viaje...». (Mateo 21:33).

Tan pronto pude, decidí poner en práctica la parábola evangélica, planté una viña y construí una pequeña bodega en Aranjuez. Como siempre, sentí la necesidad de dedicarme con total intensidad a la nueva actividad de bodeguero, y convertirla en la meta más importante de mi vida. Siempre hago lo mismo: estudio, leo, me informo con amigos, la nueva tarea monopoliza mis pensamientos y se convierte en mi único tema de conversación. Son momentos en los que mi familia y mis amigos me soportan con mucho sacrificio. Pues bien, estudié la técnica de la vinificación y cada vez que me surgía una duda consultaba al marqués de Griñón, el bodeguero más generoso que he conocido a la hora de compartir sus conocimientos. Conseguí un vino bastante aceptable en mi finca de Aranjuez. Sin más ayuda que la de Félix, el guarda, elaboré las primeras añadas.

Cuando aquello se convirtió en un modesto negocio encargué la dirección a mi hijo Daniel, que con la ayuda de su hermana Isabel lo han sacado adelante; Isabel y Daniel son caracteres muy diferentes, pero se complementan y forman un buen equipo; han convertido El Regajal en un vino con razonable prestigio, que, año tras año, alcanza una buena clasificación en las guías y, lo que es más importante, se venden todas las botellas producidas.

Medité el siguiente paso; hice un análisis profundo de la situación y decidí continuar el negocio bodeguero por lo grande. La familia de mi compañero de despacho Antonio Alonso Lasheras era propietaria de unas tierras en Sardón del Duero, colindantes con las viñas y bodega de Abadía de Retuerta, uno de los grandes vinos de la Ribera del Duero. Organicé un grupo de entusiastas inversores: el propio

Antonio Alonso Lasheras, su cuñado Abel Hernández, mi primo Claudio Aguirre, Manolo Melgar, Fernando Troconiz y Fernando Bedoya. No creo que olvide a ninguno.

Claudio Aguirre y yo nos reunimos en Londres con el ya famosísimo Peter Sissek, el autor de «Pingus», convertido entonces en uno de los más prestigiosos vinos del mundo; le propusimos incorporarse a nuestro proyecto, pero Peter no podía aceptar la oferta porque estaba vinculado por un pacto de exclusividad con otros productores de la zona. En su lugar se hizo cargo de nuestro asesoramiento su joven ayudante, Jerome Bougnaud, que demostró ser un magnífico fichaje. Constituimos una sociedad, «Quinta Sardonia», compramos las tierras, plantamos las viñas, construimos una moderna bodega y produjimos un excelente vino.

En la nueva sociedad, Viñas de la Vega del Duero SA, todos los socios teníamos la misma participación, si bien yo era el único que se ocupaba del negocio. Aquello me representó un gran trabajo, sobre todo durante la construcción de la bodega y la plantación de las viñas. No pedí una compensación económica por mi dedicación; si me la hubieran ofrecido, yo no hubiese aceptado.

Llegué a un punto en el que mi afición por ser bodeguero estaba suficientemente cubierta con el vino que producía en Aranjuez; el esfuerzo que me suponía gestionar la bodega de Valladolid dejó de tener sentido; propuse a mis socios ponerla en venta, y así se hizo. Aceptamos la oferta de los gallegos de Terras Gauda, que nos pagaron con acciones. No fue una buena operación, lo reconozco. Yo recibía una compensación adicional indirecta que me merecía después de varios años, una compensación en especie más que justa, justísima: liberarme de una pesadísima carga de trabajo realizada gratuitamente en un negocio en el que solo tenía un quince por ciento.

Muchos años después he tenido un sentimiento similar de liberación al presentar mi dimisión como miembro de la ejecutiva del club de golf donde paso mis vacaciones; por más que en ese caso el esfuerzo no era ni medianamente comparable con el que hacía en nuestra bodega de Valladolid.

Es increíble lo que se tarda en aprender ciertas cosas que son evidentes.

La situación de las finanzas familiares a la que me enfrenté al morir mi padre me hizo recordar la constelación de la banca rota, que hacía ya más de dos siglos, que se había convertido en maldición constante de mi familia. Las estrellas volvían a amenazarnos de nuevo. Esta vez la amenaza quedó conjurada por la influencia de otra poderosísima constelación, la de la especulación inmobiliaria, que apareció repentinamente en el lejano horizonte del espacio estelar. Su influjo se hace sentir con fuerza en España de tiempo en tiempo. Debo reconocer humildemente que yo no fui capaz de beneficiarme totalmente de aquella aparición astrológica. Dudo muchas veces si lamentarme por mis escasos conocimientos astronómicos, pero acabo concluyendo que mi lamento sería injusto porque la constelación supuso en este caso unos efectos muy beneficiosos para mi familia.

Creo necesario contar lo que sucedió, debidamente resumido, por supuesto.

Con motivo de la llegada al poder de Salvador Allende, se exiló en Madrid una conocida familia chilena a la que mi padre había conocido en su país. Buscaban el amparo de España ante los desmanes del comunismo. Mi padre les ayudó a encontrar casa y colegio para sus hijos. Al cabo de algún tiempo le propusieron entrar en un negocio de fabricación de guantes. Mi padre les avaló ante los bancos los créditos necesarios para financiar la puesta en marcha del negocio. Los créditos fueron aumentando por las pérdidas, y con ellos los avales. Mi padre, dedicado en cuerpo y alma a salvar nuestra compañía pesquera familiar, no le prestó la suficiente atención al negocio de sus amigos chilenos, y llegó un momento en que los avales prestados ascendían a un importe muy elevado. Los bancos decidieron no renovar los créditos y reclamaron su pago. Por primera vez vi a mi padre deprimido y angustiado.

Una noche de verano en Cedeira, durante nuestro paseo habitual por el muelle después de cenar, mi padre me comunicó que, con gran pesar, se veía obligado a vender nuestra casa cedeiresa para atender las reclamaciones más urgentes de los bancos; la farmacéutica del pueblo le ofrecía un precio razonable. Desprenderse de la casa de Cedeira suponía para mi padre tanto como sufrir la extirpación del hígado, pero era inevitable; pasábamos momentos muy difíciles. Me comprometí a ocuparme inmediatamente de los trámites de la venta de la casa. No hubo lugar a ello. Al día siguiente, en la playa, mi tío José María Pita, el médico del que ya he hablado, le palpó un bulto en el abdomen. En el camino de vuelta a casa, José María se retrasó del grupo, me llamó y me dijo que lo que mi padre tenía con toda seguridad era un cáncer de mediastino —el mediastino existe— con una esperanza de vida máxima de un par de meses. No se equivocaba. Volvimos a Madrid y mi padre murió a los diez días en su cama.

El ministro de Justicia —yo era su jefe de gabinete— vino a darme el pésame a primera hora de la mañana siguiente. Me senté con él en un saloncito desde el que se divisaba la puerta de entrada. Allí estábamos cuando sonó el timbre. Eran los oficiales de un juzgado que venían a practicar diligencia de embargo sobre bienes de mi padre como avalista de créditos impagados por los chilenos. En estos trámites los funcionarios se suelen mostrar antipáticos y displicentes, pero desde la puerta pudieron ver al ministro y pasaron a dirigirse a mí con gran respeto. En aquellas fechas no se estilaban los tanatorios y el féretro de mi padre estaba situado en su despacho. Teatralmente abrí la puerta y se lo mostré a los enviados del juzgado. Se pusieron blancos, me dieron el pésame, pidieron disculpas, y, en tono muy amable, me indicaron que, sin prisas, en cuanto me fuera buenamente posible, me pasara por el juzgado para dejar constancia formal del fallecimiento.

Pero las cosas discurrieron por otro camino.

Durante el entierro se produjo algo insólito. Estábamos rezando un último responso junto a la fosa, cuando apareció un hombre con pinta de campesino gallego, boina en la mano y gabardina colgando del brazo; se acercó lentamente, se situó a mi espalda, me tocó en el hombro para llamar mi atención, y me dijo con un fuerte acento gallego:

—Soy José, que fuera el jardinero de su abuela.

—Gracias por venir José —le contesté secamente y seguí rezando.

—Es que viniera a comprarle el campito de junto a su casa —me dijo sin inmutarse.

—Por favor, déjeme en paz José, ya hablaremos luego —volví a responderle secamente.

—Es que yo le diera... —y mencionó una cifra que más que triplicaba el precio que la farmacéutica le había ofrecido a mi padre por la casa.

Hice un esfuerzo para mantenerme impasible. Esperé a que el enterramiento terminara, tomé a José del brazo, lo aparté de las personas que habían venido a acompañarnos y le pedí que me confirmara que su oferta era por el campito que estaba junto a la casa, y no por la casa. Así lo hizo. Sin soltar a José del brazo, para que no se me escapara, me acerque a Ramón Fernández Purón, notario y viejo amigo de la familia; le pedí que, sin más demora, nos fuéramos a su notaría. Me preguntó sorprendido el motivo, y le contesté, como si fuera lo más natural del mundo, que se trataba de hacer un contrato de compraventa. Le pedí a mi hermana que se ocupara de mi madre, y me fui con el antiguo jardinero de mi abuela y con el notario.

El notario me llamó la atención sobre el hecho de que no conocíamos las disposiciones testamentarias de mi padre; lo oyó José, y con el tono de autoridad de un jurista experto, manifestó que una promesa de venta le bastaría, aunque fuese condicionada a la ratificación de las personas que más adelante resultasen herederos. Con la misma autoridad indicó que la promesa de venta se haría «en calidad de ceder», es decir, que la escritura de compraventa se otorgaría, en su día, a favor de la persona o personas que él designara. Tanto el notario como yo quedamos impresionados por los conocimientos jurídicos de José. Quedaba únicamente por decidir qué parte del precio se entregaría como señal.

—Bien, José, vamos a hablar de la señal —le dije para iniciar el habitual chalaneo.

—Tratándose de usted, entregaré todo el precio —contestó.

Sin inmutarse, sacó del bolsillo interior de su chaqueta una cartera vieja y abultada, quitó una goma ancha que le daba un par de vueltas, sacó un talón al portador contra el Banco de Bilbao por el importe del precio convenido y lo depositó encima de la mesa. Me quedé un instante pensativo, porque en la España de aquellos años el cheque sin fondos y la violación eran los delitos más frecuentes. El más frecuente, creo recordar, la violación, seguido de cerca por el cheque sin fondos. Como si tuviera dotes adivinatorias, José me dio una tarjeta del director de la sucursal del Banco de Bilbao de Cedeira y me dijo sin mostrar molestia alguna:

—Chame a o banco se quere información; o director coñeceme moito.

Yo también conocía al director de la sucursal, con quien había jugado alguna partida de chamelo a la hora del café. Le llamé y le expliqué la situación. Me dijo que José se había convertido en un gran especulador inmobiliario; unos años buenos de percebes, cada vez más caros, habían supuesto que se ganara mucho dinero en Cedeira, y a la gente no se le ocurría más que invertir en casas en el pueblo o guardarlo en el banco. Me tranquilizó al decirme que hasta cien millones de pesetas José no tenía el menor problema; que él mismo le había rellenado los cheques, porque José tenía dificultades para escribir, y que podía aceptarlos sin temor alguno de impago.

El director habló claramente de «los cheques» en plural. Me quedé pensativo unos instantes. ¿Para qué sería el segundo cheque? ¿Sería por un importe mayor para el caso de que yo hubiese rechazado la primera oferta? ¿Me había precipitado aceptándola? Pero la cantidad que José me pagaba me permitía hacer frente a las reclamaciones más urgentes de los bancos, por lo que dejé de lado mis cavilaciones, hice un gesto con la mano de «adelante», el notario nos leyó la escritura, y firmamos. José lo hizo con parsimonia y dificultad; me entregó el talón; nos dimos la mano; salimos de la notaría y empezamos a bajar silenciosos por la escalera. Antes de cruzar el portal, José, que iba detrás de mí, me toco el hombro como había hecho en el cementerio. Me volví y en tono bajo me dijo.

—Se que e atrevimiento, mais vouche preguntar. ¿Vendiera usted su casa?

—¡Hombre por Dios José! —contesté aparentando escandalizarme.

—Es que le diera.... millones de pesetas.

—Tienen que ser.... millones —contesté.

—Trato hecho —replicó sin mover un músculo de la cara.

Jamás hubiese sospechado esa cifra. Subimos de nuevo a la notaría y repetimos la operación por los mismos pasos. Los talones con los que salí de la notaría no solo arreglaban el problema de los avales: solucionaban el futuro de mi madre. Me despedí del notario y dejé a José en la estación.

¿Había sido un milagro? Pues sí y no.

Pasaron unos meses, y, sin previo aviso, apareció José una mañana en mi casa. Venía en un taxi desde Cedeira. Dijo que quería hacerme un regalo, y me entregó tres plantones de los que ya he hablado al comienzo de este libro: un castaño de indias, un tejo y un laurel. Después sacó del bolsillo un papel que desdobló despacio, y me dijo:

—Esto es un contrato de compraventa de una parcela a media ladera de la Marabilla, con las mejores vistas a la ría.

—Muchas gracias, José, no me interesa —le contesté.

—No se la vendo, se la regalo, pero está condicionado a que usted me prometa que se hará allí una casa.

—De ninguna manera puedo asumir ese compromiso. No es mi propósito volver a veranear a Cedeira.

—Le entiendo y de verdad lo siento. Me hubiera hecho mucha ilusión. Por cierto, me gustaría otorgar cuanto antes las escrituras de compraventa de su casa y del campito de al lado. El notario va a Cedeira los jueves. ¿Qué tal le va el jueves de la semana próxima?

—De acuerdo, allí estaré, y gracias por los plantones José.

El día prometido volé a La Coruña. En el aeropuerto me esperaba el taxi de Cedeira que me había enviado José. Llegué a la notaría. En la puerta había un grupo numeroso de personas y me preocupó que se retrasara la firma de la escritura, con riesgo de perder mi avión de vuelta. Así se lo manifesté a José, que, sonriendo, me dijo:

—No se preocupe. Todos vinieran a firmar con usted.

—¿Cómo dice?

—Sí, señor, con usted. No olvide que la escritura fuera en calidad de ceder.

Para hacer corta una historia que no me gusta recordar, José había divido la propiedad en solares. Las personas que esperaban a la entrada eran los compradores. La casa con su jardín delantero la compraba el Ayuntamiento para dedicarla a hogar del jubilado. José había obtenido en unos pocos meses un beneficio que casi triplicaba su inversión. ¿Qué había sucedido? ¿Cómo había sido posible ese nuevo milagro de la multiplicación de los panes y los peces, esta vez en versión urbanística?

Sencillamente: eran años de una descomunal especulación inmobiliaria en el mundo entero y Cedeira no era una excepción. Los precios de los inmuebles subieron en una incontenible euforia. Muchas familias vendían su vieja casa como solar, a un precio que no hubiesen podido soñar y pasaban a vivir en un piso moderno y cómodo. Si el precio recibido por la vieja casa no era suficiente, allí estaban los bancos, siempre generosos, ofreciendo unas hipotecas a tipos altísimos que empeñaban a los compradores para el resto de su existencia. Pues bien, la hasta entonces humilde villa de Cedeira no era una excepción en esa locura.

Mi primera reacción después de ver el beneficio de José fue de desesperación por no haber apretado más en el precio de venta. Pero después de una reflexión más serena camino del aeropuerto, me tranquilicé. Yo no hubiera podido hacer la operación: ni conocía el mercado inmobiliario de Cedeira, ni nunca hubiera imaginado que aquella pequeña villa pesquera participaba tan activamente de la euforia inmobiliaria universal. ¿Acaso no había resuelto el grave problema económico de mi familia? No había que darle más vueltas.

El tiempo vino a darme la razón. Los compradores empezaron a construir sobre los solares, pero llegó la crisis de las hipotecas basura, la construcción se detuvo y estuvo parada muchos años. Las casas siguieron en estructura, sin paredes —«en jaula» las llaman allí— dando una imagen lúgubre y rotunda de la tristemente famosa crisis que azotó a la economía mundial.

Debo admitir que cuando iba a Cedeira la imagen siniestra de las casas «en jaula» me producía cierto alivio, por más que reconozco que la alegría del mal ajeno —la llamada *Schadenfreude*— es mala cosa. Concluí que, si hubiera obrado más calmosamente, el resultado podría haber sido mejor, pero había sido imprescindible actuar con rapidez. Entre asegurar una solución inmediata de los problemas económicos de la familia y correr el riesgo de convertirme en promotor inmobiliario a cambio de un hipotético beneficio mayor, me había quedado con lo primero y, a mi juicio, había hecho lo correcto.

Plinio el viejo cuenta en su *Historia Natural* la anécdota de un remendón ateniense que, al ver una pintura de Apeles, llamó la atención al pintor sobre un error en las ataduras de las sandalias del personaje retratado. Apeles se lo agradeció, y el remendón, envalentonado, se puso a opinar sobre otras partes del cuadro. Apeles le cortó tajantemente y le dijo, según cuenta Plinio: «no opine el zapatero de otra cosa que no sea la sandalia» (*ne ultra crepidam sutor iudicare*). De aquí procede el aforismo «zapatero a tus zapatos». Yo lo considero expresión de sabiduría. Jamás se debe invertir en negocios que no se conocen bien y yo no era conocedor del negocio inmobiliario en Cedeira.

Mis incursiones en el negocio inmobiliario, después de la venta de nuestra casa cedeiresa han sido escasas, y siempre en un volumen que me permitiera afrontar la inversión con mis propios fondos, o con un mínimo crédito bancario.

Más adelante viví una nueva época de furor especulativo, y me convertí en promotor inmobiliario en Aranjuez. Compré un solar. Nada más empezada la construcción vendí «en plano» la totalidad de los pisos. Compré el segundo solar y sucedió lo mismo. Lógicamente, compre un tercer solar, pero antes de haber obtenido la licencia municipal de construcción, el mercado se había dado la vuelta. A pesar de ello construí los pisos; terminada la casa decidí no malvenderlos y los puse en arrendamiento. No ha sido un negocio muy brillante, pero lo suficiente para atender al pago de los créditos que pedí para financiar la construcción. Cuando queden totalmente amortizados, mis herederos, o, más probablemente, los herederos de mis herederos, serán propietarios de una casa de pisos en Aranjuez.

Menos da una piedra.

XIV. EL GLAMUR DE LOS CONSEJOS DE ADMINISTRACIÓN

Para cualquier español de mi generación, si excluimos el gordo de Navidad, la máxima aspiración era conseguir un empleo aburrido pero estable en alguna oficina pública. La meta más ansiada era ser funcionario público. En el nivel superior de la función pública se encontraban las oposiciones.

Fuera de la administración, la meta, reservada solo a unos pocos privilegiados, era formar parte del Consejo de Administración de una sociedad anónima: ser consejero. Los consejos de administración fueron muchos años la expresión más perfecta del chollo, en el estricto significado que nuestra Real Academia de la Lengua da a esta palabra: «algo valioso y apreciable que se adquiere a muy bajo precio o con poco esfuerzo». Ser consejero era algo así como tener un título de nobleza mercantil, y de hecho también era a veces hereditario.

Dispone la ley que al Consejo de Administración designado por los accionistas le corresponde la gestión de la sociedad. Cuando se trata de grandes sociedades anónimas, esto no pasa de ser una de las muchas ficciones que nos ofrece el Derecho; yo diría que una ficción especialmente apartada de la realidad. Las ficciones jurídicas son a veces ejemplo de cinismo, que en este caso se eleva a un nivel de virtuosismo difícil de superar. Formar parte del Consejo de Administración de una compañía en la que se era accionista importante, o bien se tenían conocimientos sobre el negocio que desarrollaba la sociedad, era algo razonable; pero estos eran supuestos poco frecuentes. En las sociedades importantes los nombramientos de consejero respondían, por lo general, a otros motivos. Por poner un ejemplo, el nombramiento de un alto funcionario como consejero de una compañía pública buscaba completar la exigua remuneración que recibía por su cargo en la Administración.

Tanto ayer como hoy, la gestión de las sociedades mercantiles la llevan los ejecutivos, fichados entre profesionales competentes en el negocio. El consejo ejerce en el mejor de los casos una supervisión lejana de la gestión de los ejecutivos, y se limita a oír sus informes, que rara, rarísima, vez, se discuten ni se aporta idea alguna que sirva para mejorar las propuestas de los ejecutivos; estas se aprueban, con muy escasas excepciones, sin un debate en profundidad. Nunca faltan consejeros que, para ser centro de atención por unos minutos, hacen preguntas absurdas sobre temas irrelevantes para la cuestión sometida a aprobación. Esa costumbre del consejero preguntón la he visto siempre repetida en los consejos a los que yo he pertenecido, y la he sufrido cuando yo los presidía.

Los accionistas minoritarios de las grandes compañías cotizadas en bolsa, no son más que inversores temporales que compran y venden sus acciones en función del mercado. Su lazo de vinculación con la sociedad se limita al trámite de asistir a la Junta General, siempre que haya prima de asistencia o caja de bombones, que es lo más frecuente. La masa de accionistas/inversores minoritarios confía en los accionistas mayoritarios, que, a su vez, lo hacen en el Consejo de Administración, y este, por su parte, pone la confianza en el equipo directivo. Parece un esquema razonable.

En una importante sociedad, los consejos transcurrían de la manera que sigue. Es un supuesto real:

El presidente: Se abre la sesión; señor secretario proceda. (El secretario reparte a los señores consejeros un sobre con su dieta de asistencia).

El presidente: Hoy vamos a aprobar los siguientes acuerdos. (El secretario da lectura a las propuestas de acuerdo para cada punto del orden del día).

El presidente: ¿Alguna pregunta?
(Silencio).

El presidente: ¿Se aprueban? ¿Algún voto en contra, alguna abstención?
(Clamor unánime): Se aprueban.

El presidente: Señor secretario, dé lectura al acta de la sesión.
(Clamor unánime): Por leída.

El presidente: ¿Se aprueba el acta? ¿Algún voto en contra, alguna abstención?

(Clamor unánime): Se aprueba.

El presidente: Se aprueba el acta. Se levanta la sesión.

Cuando se empezó a hablar en España de las nuevas normas de gobernanza y códigos de conducta aplicables a los consejos de administración que se iban imponiendo poco a poco en el mundo desarrollado, y en Europa en particular, recibí un curioso encargo del presidente de la sociedad, a la que me acabo de referir. Intuía que se iba a producir un cambio radical en el funcionamiento de los consejos y quería estar preparado para cuando las nuevas prácticas se tuviesen que aplicar en España. Para ello me encargaba un análisis, lo más sintético posible, de las nuevas normas de gobernanza propugnadas por los códigos de buen gobierno, y de cómo se aplicaban en el extranjero.

Preparé un informe breve y se lo envié. Al cabo de unos días me citó para pedirme algunas aclaraciones. Fui a su despacho, me escuchó atentamente, me dio las gracias por mi trabajo, me miró fijamente y me preguntó:

—¿Cree usted de verdad que todo eso puede llegar a imponerse en España en grandes sociedades como esta?

Era una pregunta retórica y él mismo se contestó:

—Es sencillamente imposible.

Yo levanté los hombros; guardó mi informe en un cajón de su mesa, nos saludamos, y me fui satisfecho de mi trabajo.

Durante mucho tiempo las cosas siguieron igual, pero, poco a poco, las nuevas normas de buen gobierno se fueron imponiendo, sobre todo en las sociedades cotizadas. El nombramiento de los consejeros comenzó a ajustarse a criterios cada vez más exigentes, principalmente respecto de su conocimiento de los negocios desarrollados por la sociedad, y de su independencia del equipo ejecutivo. Se hicieron también obligatorias comisiones en el seno de los consejos, para facilitar el control de la gestión.

Las cosas cambiaron. He presidido más de una comisión de nombramientos y retribuciones en compañías cotizadas en bolsa, que son las encargadas de proponer nombres de consejeros, y puedo dar fe de ello. La ficción de que el consejo es el gestor de la sociedad aún subsiste, pero la distancia con la realidad se ha reducido enormemente, y el control sobre los ejecutivos se ha hecho más eficaz.

La aspiración de ser consejero de una compañía importante era muy razonable porque las retribuciones de los consejos solían ser muy generosas; en algunos casos escandalosas. Se justificaban por las responsabilidades que, en teoría, de acuerdo con la Ley, asumía el Consejo de Administración; pero solo era en teoría; las responsabilidades eran nulas en la práctica. En los escándalos financieros que se hicieron públicos en aquellos años se podrían contar con los dedos de una mano los consejeros de sociedades mercantiles condenados por negligencia en el desempeño de su cargo.

En la nueva España democrática la situación cambió poco a poco. Las retribuciones se fueron reduciendo, haciéndose proporcionadas al trabajo realizado y a la responsabilidad asumida. La ley no había variado, pero, de hecho, la responsabilidad de los consejeros dejó de ser una ficción. Ser consejero ya no era un chollo como en épocas pasadas, y en los momentos de crisis se empezaron a oír silbar las balas en las lujosas salas de los consejos.

Cuando surgía algún escándalo financiero, el ambiente en los periódicos y en las tertulias era lo más parecido al de un circo romano en el que el público enardecido reclamaba la presencia de las fieras para acabar con los cristianos, inermes en el centro de la arena. El papel de los cristianos lo desempeñaban los ejecutivos y los miembros de los consejos de administración. Intervenía la justicia penal en sustitución de las fieras del circo romano, y, en las tertulias de bares y casinos, como en cualquier reunión social, el grito unánime del pueblo soberano era: ¡A la cárcel! ¡A la cárcel! Nadie conocía ni el menor detalle de lo que había sucedido; simplemente «se sabía de buena tinta» que los gestores y los consejeros de las compañías involucradas en el escándalo eran unos ladrones, y el grito de ¡a la cárcel!, convertido en mantra siniestro, se repetía con ira creciente.

¿Pero a la cárcel quién? ¿Quiénes eran, concretamente, los ladrones? La respuesta era que los ejecutivos y los consejeros eran los ladrones, absolutamente todos, sin distinciones ni matices. ¿Cuánto se había robado? Mucho, muchísimo. ¿Y qué cantidad había robado cada uno? Todos habían robado mucho, muchísimo, como una banda democrática de rateros. El vociferante pueblo soberano no precisaba de mayores matizaciones.

Comenzaba de inmediato el segundo acto: se sustanciaba —como se dice técnicamente— la querella, es decir, empezaba el procedimiento penal en el juzgado. Su tramitación era lenta, muy lenta, y se iba desinflando el entusiasmo del pueblo soberano, que acababa olvidando el asunto. Y aunque los autos habían pasado a dormir el sueño de los justos en los anaqueles del juzgado, el proceso se mantenía abierto, por mucho tiempo que pasara; a veces transcurrían años. Los autos despertaban un día, se abría juicio contra alguno de los administradores cuyo nombre ya ni siquiera se recordaba; los demás acusados quedaban exonerados de culpabilidad después de haber sufrido lo que se conoce como pena de banquillo, castigo injusto y cruel donde los haya.

No recuerdo ningún caso en el que se recuperara algo del dinero que «se sabía de buena tinta» que había sido robado. Algún profano en estas materias se preguntará de buena fe como es esto posible. Pues, sencillamente, porque la responsabilidad penal requiere la prueba de la culpabilidad de los acusados, y la prueba, clara y directa, no suele aparecer. En España, afortunadamente, los jueces aplican la justicia, por más que se frustre el afán justiciero del pueblo soberano. En ausencia de prueba incontestable del delito, por mucho que los consejeros hubieran estado mirando a las musarañas durante las sesiones del consejo, por más que no hubiesen leído un solo papel del dosier que se les enviaba sobre las cuestiones a debatir en la sesión, a pesar de todo ello, quedaban exonerados de responsabilidad penal. Esto es lo que sucedía y sigue sucediendo hoy en la gran mayoría de las ocasiones.

¿Hay alguna solución? En mi opinión sí. Cuando hay indicios de que los administradores no han actuado con la diligencia debida, lo procedente no es el circo mediático y las querellas criminales, sino reclamar en un pleito civil ordinario la indemnización de los daños sufridos. La falta de diligencia es más fácil de probar que el dolo penal. Lo que pasa es que en el pleito civil no hay pena de cárcel y no se da lugar al espectáculo del circo romano; la televisión no puede transmitir a todo un Gobernador del Banco de España, o a un financiero importante entrando en Alcalá Meco o en Carabanchel; por esta razón, para el pueblo soberano, el pleito civil es un latazo y prefiere el espectáculo escatológico de la justicia penal, aunque sea a costa de no recuperar el dinero perdido.

A lo largo de mi vida profesional he sido miembro de muchos consejos de administración, en sociedades pequeñas y grandes, seis de ellas cotizadas en bolsa, dedicadas a todo tipo de negocios, no regulados, o regulados como la banca y los seguros, en compañías españolas o extranjeras, como secretario del consejo, como vocal, o como presidente. Creo que no es presuntuoso decir que tengo una razonable experiencia en materia de consejos de administración. En todos los que fui miembro participé activamente.

Pero, al mismo tiempo, siempre he considerado que no entraba en mi retribución como consejero asumir riesgos por causas que estuvieran fuera de mi control. Se lo advertía al presidente del consejo antes de que se formalizara mi nombramiento: si se daba alguna circunstancia ajena a mi intervención, que, a mi juicio, pudiera dar lugar a una acción de responsabilidad contra los consejeros, yo dimitiría inmediatamente. Así hice más de una y de dos veces. Mi socio en J&A Garrigues, Emilio del Sol, me puso de apodo el «Gran Houdini», mago que se hizo famosísimo por su habilidad para el escapismo: atado e introducido en un arcón cerrado con cadenas, se apagaba por unos segundos la luz del escenario, y al volver a encenderse, el Gran Houdini, no se sabe cómo, lo había conseguido: aparecía sonriente y desatado, mostrando sus ataduras como un trofeo. No quisiera, sin embargo, que el lector se quedara con una impresión equivocada. Como regla general, en los consejos de administración de los que he sido miembro, se trabajaba con eficacia y responsabilidad.

Mi presencia en consejos de administración comenzó pronto. Fui designado miembro del consejo de administración de Mundus; a mis veintipocos años fue como aterrizar en otro planeta. Aquel Consejo tenía una característica única: salvo el arquitecto más famoso de la época, conocido como Pichichi Gutiérrez Soto, todos los demás tenían título nobiliario, muchos de ellos con grandeza de España; era el consejo de administración más elegante de Madrid. Yo me sentaba junto a Pichichi Gutiérrez Soto que se aburría y me contaba anécdotas de la guerra; había formado parte de la escuadrilla de García Morato a la que también perteneció el comandante Ripollés, que, como ya he dicho antes, hubiese sido mi suegro de no haber muerto en un accidente pilotando uno de los primeros reactores de nuestro Ejército del Aire. Pichichi me aseguraba con total rotundidad que él había sido el inventor de la frase «reza lo que sepas»; se la había dicho a su copiloto con motivo de una acción en la que sufrieron un importante fuego antiaéreo. Recuerdo con añoranza las sesiones de aquel Consejo de Administración.

Los abogados de J&A Garrigues tomábamos nuestro café mañanero en el bar Roma, vecino al bufete. Venía también a tomar café mi tío José Joaquín Ysasi-Ysasmendi, joven presidente de la Compañía General Azucarera, creada por la familia Araoz. Me ofreció formar parte del Consejo de Administración. Pertenecer al consejo de una sociedad cotizada en bolsa era un privilegio del que disfrutaba muy poca gente. El azúcar, por su condición de *commodity* dependiente de un mercado mundial, es un negocio complicado. Alejandro Royo Villanova, buen amigo, era el director general de la compañía y sus lecciones en el consejo me sirvieron de mucho cuando más adelante decidí convertirme en modesto cultivador de viñas y entrar en el competitivo mercado del vino.

Pero lo realmente importante que aprendí en Azucarera fue el arte de manejar un consejo de administración. Ysasi dirigía la sesión con autoridad, demostraba su conocimiento de los asuntos, que se debatían en profundidad; yo daba mi opinión cuando había alguna cuestión jurídica. Ysasi era un maestro de la retórica mercantil no igualado por ninguno de los presidentes de compañías cotizadas en bolsa que he conocido. La junta general de Azucarera se consideraba cada año de asistencia obligada para todo el que fuera alguien en el mundo bursátil. El presidente pronunciaba un magistral discurso, en el que de memoria y sin consultar un solo papel, daba todo tipo de cifras y datos, sin vacilar ni una sola vez y sin un solo error. Al terminar era premiado por una gran ovación.

Mis dos primeras experiencias como consejero en sociedades mercantiles habían sido plácidas y agradables. Era la época dorada de los consejos de administración con juntas de accionistas tranquilas... En fin, el paraíso terrenal.

Luego la cosa cambió.

EL MUNDO DE LA COMUNICACIÓN

He pertenecido al Consejo de Administración de varias compañías del mundo de la comunicación. Formé parte del primer Consejo de Administración de Radiotelevisión Española durante la transición a la democracia. Era un consejo cien por cien político. Fui designado en representación de UCD junto con Manuel Olivencia, catedrático de Derecho Mercantil, de la escuela Garrigues, José Joaquín Puig de la Bellacasa, diplomático que ocupó con enorme eficacia la jefatura de la casa del Rey, y buen amigo desde que ambos coincidimos en el grupo Tácito, y, por último, Fernando Arias Salgado, también diplomático, que fue designado presidente del consejo.

El «comisario político» del PSOE en Radiotelevisión española era José María Calviño, padre de una conocida miembro del partido y su influencia se percibía en *Telediario* y los demás programas informativos y de opinión. Desde entonces la influencia de la izquierda se ha incrementado en TVE hasta extremos increíbles.

No he estado jamás en un Consejo de Administración más inoperante que el de Radiotelevisión Española en aquellos tiempos. Se iniciaba la sesión y el presidente preguntaba si los señores consejeros estaban de acuerdo con los puntos a tratar en el orden del día. Íbamos contestando que sí, uno a uno, pero al llegar al representante del PNV la respuesta era «*bai*», en vasco. El presidente le indicaba la obligatoriedad de usar el castellano en la sesión del consejo. Se repetía la votación y el representante del PNV volvía a contestar «*bai*». A la vista de ello, el presidente declaraba levantada la sesión sin haberse tratado de ninguno de los puntos incluidos en el orden del día. Nadie protestaba. Siempre tuve para mí que se trataba de una comedia preparada de antemano por el maléfico y admirado Pío Cabanillas, a quien correspondía la última responsabilidad de la televisión pública en aquellas fechas.

Fui también miembro del consejo de administración de Antena 3 Televisión. Lo presidía mi gran amigo Luis Blasco, designado por Telefónica que controlaba la mayoría de las acciones. El sorteo del cupón de la ONCE se televisaba diariamente con la intervención de unas azafatas que se hicieron famosas como las chicas del *Telecupón*. Estaban empleadas como ordenanzas en las oficinas de la emisora. Pedro J. Ramírez aspiraba a comprar Antena 3, pero el gobierno del PP, presidido por Aznar, adoptó la decisión de vendérsela al grupo propietario de *La Sexta*. ¿Por qué? Los designios de la política son inescrutables. Yo cesé como miembro del Consejo de Administración.

Mi abuelo, Daniel García Jove, había colaborado económicamente con el cardenal Herrera Oria en la fundación de la Editorial Católica (EDICA). Fue el primer presidente de su Consejo de Administración.

Conservo un facsímil de *El Debate* de 5 de julio de 1936 en el que aparece presidiendo una sesión del consejo. Mi padre sustituyó a mi abuelo y más adelante yo sustituí a mi padre. Durante mi presencia en el consejo de EDICA se sucedieron muchos presidentes, todos ellos gentes de gran prestigio. Recuerdo a Landelino Lavilla, a José Antonio Muñoz Rojas y a Juan Herrera, entre otros. Juan Herrera había estado con mi padre en el viejo *Debate* haciendo prácticas como becarios. Me citaba en su casa el día antes del consejo; vivía encima del restaurante Jockey. Después de pasar revista a los temas que se iban a tratar al día siguiente, bajábamos a almorzar al restaurante.

Como consejero más joven yo ocupaba el cargo de consejero-secretario. Se me asignó un taquígrafo para dictarle las actas. Se trataba, nada menos, que de Don Pedro Ocón de Oro, el más genial creador de pasatiempos de todos los tiempos; tenía una empresa con un número considerable de empleados para poder atender todas las demandas que recibía de España y de América. Ocón de Oro sobresalía sobre todo como autor de jeroglíficos. El restaurante Jai Alai de Madrid, donde ceno de forma habitual, tiene el buen gusto de adornar su salón de entrada, donde está la barra, con fotografías de mesas ocupadas por sus viejos clientes; entre ellas, hay un cuadrito dedicado por Ocón de Oro con un jeroglífico en colores; la leyenda dice: ¿Qué tal comiste en Jai Alai? La contestación es: Charlot; debajo las letras «m» y «o»; debajo un rey. (Comico-mo-un rey).

La Editorial Católica, EDICA, era la mayor cadena de periódicos en España. El primero que salió a la calle, en 1911, fue *El Debate* que se dejó de publicar después de la guerra; el *Ya*, originariamente un periódico vespertino, se convirtió entonces en el diario principal de la cadena. También se editaba *El Ideal Gallego, El Ideal de Granada, Hoy* de Badajoz, *La Verdad* de Murcia y multitud de revistas y periódicos especializados, entre ellos *Dígame*, dedicada a los toros.

El Debate había tenido un gran prestigio. Don Diego Hidalgo, ministro de la guerra durante la revolución de Asturias del 34, había visto un ejemplar de *El Debate* en Moscú, en la mesa del comisario de negocios extranjeros, Chicherin; Hidalgo le manifestó su sorpresa y Chicherin le contestó, que, sin perjuicio de considerarlo un medio adverso, *El Debate* era el periódico español que con más rigor hablaba de las cosas de Rusia. En aquellas fechas, *El Debate* tenía cuatro suscriptores más en Rusia: la agencia Tass, el periódico *Izvestia* y dos apartados de correos de titular desconocido. Diego Hidalgo tenía su notaría en Felipe IV número 9, casa en la que vivimos un par de años cuando nos trasladamos a Madrid. Sus tres hermanas, solteras, vivían en el piso de enfrente y me invitaban a merendar. Allí coincidía con don Diego, que iba a visitarlas. El camino a mi colegio lo hacía acompañado de Diego Hidalgo hijo, que estudiaba en el progresista colegio Estudio; yo, como ya he contado, estaba en el Instituto de Selección Escolar, ultraconservador. Los dos colegios estaban en la misma calle, Rafael Calvo, a solo dos o tres manzanas de distancia física. La distancia ideológica era considerablemente superior.

El Debate desapareció después de la guerra civil y el periódico principal de EDICA pasó a ser el *Ya*, inicialmente editado como diario vespertino. Se pretendía marcar diferencias visibles entre la nueva época y la anterior a la guerra. Fue una decisión típica de la casa; en mi modesta opinión, un grave error.

En *Ya* publicaba los viernes sus artículos el grupo Tácito, al que pertenecí; muchos de sus miembros tuvieron una participación destacada en el proceso de transición a la democracia. Sin el prestigio histórico de *El Debate*, el *Ya* desapareció cuando comenzó a publicarse *El País*. La gestión económica de EDICA estaba lastrada por unos compromisos laborales inasumibles: se garantizaban unas pensiones de jubilación a los trabajadores que obligaban a dotar un fondo imposible de alcanzar. Los hombres más destacados de la Asociación Católica de Propagandistas decidieron incorporarse a la política e ignoraron el problema. Se hizo cargo de EDICA la Conferencia Episcopal, que a través de fiduciarios gestionó pésimamente la empresa. El 14 de julio de 1996 se publicó el último *Ya*; era el número 18.662.

«Dad al César lo que es del César y a Dios lo que es de Dios» es un conocidísimo mandato evangélico. Con seguridad, lo conocía el presidente de la conferencia episcopal, cardenal Don Ángel Suquía; pero, supongo, que pensaba que los cardenales estaban exentos de cumplirlo. Si el cardenal Suquía y su *longa manu* el cura Don Bernardo Herráez se hubieran mantenido alejados de la gestión de EDICA —tarea que les superaba— quizás el *Ya* se hubiese salvado y se hubiera convertido en el principal periódico conservador del país.

Las instalaciones del *Ya*, con cerca de una hectárea a pocos metros de la Plaza de Castilla, eran un gran patrimonio. He vivido profesionalmente reflotamientos de empresas mucho más complicados. Pero Suquía y el cura Herráez intentaron solucionar el problema a base de sociedades fiduciarias y de enredos múltiples. Los prohombres de la Asociación Católica de Propagandistas no hicieron nada para salvarla; tienen mucha responsabilidad en la muerte de la más importante cadena de periódicos conservadores en España, que sería apoyo vital para la consolidación de una opción centrista en nuestro país. La triste historia del final del *Ya* la cuenta con detalle Rafael González Rodríguez-Rojas en un libro editado en 2010, con el título *Los periódicos de la Editorial Católica*. La crisis de EDICA fue un auténtico drama para el mundo de la comunicación en España y dejó al *ABC* como único periódico conservador.

Por fortuna, una nueva generación de miembros de la Asociación Católica de Propagandistas, con Alfonso Bullón-Barba a la cabeza, ha tenido la iniciativa de comprar la cabecera del viejo *Debate* y de convertirlo en un magnífico periódico digital. Bullón tuvo los reflejos de fichar a Bieito Rubido hasta ese momento director de *ABC*, con una larga experiencia en toda clase de medios de comunicación. Rubido llevó consigo a *El Debate* a Ramón Pérez Maura, a otras importantes firmas —Ventoso y Ussía, entre ellas— y a un grupo de buenos redactores. En un tiempo récord han situado al nuevo *Debate* en el grupo de cabeza de los periódicos digitales en España, con más de dos millones de lectores diarios.

Confío que ese éxito sea el comienzo de un nuevo grupo de comunicación completado por la COPE, de gran audiencia, y por la emisora de televisión, la TRECE, que es un buen proyecto pero aún insuficiente. Bajo la dirección de Rubido, con Ramón Pérez Maura y el equipo del *Debate* sería un grupo de comunicación moderno, absolutamente necesario para apoyar a una opción política que haga frente con eficacia a la coalición de partidos de izquierda y nacionalistas que el PSOE lidera como opción de gobierno con vocación de eternidad.

EL PRESTIGE Y LA VUELTA CICLISTA A ESPAÑA

Estuve en otros muchos Consejos de Administración. Me acostumbré al silbido de las balas. En alguna ocasión, por fortuna, resultaron ser balas de fogueo.

En Aegon España, la conocida compañía multinacional de seguros, fui vicepresidente del Consejo de Administración muchos años. Su desarrollo en España se debió a la competencia y al empuje de

Jesús Quintanal, una fuerza de la naturaleza. Era de esas personas en las que, cuando hablaba, sus palabras se atropellaban en un inútil intento de seguir el pensamiento que marchaba a mucha más velocidad. Jesús fue uno de los buenos amigos que murió a causa de la epidemia de COVID que sufrimos en 2020.

Yo era miembro del Consejo de Administración de Aegon cuando naufragó El Prestige en 2002 a la altura de las costas gallegas. Su carga de crudo llenó las playas Galicia de pegajoso alquitrán y causó una gran mortandad en los moluscos, medio de vida de los mariscadores de muchos pueblos costeros. La izquierda inventó entonces el lema «nunca máis» que se usaba como grito de guerra contra Fraga, presidente de la Xunta. Nadie pudo explicar nunca —porque era inexplicable— en virtud de qué regla de tres la izquierda, siempre chillona, atribuía a Fraga, como presidente de la Xunta de Galicia, la responsabilidad de los daños producidos por el naufragio del petrolero griego. La competencia en todo lo derivado del siniestro era estatal: la maniobra de salvamento, que fue inicialmente boicoteada y dificultada por el armador, así como su ejecución, respondió a los criterios y decisiones de la Subsecretaría de la Marina Mercante, no de la Xunta.

La campaña que se desarrolló contra el PP bajo el lema del «nunca máis» fue una demostración máxima de falsía política, de amarillismo de una gran parte de nuestros medios de comunicación, y de estupidez de las masas, que, como de costumbre, se dejaron manipular de una manera increíble.

Para establecerse en España, Aegon había comprado Galicia Seguros, que operaba básicamente en esa región. Aegon consideró que, con motivo del desastre del Prestige, había que tener un gesto con Galicia. Se organizó un acto en Corcubión, en la Costa da Morte, la zona más perjudicada por el derrame del petróleo. En ese acto se colocaría una placa conmemorativa, donada por Aegon.

Fui designado para acompañar en el acto al presidente del grupo, un americano de Iowa muy simpático. Volamos a Santiago y fuimos recibidos por Fraga en la presidencia de la Xunta. Fue una entrevista muy agradable. Fraga demostró sus conocimientos sobre Holanda, sobre los seguros, sobre Iowa, sobre los petroleros, y sobre todos los demás temas de los que se habló en la audiencia: era arrollador y hacía honor a la imagen que de él se tenía de auténtica fuerza de la naturaleza.

Al día siguiente, en la Costa da Morte, junto a una ermita situada encima de un imponente acantilado, tuvo lugar la colocación de la placa a la que siguió, como corresponde en Galicia, un magnífico almuerzo. Se celebraba en una mesa alargada con un número considerable de comensales. El presidente del grupo Aegon se sentó en frente de Fraga. Yo me senté junto al, Ministro del Interior. La conversación la monopolizaba Fraga. Durante la comida, que fue larga, una persona se acercó y musitó algo al oído de una de las autoridades. Me inquietó, porque estábamos en época de atentados de ETA y del GRAPO y allí estaban reunidos Fraga, el Ministro del Interior y otras muchas autoridades del PP, convertidas por obra y gracia del pueblo soberano en responsables del desastre del Prestige. Mi inquietud aumentó cuando, pasado un rato, volvió la misma persona y repitió la operación. Esta vez acerqué descaradamente el oído para escuchar el mensaje: no se trataba de una amenaza de atentado; el mensajero le daba noticias sobre la etapa de la Vuelta Ciclista a España, que se corría en aquellos momentos.

LA MAFIA COLOMBIANA

Si existiera una medalla al valor profesional, el Colegio de Abogados debería habérmela concedido por mi actuación como miembro del Consejo de Administración de una compañía, cotizada en bolsa, dedicada a la fabricación de centralitas y terminales telefónicos.

Se decidió abrir una sucursal en Colombia para gestionar la instalación de una red de fibra óptica por todo el país. Como representante de la sucursal se nombró a un colombiano que tenía un buen curriculum. La instalación de la fibra óptica requería contratar a un subcontratista que realizara el trabajo de abrir las zanjas, una labor sin grandes requisitos de especialización, que representaba una ínfima parte del coste del proyecto. El representante de la sucursal eligió a una pequeña constructora y firmó un contrato que sometía a los tribunales de Colombia las disputas que pudiesen surgir entre las partes. El precio se fijaba en pesos pero se pagaba en dólares al tipo de cambio vigente en el momento del pago. En aquel tiempo el peso se devaluaba mensualmente en dos dígitos.

Hasta aquí todo normal.

La constructora demostró ser un absoluto desastre, y, desde el primer momento, se puso de manifiesto que la compañía española no podría cumplir los plazos comprometidos con el gobierno colombiano. Se decidió cancelar el contrato con la empresa subcontratista y buscar a otra que realizara el trabajo.

La subcontratista presentó una demanda en el juzgado de un pequeño pueblecito donde en aquel momento realizaba los trabajos. Alegaba cancelación injustificada del contrato y pedía que se le abonaran los daños que la cancelación del contrato le suponía y los beneficios que hubiera obtenido de haber podido finalizar el trabajo, lo que se conoce como el lucro cesante. Para calcularlo, la subcontratista hacía las cuentas del Gran Capitán: partía de una hipotética zanja cuya longitud daba varias vueltas al perímetro del globo terráqueo y, consiguientemente, una duración del trabajo de muchos años.

En contra de la evidencia, no preveía ninguna devaluación del peso durante todo ese largo periodo. De esta manera, el beneficio dejado de obtener al cambio vigente entonces suponía una cantidad impresionante de dólares. Los intereses de demora hasta el pago se fijaban, sin embargo, al tipo vigente para el peso, con lo que la cantidad en dólares en el transcurso del pleito se convertiría en estratosférica. El representante de la sucursal en Colombia, en connivencia con la subcontratista, se guardó la demanda en un cajón, de modo que la compañía no pudo contestarla. El juez la estimó sin más trámite. El representante de la sucursal también ocultó la sentencia que, por tanto, no pudo ser recurrida y se convirtió en sentencia firme.

Los abogados de la subcontratista iniciaron entonces los trámites para ejecutar la sentencia en España. La ejecución en España de una sentencia extranjera se hace a través de un procedimiento que se conoce con el nombre latino de *exequatur*. En las demandas de *exequatur* el único motivo posible de oposición es que la sentencia no sea firme, es decir, que aún quepa algún recurso en el país donde se dictó. En este caso la sentencia era firme. El órgano competente para resolver el *exequatur* había sido siempre el Tribunal Supremo, pero la ley se había modificado y la competencia le correspondía ahora al juez de Colmenar Viejo, que era el lugar del domicilio de compañía española. Al día siguiente de la presentación de la demanda de *exequatur*, el juez titular del juzgado de Colmenar Viejo pasó a otro destino y para ocupar el puesto se designó, interinamente, una jueza que acababa de aprobar la oposición, sin la menor experiencia.

La compañía española no podía atender al pago reclamado. Si la jueza aprobaba el *exequatur*, la compañía estaba obligada a declararse en quiebra. Presentamos un escrito denunciando las irregularidades que se habían producido en Colombia, y, simultáneamente, una querella criminal contra los autores, pidiendo la suspensión del *exequatur.* Eso no resolvía el problema. De acuerdo con la ley, como la compañía cotizaba en bolsa, estaba obligada a hacer público de inmediato la existencia del procedimiento y sus consecuencias —que no eran otras que la desaparición de la compañía— si el *exequatur* se concedía por el juez. Las acciones de la compañía se hubieran desplomado a los cinco minutos de hacerse público el anuncio. Había que suspender su publicación.

Me presenté en la CNMV y expliqué el caso. Los funcionarios de la CNMV interrumpieron la reunión para deliberar. Después de dos angustiosas horas de espera, volvieron a la salita de reuniones y me comunicaron su decisión: si el bufete J&A Garrigues emitía un informe firmado por mí en el que se asegurara que la demanda de *exequatur* no prosperaría, la CNMV autorizaría la no publicación del anuncio. Discutimos durante más de una hora las palabras exactas del informe y llegamos finalmente a un acuerdo. Me encomendé a San Raimundo de Peñafort, redacté el informe, lo firmé y esa misma tarde lo llevé en mano a la CNMV.

Al día siguiente pedí audiencia a la jueza de Colmenar Viejo para hacerle ver la excepcional gravedad de la situación. No me quiso recibir. Empecé mentalmente a buscar países donde exiliarme. A los cuatro o cinco días la jueza dictó su resolución: acogía los argumentos de nuestro escrito y suspendía el *exequatur.* La querella terminó en condena de los autores de la estafa y suspendió definitivamente la ejecución de la sentencia. Todos pudimos respirar tranquilos: compañía, CNMV, el bufete J&A Garrigues, y, sobre todo, un servidor.

OTROS CONSEJOS DE ADMINISTRACIÓN

Me especialicé en Consejos de Administración, asignatura que no se estudia en la Universidad. Aprendí mucho en todos. Citaré algunos de ellos.

Altamar, fundada y dirigida por Claudio Aguirre y José Luis Molina, es compañía pionera en la promoción de fondos de inversión, que dan a sus partícipes la posibilidad de invertir indirectamente en fondos en los que de otro modo no podrían, por el elevado importe mínimo que se exige para poder tomar una participación. Altamar es sin lugar a duda la compañía más importante de su sector en España y una de las principales en los mercados internacionales. Otro tanto puedo decir de Aguirre & Newman, en la que Santiago Aguirre y Stephen Newman, sus fundadores, consiguieron la mayor y más eficaz agencia inmobiliaria de capital español, en un mercado donde hay que competir con las grandes firmas internacionales.

He estado también en el consejo de Tafisa, cotizada en bolsa, líder en el negocio de las maderas, con miles de hectáreas de plantaciones de árboles; en Cortefiel, también cotizada en bolsa, un modelo de gestión del negocio de la ropa en un mercado muy competitivo: el análisis de costes es minucioso, hasta el extremo de saberse el coste exacto que supondría introducir un botón de más en una camisa, tomando en cuenta el botón, el mayor del hilo empleado, el tiempo adicional de costura, y el de abrochado para empaquetar la camisa.

Javier Monzón convirtió Indra en una empresa líder en el negocio internacional de tecnología en general, y en la aplicada a armamento de buques y vehículos militares; fui vicepresidente del Consejo de Administración.

Y así otras sociedades cotizadas como Amper, Antena 3 Televisión, Banesto, que me han servido de aprendizaje de economía aplicada; es decir, pegada al terreno como la infantería.

XV. EN EL PLANETA DE LOS BANCOS

Las Cajas de Ahorro monopolizaban el jugoso negocio hipotecario. Sus beneficios se destinaban a la financiación de una obra social que en muchas provincias tenía una gran importancia. Ese era el caso de Caja Madrid. Mi padre fue designado consejero por el ministro de Hacienda, Juan Antonio Ollero, viejo amigo de Cádiz. Ese nombramiento fue para mi padre un alivio en su retiro; volvió a estar activo y feliz sus últimos años. Sentía un gran orgullo por la creación de una escuela infantil que la Obra Social de la Caja financió en Vallecas. Se le puso su nombre en reconocimiento al esfuerzo que había dedicado al proyecto. Por las tardes dio clases de matemáticas en la escuela durante unos años. Siempre le agradecí a Juan Antonio Ollero este último capítulo de felicidad en la vida de mi padre.

Cuando mi padre murió, quise sucederle en el consejo de Caja Madrid. Para entonces el modo de nombramiento de consejeros había cambiado y la designación se hacía por votación de los impositores. Aquella fue mi primera experiencia electoral y me sirvió para aprender el valor relativo, por no decir muy escaso, de los programas electorales. Redacté un informe analizando los cambios introducidos por la nueva reglamentación de las Cajas y di mi opinión sobre ellos. El informe se distribuyó entre los impositores y conseguí organizar varias reuniones donde me hicieron multitud de preguntas. Gané la elección a pesar de que mi contendiente, el candidato que se suponía vencedor, era un conocido médico y catedrático. Por cierto, había operado a mi padre haciéndole un *bypass* aortofemoral. Lamenté que mi contendiente no hubiera sido otra persona.

Durante mi mandato como consejero presidí la importante comisión de créditos. Recuerdo con satisfacción el que se aprobó a favor de los Legionarios de Cristo para la construcción de su universidad

Francisco de Vitoria en Madrid. Tuve que explicar en el Consejo que los Legionarios de Cristo no tenían nada que ver con los Legionarios de Cristo Rey, la facción de extrema derecha que lideraba el notario Blas Piñar.

Mi estancia en Caja Madrid me permitió estar presente, sin sobresaltos, en el negocio bancario. Me he sentado en el Consejo de Administración de cuatro bancos y he presidido tres de ellos.

EL CITY NATIONAL BANK OF MIAMI

El proyecto estrella de Rodrigo Rato, todopoderoso Ministro de Economía del primer gobierno del PP, fue la conversión de Caja Madrid en un banco con el nombre de Bankia. El nombre no era un prodigio de originalidad. Yo había sido designado por mi buena amiga Esperanza Aguirre, presidenta de la Comunidad de Madrid, consejero de una filial de Caja Madrid que seguía el modelo de Corporación Industrial Banesto y concentraba las participaciones que la Caja tenía en otras empresas; su nombre era «Cibeles».

Cuando Rodrigo Rato fue nombrado presidente de Caja Madrid le llamé para ir a visitarle y poner a su disposición mi cargo de consejero en Cibeles. Me recibió sin levantarse de su mesa, con cara de pocos amigos. Antes de que yo pudiera abrir la boca, me dijo, sin más preámbulo, que en su etapa de presidente de la Caja él quería tener como consejeros a personas de su confianza. Educadamente, le dejé terminar sus razonamientos. Cuando finalizó, le contesté que los comprendía, que estaba totalmente de acuerdo, y que, precisamente por eso, había ido a poner a su disposición mi cargo de consejero en Cibeles; me había parecido lo correcto hacerlo personalmente y no con una carta. Me miró con incredulidad, me dio las gracias y se levantó para acompañarme al ascensor. En el trayecto se paró y me preguntó si podía dedicarle un minuto más; le contesté que desde luego; desandamos el camino y volvimos a su despacho.

Esta vez nos sentamos en un tresillo y me ofreció café. Quería conocer mi opinión sobre Cibeles y principalmente sobre la compra de una participación en un banco en Miami —el City National Bank of Miami— que tenía toda la pinta de ser una inversión desastrosa. Esta inversión era uno de los motivos de la crítica acerba que la prensa le dedicaba a Miguel Blesa, amigo de Aznar y predecesor de Rato en la presidencia de la Caja. Le di mi opinión: el antiguo propietario del banco aún conservaba un paquete importante de acciones y presionaba a Caja Madrid para que se las comprara; a fin de conseguirlo boicoteaba la gestión del banco con la cooperación de un grupo de directivos que le seguían siendo leales. Le dije a Rato que yo había vivido experiencias parecidas como abogado y tenía claro que ese tipo de inversiones si se hacen a medias siempre acaban mal; mi consejo era que cuanto antes Caja Madrid se hiciese con el 100% del capital del banco y tomase el pleno control de su funcionamiento con un nuevo equipo de directivos; la persona indicada para llevar a cabo la gestión era, en mi opinión, Luis Gabarda, un brillante ejecutivo de Caja Madrid, y por cierto uno de los mejores jugadores amateur de golf de España.

Rato me dio las gracias por el consejo e iniciamos por segunda vez el camino al ascensor. En el trayecto me pidió que le dedicara unos minutos más; le dije que sí, y volvimos a su despacho. Sin más preámbulo me preguntó si aceptaría ser el presidente de City National Bank de Miami. Lo pensé unos segundos y acepté. Comencé a viajar a Miami cada dos meses; eran viajes relámpago de dos días de duración. Siguiendo mi consejo, Caja Madrid compró el 100% del capital del banco americano, y, gracias a la gestión de Luis Gabarda y de un nuevo equipo directivo, en algo más de un año el banco pudo ser vendido a un grupo chileno con una importante plusvalía.

A pesar de ello, incomprensiblemente, cuando se produjo el escándalo de Caja Madrid, ya convertido en Bankia, la compra del City National Bank of Miami se siguió considerando una operación desastrosa. Miguel Blesa, bajo cuya presidencia se había tomado la decisión de comprarlo, se suicidó. Aquel suicidio me impresionó mucho.

EL ESCÁNDALO DE LAS TARJETAS *BLACK*

Inversis fue un proyecto impulsado por Caja Madrid en el que intervinieron también otras grandes compañías, como Indra, El Corte Inglés, el Banco de Sabadell, Banca March y Cajamar. Se pretendía hacer un banco dedicado, principalmente, a prestar servicios en el mercado bursátil con una tecnología muy desarrollada que pudiera ser de utilidad a sus accionistas. Fui designado presidente del Consejo de Administración.

Inversis cumplió su misión durante unos años gracias a la gestión de un maravilloso equipo de profesionales encabezado por Fernando Herrero como Consejero Delegado. Al cabo de esos años los accionistas consideraron que había cumplido su propósito y decidieron venderlo.

Se encargó la venta a un conocido banco de inversiones, que tardó muy poco tiempo en presentar una oferta de compra por un precio que a mí me pareció ridículo. Hacían conjuntamente la oferta un portugués, totalmente desconocido en el mercado, y el Banco de Crédito Andorrano. Su propósito era dividir Inversis: los andorranos se quedarían con el negocio bancario, y el portugués con los servicios de tecnología que el banco había desarrollado. Para mi sorpresa, los accionistas expresaron su propósito de aceptar la oferta. Aquello no tenía sentido. Se escapaba de mis funciones de presidente tutelar el patrimonio de unos inversores mayores de edad y gobierno. Me sentí realmente decepcionado.

Entonces sucedió algo inesperado.

Estaba un sábado asistiendo a la boda de un hijo de mi buen amigo Antonio Oriol, cuando sonó mi teléfono. La pantalla reflejaba un número larguísimo que correspondía a un país para mi desconocido. Le pedí a mi interlocutor que esperara un minuto mientras salía la calle para poder hablar. Era el director de Andbank, un importante banco andorrano. Me dijo, muy educadamente, que no comprendía como no se había acusado recibo de su oferta para la compra de Inversis, oferta que había sido presentada dentro de plazo; le pregunté el importe de la oferta y me dio una cifra muy superior a la que los accionistas estaban dispuestos a aceptar. Le pedí que me enviara una copia de la oferta por mail y le pregunté si podía venir a Madrid al día siguiente, domingo. Vino y repasamos su oferta.

Llamé al representante de nuestro banco de inversiones que, balbuceando, me confirmó la verdad de lo que me transmitía Andbank y me dio una confusa explicación de por qué no se había mencionado la existencia de su oferta.

Convoqué una Junta General de Accionistas de urgencia en la que se revisó la oferta de Andbank, se aceptó por unanimidad, y la operación se llevó a cabo. Propuse un generoso bonus para el equipo ejecutivo, que se aceptó; no quise quedar incluido entre los beneficiarios del bonus, no obstante haber conseguido más que triplicar el beneficio de los accionistas; silencio absoluto. Levanté la sesión y me fui con cierta decepción de mi nueva experiencia en el mundo bancario. En realidad esa última experiencia no se había acabado del todo: me faltaba algo peor, la posibilidad de ser acusado de haberme beneficiado de una tarjeta *black*.

En aquellas fechas había estallado un gran escándalo cuyo epicentro era Caja Madrid. En dicha entidad el cargo de consejero era gratuito. Al transformarse en banco, con el poco original nombre de Bankia, los estatutos establecieron una retribución fija muy modesta para los consejeros. A todos ellos se les facilitó una tarjeta, con un límite reducido, para gastos derivados del cumplimiento de las obligaciones del cargo. La realidad fue que la tarjeta se convirtió, en muchos casos, en una retribución adicional a los consejeros no prevista estatutariamente. Cuando saltó el asunto a la prensa, se pusieron de manifiesto situaciones chuscas: algún consejero había usado la tarjeta para compra de ropa interior femenina, y había otros casos parecidamente escandalosos. Muchos consejeros fueron procesados por administración fraudulenta y apropiación indebida; otros se libraron reintegrando a tiempo al banco las cantidades gastadas por medio de las que empezaron a conocerse como tarjetas *black*.

Como presidente de Inversis yo tenía una tarjeta de crédito. No era *black*, era blanca brillante. En el contrato de prestación de mis servicios profesionales, que se aprobó por el pleno del consejo, se establecía mi retribución y se preveía el uso de una tarjeta de crédito para atender a gastos de representación. Usé la tarjeta en muy pocas ocasiones, siempre para comidas relacionadas con el desempeño de mí cargo. Mi secretaria recibía mensualmente la relación de pagos realizados con la tarjeta y pasaba un mail al departamento de contabilidad del banco detallando el concepto del gasto con los correspondientes justificantes.

En una ocasión, estando en Londres, para una gestión del banco compré un bastón en la armería Holland & Holland. A la hora de pagar mi tarjeta personal no funcionó por algún motivo y usé la del banco. Cuando llegué a Madrid entregué la factura a mi secretaria, que, como de costumbre, a fin de mes, mandó al banco un mail en el que indicaba que el importe de la factura de Holland & Holland debía cargarse en mí cuenta personal. El empleado responsable de hacerlo estaba de vacaciones y el importe del bastón no se cargó en mi cuenta según lo ordenado.

Cuando saltó el escándalo de las tarjetas *black*, los nuevos propietarios del banco me llamaron y me informaron que en las cuentas había aparecido el pago del bastón. Mi secretaria tardó menos de quince minutos en encontrar el mail con las instrucciones de cargar en mi cuenta personal el importe del puñetero bastón, y, al comprobar que las instrucciones de cargar el importe en mi cuenta no se habían cumplido, transferí el dinero inmediatamente. Pero vivíamos en medio de la histeria nacional de las tarjetas *black* y yo quería estar seguro de que el tema quedaba definitivamente aclarado. Pedí una reunión con la inspección del Banco de España; me recibieron al día siguiente, conté la historia y les dejé copia del mail y del reintegro que se había hecho desde mi cuenta personal. Me agradecieron que me hubiese adelantado al requerimiento que pensaban hacerme y dieron por cerrado el asunto.

Había oído silbar las balas una vez más por culpa del negocio bancario. Lo de los bancos se tenía que terminar para siempre y tomé la firme decisión de no ocupar nunca más cargo alguno en una entidad financiera.

No la cumplí.

Andbank, el banco andorrano que había comprado Inversis me propuso ser presidente del Consejo de Administración de Andbank España. Acepté. Los directivos del grupo Andbank son grandes profesionales que llevan el negocio en las venas. Su buena gestión ha hecho que el banco crezca con gran rapidez gracias a su experiencia.

Al cabo de unos años tomé la decisión, esta vez firme de verdad, de dejar de pertenecer a Consejos de Administración. Alguna vez las decisiones firmes tienen que cumplirse: dimití como presidente de Andbank España pero me llevé una gran alegría cuando Manel Cerqueda, el presidente del grupo andorrano, me ofreció crear un consejo asesor que yo presidiría. Se incorporaron al mismo a mi sugerencia, Josep Piqué, desgraciadamente fallecido, y Alberto Terol, con el que había formado pareja de socios gestores en J&A Garrigues.

Disfruto y aprendo en las tres sesiones anuales del consejo asesor de Andbank España y, por qué lo voy a negar, siento una gran nostalgia de los tiempos en los que era consejero de los de verdad.

CUARTA PARTE

POLÍTICO AMATEUR A TIEMPO PARCIAL

XV. LA POLÍTICA EN LA UNIVERSIDAD DE LOS SESENTA

La tiranía de las institutrices alemanas a la que estuvimos sometidos mi hermana y yo desde muy pequeños, nos hizo conocer de primera mano los bombardeos que en Alemania habían sufrido durante la guerra. Aprendimos también canciones militares que aún recuerdo.

Pero fue con la aparición de Heinrich en nuestras vidas, cuando pudimos hacernos una idea clara del desastre que había significado la guerra para Alemania. Heinrich era uno de los huérfanos alemanes que fueron acogidos en familias españolas después de terminada la guerra. Nos hizo entender la dimensión del horror y de la tragedia. Tenía siempre una mirada triste y huidiza. En el Cerro, la viña de mis abuelos en Jerez, jugábamos disciplinadamente al croquet todos los días, en el almijar, a la entrada de la casa. Heinrich no acababa de interesarse en el juego, pero como buen alemán cumplía disciplinadamente con su obligación.

En línea recta el Cerro no está a más de diez kilómetros del aeropuerto de Jerez, que entonces era una base aérea militar. Cada vez que un avión militar pasaba por encima de donde estábamos jugando, Heinrich tiraba el mazo de croquet y corría hacia la casa gritando como un poseso. Lo encontrábamos tembloroso y llorando debajo de su cama. Tardaba en convencerse de que no era un bombardeo, y, con un rictus de tristeza que es difícil de olvidar, volvía al croquet. Años después, durante mi estancia como estudiante en Alemania tuve ocasión de comprobar personalmente los resultados devastadores de los bombardeos en muchas ciudades, y comprendí el terror del pobre Heinrich.

Pertenezco a la primera generación de españoles que, desde los tiempos de Viriato, no han padecido una guerra. Tampoco sufrimos, estrictamente hablando, la posguerra de la guerra civil; todo lo más la tardo-posguerra. El término puede resultar algo rebuscado, pero creo que se entiende bien. La guerra civil fue para mí algo tan lejano como la guerra de Cuba. Mi padre había sido marinero voluntario en el Canarias y luego, como mis tíos, alférez provisional en varios frentes. No les recuerdo jamás hablando de la guerra; todo lo más la citaban como un punto de referencia temporal: «eso fue antes de la guerra», «viven en tal sitio desde que terminó la guerra», «he pasado más frío que en la guerra». ¿Respondía este silencio a un deseo consciente de olvidar la tragedia? Creo que ese era el caso, y, visto con la perspectiva de los años, me alegro de que así fuera.

Una excepción del silencio de mi padre sobre la guerra se me quedó grabada: durante las milicias universitarias que hice en La Granja se organizó un simulacro de consejo de guerra en el que participamos algunos estudiantes de Derecho bajo la dirección de un capitán del cuerpo jurídico. Fue una experiencia interesante. Se lo conté a mi padre durante el permiso de fin de semana y me dijo que él nunca había olvidado un consejo de guerra que siendo alférez provisional presenció en un pueblo cercano al frente. Acababan de tomarlo los nacionales y algunos paisanos denunciaron al mando de las tropas a determinados vecinos del pueblo, a quienes acusaban de haber torturado y asesinado al cura y a otras personas de derechas. Se decidió someterlos a un consejo de guerra.

Comparecieron los acusados ante el tribunal y se escuchó la relación de los cargos. El oficial que asumía la defensa hizo su alegato, sin que ningún testigo compareciera para desmentir la acusación. El oficial que presidía el tribunal preguntaba a cada uno de los acusados: ¿tiene usted algo que alegar?, y la respuesta era siempre la misma: «sí, que se haga justicia»; entonces el presidente, con una voz, que, según mi padre helaba el aire, decía: «se hará justicia, tenga usted la seguridad de que se hará». Todos fueron condenados a muerte y trasladados a las afueras del pueblo para el cumplimiento de la sentencia. Mi padre no había olvidado el sonido, en la noche, de las descargas del pelotón de fusilamiento.

El recuerdo de la guerra duró más tiempo en los españoles que habían militado en el bando derrotado, lo que es comprensible. Muchos años después, la transición sellada con la amnistía de 1977 y la Constitución de 1978 puso de manifiesto que el deseo de olvidar el pasado lo compartían la inmensa mayoría de los españoles, sin distinción del bando en el que habían militado. Se trataba de algo así como de una amnesia voluntariamente asumida de forma general, con sus excepciones por supuesto. Había representantes de la izquierda que no habían olvidado, siguen sin olvidar, y no olvidarán jamás la derrota que sufrieron en la guerra, ellos, sus padres o sus abuelos.

Leí hace algún tiempo una columna de Félix de Azua, en la que se refería a la destrucción en el siglo IV de Petra de los nabateos. La atribuía a una provocación de la Iglesia Católica. Pensé, y sigo pensando ahora, qué, si se trataba de buscar ejemplos de fanatismo destructor y odio religioso, la quema de conventos y la profanación de tumbas en Madrid del año 1931 era algo bastante más cercano que la destrucción de Petra de los nabateos en el siglo IV; además de ser algo totalmente probado y no intuido. Pero ya se sabe que en España el sectarismo anticlerical decimonónico es seña de identidad de los intelectuales progres de izquierda. ¡Qué le vamos a hacer!

En definitiva, mi generación vivía en el olvido de la guerra y eso fue de inestimable ayuda para el triunfo de la transición a la democracia.

Pero no hay felicidad que no se acabe: llegó Zapatero, mandó recordar y promovió la funesta Ley para la Memoria Histórica, inútil y sectaria. La estela de Zapatero la ha seguido Sánchez con otra ley similar, pero aún peor en materia de sectarismo. Mi abuelo fue una de las primeras víctimas de unas normas que tratan de revivir un rencor ya extinguido. Me sentí en la obligación de escribir un libro, «El caso Pemán», para defender su memoria, que no es otra que la del afecto que le profesaron sus paisanos gaditanos.

EL SESENTAIOCHO FRANCÉS COMO MODELO

Durante mis años de universidad, era sencillamente imposible no tener interés por la política. El envejecimiento de Franco era notorio y había una convicción generalizada de que, con su muerte, el régimen habría llegado a su fin; se contaba con que España se incorporaría al conjunto de democracias del bloque occidental, al que por historia y cultura pertenecíamos.

En la universidad, la actividad política estaba monopolizada por el partido comunista y por grupos de extrema de derecha. El PSOE prácticamente era invisible; ya muerto Franco apareció la foto de la famosa merienda campestre en Sevilla de Felipe González, Guerra,

Escuredo y otros compañeros. Esta fotografía se convirtió en nuestro «Déjeuner sur l'herbe» de Manet, y paso a venerarse con el fervor que, en los países comunistas, se veneraba la foto de Lenin hablando a los revolucionarios, desde un púlpito erigido en San Petersburgo junto a la estación de Finlandia. En Cuba se veneran, aún hoy, las imágenes de los hermanos Castro en Sierra Maestra; se publican de tiempo en tiempo en el legendario *Granma*, el periódico que asume en Cuba el monopolio de la información y de la verdad. La verdad revolucionaria, por supuesto.

El triunfo de la vía reformista en la transición a la democracia, una vez muerto Franco, fue un fracaso total para los socialistas, que propugnaban la vía rupturista y tuvieron que tragarse el sapo diario de ver como unos «despreciables franquistas» conseguían lo que ellos no pudieron conseguir. Frustrados por su irrelevancia en la venida de la democracia llegan muchas veces al absurdo: por ejemplo, cuando proclaman que España no fue una democracia hasta que en 1982 ganó las elecciones Felipe González; así se afirma, rotundamente, en la segunda ley de memoria histórica promovida por Sánchez. Lo cierto es que en 1982 González ya había digerido que la ruptura había sido un gran fracaso y lo asumió con una ambigüedad elegante para no desairar públicamente a sus militantes. Vinieron luego Zapatero y Sánchez, que no tienen temor a falsear la historia. Las leyes para la llamada memoria histórica y democrática tratan de remediar su frustración con una retórica absurda; son como pellizquitos de monjas a la realidad; manifestación de ego y de revancha sin sentido.

Con motivo de la victoria de los laboristas en Inglaterra después de la guerra, esto es lo que opina Baroja en sus memorias:

> «No se explica en un país que parece inteligente como Inglaterra la política que ha tenido con Churchill. Ver que gana la partida, la más difícil con un enemigo poderoso, y después, como premio, decirle: «ahora váyase usted, porque tenemos un equipo de gente mediocre que le sustituirá»........Para esto han elegido a los laboristas, que, como todo partido socialista, es mediocre, y quiere conservar los puestos y los cargos de sus afiliados antes que nada».[12]

Cuando veo algún programa de televisión en el que los socialistas españoles se apuntan la traída de la democracia, me entra la risa. El

PSOE tardó muchos años en declarar abolido el programa máximo marxista y en convertirse en un partido socialista homologable en Europa. Solo entonces, siete años después de muerto Franco, pudieron gobernar. En las habituales discusiones de política que mantenía con mi padre, él sostenía, con razón, que la politización de la sociedad española era muy minoritaria, y que la universidad daba una imagen notoriamente falsa del país; la gran masa de los españoles se mantenía al margen de las huelgas y de las manifestaciones, en las que participaban, solamente, los grupos extremistas de un lado y del otro, muy minoritarios todos ellos.

Los partidos de izquierda, sobre todo el PSOE, ensalzan el periodo de desórdenes universitarios en los años sesenta como una réplica del mayo de 1968 en Francia. La llamada revolución del sesentaiocho tuvo su origen en la universidad francesa, sobre todo en París, y los estudiantes fueron en todo momento los principales protagonistas. Francia tiene una tradición revolucionaria única en el mundo.

Las revueltas del sesentaiocho provocaron nada menos que la caída del general De Gaulle. Analizada de manera imparcial, el máximo logro del sesentaiocho fue el alumbramiento de la moderna progresía, que es el movimiento ideológico más inconsistente de la historia. Fue algo paralelo al fenómeno folclórico *hippy*, igualmente estéril culturalmente. Los *hippies* fumaban sus porros ente margaritas y mugre; la diferencia entre progresía y *hippies* estaba en el uso de la ducha. Los progres y los *hippies* de entonces se apuntaron como éxito el fin de la guerra de Vietnam; no es cierto: el fin de la guerra fue consecuencia del cansancio general de toda la nación norteamericana, indistintamente de demócratas y de republicanos conservadores, pero, sobre todo, de las familias que enviaban a sus hijos a morir en las selvas de un país lejano, de cuya existencia no habían ni siquiera oído hablar.

Francia es especialista en la universalización de sus propias revoluciones; el sesentaiocho se exportó con escasos resultados prácticos a la universidad española. Hay quien insinúa que fue al revés: que los españoles tenemos el honor de haber sido los impulsores de la revolución en Francia; esto es lo más ridículo que he oído. El autor de esa majadería es un progre, lógicamente de izquierdas. Me refiero al profesor Castells, ministro de universidades en el Gobierno Sánchez. Proclama en su curriculum haber sido profesor de Cohn-Bendit, Danny el Rojo, el icono de la revolución del sesentaiocho. Castells es, por tanto, la última causa eficiente de la revolución; es incluso posible que él haya inspirado como proclama revolucionaria la metáfora más insustancial de la historia; la gritaban los chicos del rubio Cohn-Bendit: «*sous les pavés, la plage*», debajo de los adoquines está la playa.

Ahí no termina la aportación de Castells al espíritu revolucionario universal: con motivo de las revueltas que tuvieron lugar en Minneapolis por la muerte de Roger Floyd, hombre de color asfixiado cruelmente por un policía, Castells escribió que el incumplimiento de la Ley se justifica cuando el Estado la incumple. Es decir que están justificadas las barricadas y los apedreamientos a las fuerzas del orden; es una especie de Talión público modernizado. No excepciona Castells de manera expresa el asalto y apedreamiento de locales comerciales propiedad de pacíficos ciudadanos y otros desmanes de los revoltosos. La doctrina Castells la han hecho suya los del *tsunami democràtic* catalán y se ha consagrado con la amnistía del presidente Sánchez.

En los años sesenta, con un ritmo acelerado de desarrollo económico, una profunda transformación social, y una oposición clandestina muy reducida, el régimen de Franco no se veía amenazado ni lejanamente. Había un franquismo sociológico claramente hegemónico en España. Decir otra cosa es faltar a la verdad. La política no era una cuestión que interesase prioritariamente a la inmensa mayoría de los ciudadanos, que estaba mucho más preocupada por participar del bienestar económico naciente que por el derecho de sufragio o de sindicación libre. España se había convertido en una dictablanda. La libertad de información seguía sin existir, pero la censura se ablandaba día a día.

El franquismo adquirió en esa época un perfil de dictadura muy singular, alejado tanto de las dictaduras fascista de Italia y de la Alemania nazi, como de las feroces dictaduras comunistas que sobrevivían y siguieron sobreviviendo muchos años detrás del telón de acero. La universidad de los años sesenta era una excepción muy minoritaria al sentimiento generalizado de la población. Por el idealismo de la juventud, en España, como en muchos otros países, la universidad era, ideológicamente, un territorio autónomo con sentimientos políticos propios ajenos a los del resto de la sociedad.

Debo de reconocer que en mis primeros años de facultad, la política se me presentó como alternativa al ejercicio de la abogacía, y, aunque hoy me asombre de mí mismo, estoy obligado a reconocer que durante algún tiempo me sentí insuflado por el espíritu revolucionario de la época.

En la universidad, el partido socialista era prácticamente invisible, como ya he dicho. Lo fue hasta poco antes de la transición. La oposición era tarea de los comunistas. Consideré seriamente la posibilidad de incorporarme a la FUDE, organización universitaria que controlaba el partido comunista. Era preciso pasar por un periodo previo de prueba. Con tal fin me uní a un grupo asociado a los amigos de la UNESCO, oficialmente ajeno a cualquier partido, pero, en realidad como una de las muchas tapaderas que usaba el partido comunista. El jefe del grupo me preguntó si estaba fichado y le contesté que no; me preguntó si tenía coche y le dije que sí; me pidió el número de teléfono, se lo di, lo anotó, y sin más explicaciones me dijo que me llamaría para darme las órdenes oportunas. El tono imperativo y lo de las «órdenes oportunas» me molestó y no lo disimulé con mi gesto.

A los dos o tres días recibí la llamada del «compañero» para darme las instrucciones: esa misma tarde debía recoger unos paquetes en un piso en la Plaza de Antón Martín para entregárselos a otro compañero en el bar de la facultad; me dio el nombre, obviamente falso, del «compañero» por el que debía preguntar en el piso de Antón Martín, y colgó. Por el tono autoritario que empleó, estuve a punto de mandarle a hacer puñetas, pero me pudo la curiosidad y fui a la dirección indicada. Me abrieron la puerta y pregunté por la persona cuyo nombre se me había facilitado. Aparecieron dos «compañeros», cada uno con un gran paquete, muy bien asegurados con cinta aislante, y me pidieron que los acompañara hasta mi coche; allí fuimos; introdujeron los paquetes en el maletero y, sin más palabras, cada uno se fue por su camino. Al llegar a casa metí el coche en el patio trasero, donde estaban los garajes, y dejé los paquetes en el maletero.

Al cabo de unas horas me pudo la curiosidad, bajé al patio y con un cuchillo de cocina rasgué las cintas de uno de los paquetes; aparecieron varios bloques de panfletos con el nombre y las siglas de una organización de la que yo nunca había oído hablar. Los panfletos convocaban a estudiantes y a obreros a una manifestación con los eslóganes de siempre: «abajo la dictadura», «viva la libertad», «estudiantes venceremos», «sociedad sin clases», «policía opresora», etc. etc. Subí a casa, y en la Ley de Orden Público busqué el tipo delictivo que me pareció de más probable aplicación para el caso de ser detenido con aquellos panfletos. La condena era de cárcel y no por poco tiempo.

Consideré que las probabilidades de que la dictadura cayera por causa de los disturbios en la universidad eran muy escasas, y pensé también que un parásito capitalista como yo, que se había limitado a hacer de transportista de panfletos, obtendría poco o ningún beneficio si la revolución triunfaba. Concluí, por tanto, que cumplir mi misión de recadero era una gran estupidez. Bajé de nuevo al garaje, subí en un par de viajes los dos envoltorios, los rasgué con el cuchillo, deshice los paquetes, metí los panfletos en dos bolsas de deportes, esperé a que oscureciera, levanté la tapa de una alcantarilla que había en el patio trasero, y tiré en ella los panfletos. Subí a casa, y no dormí tranquilo por si alguien me había visto desde el as ventanas de las casas que daban al patio.

Al día siguiente, en el bar de la facultad, le expliqué al «compañero» que esperaba la entrega de los panfletos, que había tenido la impresión de que me seguían y había preferido deshacerme de ellos. «Bien hecho compañero —me dijo— la seguridad ante todo». Asentí, le invité a un café y le indiqué que, por si acaso, no volvería a usar mi coche para este tipo de trabajos. A partir de entonces mis nuevos «compañeros» me dejaron en paz; sin coche yo no servía de nada a la causa revolucionaria.

No obstante, aquel suceso me hizo darme cuenta de que huía de un riesgo, y de que huir de un riesgo es siempre traicionar a alguien o a algo. Pero la cuestión previa que había que resolver era si esos «compañeros» del partido comunista de la universidad merecían una fidelidad a prueba de cualquier sacrificio. Pensé que no lo merecían: eran una masa de vociferantes sin más meta que esa, ser una masa de vociferantes a las órdenes de personajes, o mejor, de personajillos, a los que el partido manejaba como marionetas. No era lo que yo tenía pensado para mi porvenir. A partir de ese momento la revolución universitaria española, que nunca mereció ese nombre, me dejó de interesar; la metáfora de los adoquines y la playa de Dani el rojo pasó a parecerme una chorrada inconmensurable, y él un tipo estrafalario sin futuro a pesar de haber tenido como maestro, nada menos, que a Manuel Castells, nuestro «epatador» profesional de burgueses en la era Sánchez. Después del incidente de los panfletos tomé la firme decisión de olvidarme de cualquier actuación política.

Eso no me libró, al cabo de unos meses, de ser detenido por la policía y pasar una noche en los calabozos de la Dirección General de Seguridad, en la Puerta del Sol. Fue un incidente estúpido, pero ponía de manifiesto el estilo de actuar de los «grises», que era el nombre con el que se conocía a los policías de uniforme. Lo cuento brevemente.

Después de un examen, salía de la facultad con mis amigos Carlos Loring, Javier Esteban y Álvaro Ozores. Al final del paraninfo se encontraba aparcada una camioneta de grises, porque, al parecer, había rumores de revuelta en la facultad de físicas. Era el pan nuestro de cada día; lo único que cambiaba era la facultad. Íbamos los cuatro charlando pacíficamente cuando, de repente, salió un gris de la camioneta y amenazándonos con la porra nos obligó a entrar. Fueron inútiles las protestas; era un absoluto cretino poseído de la autoridad que le daba su uniforme y su porra. No nos salvó que los tres fuéramos con corbata. Siempre siento la misma frustración cuando me registran en los controles de los aeropuertos; tengo la tentación de preguntarle al funcionario que se empeña en controlar mi equipaje, que cuándo ha visto a un terrorista con corbata y bien afeitado. Es una contradicción esencial; la única explicación es que en los cursillos de entrenamiento a los policías les muestran una y otra vez la fotografía de Lenin encorbatado y trajeado predicando la revolución en Moscú. De esta forma, el subconsciente de los policías les recuerda que el hábito no hace al monje.

Aquella mañana, los grises siguieron deteniendo a pacíficos estudiantes como nosotros, hasta que la camioneta estuvo llena. Entonces partimos hacia la Dirección de Seguridad en la Puerta del Sol, donde bajamos de la camioneta, nos tomaron la filiación, nos llevaron a los calabozos en los sótanos, y nos metieron en una celda hacinada de estudiantes. A última hora de la tarde apareció en el calabozo el producto de una redada de prostitutas por la zona centro, que gritaban e insultaban a los grises a todo pulmón. Fueron instaladas en la celda vecina. Entablamos conversación con ellas y nos dijeron que era algo habitual; estaban acostumbradas y sabían que las sacarían a la mañana siguiente; eso sí, con el perjuicio de haber perdido el negocio de aquella noche. Todas gritaban y juraban por sus muertos que tenían criaturas que alimentar, y que la pérdida de ingresos era gravísima. Según lo previsto, las soltaron a primera hora de la mañana y se largaron maldiciendo e insultando a los grises, que se reían de ellas.

A los estudiantes detenidos nos empezaron a llamar de tres en tres para el interrogatorio, eufemismo que ocultaba la violencia física del trámite. Cuando esperábamos en el pasillo a que nos tocase el turno, oímos las bofetadas que le propinaban a uno de los detenidos que nos había precedido en el trámite del «interrogatorio». Me preparé para dar una explicación convincente de mi entusiasta adhesión al régimen, citando mi amistad con un destacado miembro de Fuerza Nueva, el grupo extremista de derechas que colaboraba estrechamente con los grises en la disolución de manifestaciones; era temido por su violencia, incluso más que los propios grises. No hizo falta que le citara: Javier Esteban, que fue el primero en pasar a la sala de interrogatorios, alegó la condición de general laureado de su padre, y, al cabo de media hora de espera, que se nos hizo eterna, nos soltaron.

Ese episodio no fue el único en el que tuve que soportar la arrogancia de los grises. En toda dictadura la policía se convierte inevitablemente en un poder prepotente y contribuye a que muchos ciudadanos, por más proclives que sean al orden, acaben deseando el final del dictador. El abuso del poder contribuye a la destrucción del que lo ejerce. Cuento otro caso.

Una tarde, al salir de la facultad de Económicas con mi amiga Isabel Garrigues, me encontré que mi coche, un Renault Gordini, tenía una rueda pinchada. Yo me había lesionado la muñeca de la mano derecha y la tenía inhabilitada para el menor esfuerzo. Isabel se brindó a cambiar la rueda siguiendo mis instrucciones. Manejó el gato con soltura; algo más de trabajo le requirió aflojar las tres primeras tuercas, y, al llegar a la cuarta, estaba agotada. Le dije que yo trataría de aflojarla presionando la palanca con mi pie. En ese momento, mientras Isabel estaba aún agachada y seguía intentándolo, llegó un jeep de grises; el conductor bajo la ventanilla me miró con desprecio y me gritó: «¡chulo de mierda, como todos tus compañeros de la universidad!». Luego siguió su marcha. Hoy me hace gracia recordar un episodio tan chusco, pero entonces me generó un profundo odio hacia los grises.

Durante mi estancia en Alemania conocí el otro lado del telón de acero en Berlín. Allí comprendí que los grises eran unos angelitos comparados con los tristemente famosos «vopos», los miembros de la *Volks Polizei* —la policía del pueblo— de la República Democrática Alemana. Disparaban sin dudar sobre cualquiera que intentase cruzar la alambrada de separación con la zona occidental.

La dictadura desapareció en España tan pronto murió Franco, pero ya antes se había convertido en una «dictablanda», en la que la inmensa mayoría de la población había podido comprobar que, para el progreso económico, era necesaria la democracia. La mayoría de los ciudadanos, aunque fuese apolítica, tenía muy clara esa percepción. Por tal razón fue posible la transición a la democracia. La televisión, la libertad total para viajar, una gran emigración a los países europeos, las visibles ventajas del Mercado Común, en fin, la evidente superioridad sobre nosotros que exhibían los países con régimen democrático, permitió a la muerte de Franco una transición pacífica y rápida a la democracia.

Solamente era necesaria la habilidad para poner en marcha el proceso, y esa habilidad afortunadamente no escaseó, sino antes lo contrario. Seguidamente, cuento mi modesta participación en la transición a la democracia.

XVI. POLÍTICO AMATEUR

Terminé la universidad y comencé a trabajar en el bufete J&A Garrigues como ya he contado. Una mañana, recibí la llamada de Alejandro Royo Villanova, director general de Azucarera Española. Me proponía asistir, al día siguiente por la tarde, a una reunión en el colegio mayor de San Pablo en la que se iba a tratar de la creación de un grupo de «pensamiento»; suponía que podría interesarme. El cuñado de Alejandro, José Luis Álvarez, era el promotor de la reunión; Alejandro me aseguró que le había parecido muy bien que yo asistiera. José Luis era uno de los notarios de más prestigio de Madrid; yo utilizaba con frecuencia sus servicios profesionales; es una de las mejores y más completas personas que yo he conocido.

El día de la reunión tenía que viajar a Cáceres para cerrar la compra de un palacio en la Plaza de las Descalzas Reales por cuenta de un conocido matrimonio norteamericano, perteneciente a las familias más adineradas del país. El marido iba a ser designado embajador de los Estados Unidos en España. Su abogado viajó a Madrid para asegurarse de que, a su llegada, el matrimonio tuviera todo lo necesario para poder compartir, desde el primer día, las costumbres de la más alta sociedad española.

Me reuní con el abogado, sacó un papel y me leyó la lista de requisitos mínimos que, en unas entrevistas previas, la condesa de Romanones y el decorador portugués, Duarte Pinto Coello, le habían aconsejado que debían de estar cumplidos cuando el nuevo embajador llegase a Madrid con su esposa. La condesa de Romanones era norteamericana y amiga de la futura embajadora; Duarte Pinto Coelho, el decorador, reunía con frecuencia en su fantástica casa en el viejo centro de Madrid a los miembros de la *jet set*.

La primera recomendación que el abogado americano había recibido era la compra de una propiedad en Trujillo; se había puesto de moda entre la alta sociedad madrileña. Pinto Coelho había sugerido comprar el viejo convento de las descalzas, situado en Trujillo en la plaza del mismo nombre; estaba en venta y él mismo lo decoraría con su extraordinario buen gusto. En segundo lugar, le habían indicado al abogado que era imprescindible la compra de una casa «apropiada», es decir grande y lujosa, en alguna de las localizaciones de moda de la isla de Mallorca. En tercer lugar, tenía que buscar el sitio adecuado para alojar la cuadra de caballos de carreras del futuro embajador. No se trataba exactamente de tareas propias de un abogado, pero los embajadores de los Estados Unidos justificaban salirse del estrecho ámbito de actuación de la abogacía. Me puse a ello.

Conseguí en poco tiempo encontrar una casa apropiada en Mallorca; me la facilitó Matías Cortes. Tampoco fue difícil conseguir un lugar para la estancia de los caballos en el hipódromo de Madrid. Me quedaba, por tanto, cerrar la compra del convento-palacio de las descalzas. Esa tarea era la que pensaba cumplir en Trujillo, justamente el día que me había citado Alejandro Royo para asistir a la reunión en el colegio mayor de San Pablo. Yo era propietario de un potente Simca 1200, y estaba seguro de que sería capaz de llegar a Trujillo, cerrar la compra del palacio, y volver a tiempo para la reunión en Madrid. Era una insensatez, pero, de hecho, me permitió asistir a la reunión inaugural del grupo Tácito.

TÁCITO

Desde que salí de la universidad se había reavivado poco a poco mi interés por la política, pero no encontraba el camino de entrar en ese mundo; era obvio que no podía perder la ocasión que Alejandro Royo me brindaba. Conduje un poco locamente desde Cáceres y conseguí llegar al San Pablo a tiempo. Presidía la reunión Abelardo Algora, que era en aquel momento el presidente de la Asociación Católica de Propagandistas (ACDP). Yo soy miembro de la ACDP de tercera generación: lo fueron mis dos abuelos y mi padre.

Asistían a la reunión, entre otros, Alejandro Royo Villanova, José Luis Álvarez, Ignacio (Paddy) Gómez Acebo, Marcelino Oreja,

Landelino Lavilla, José Manuel Otero Novas, José Luis Ruiz Navarro, Gabriel Cañadas y otros amigos cuyos nombres me es imposible recordar ahora.

Abelardo Algora abrió la sesión y propuso la creación de un «grupo de pensamiento» con la misión de contribuir a una transición pacífica a la democracia después de la muerte de Franco, que se preveía cercana. La actividad del grupo consistiría en la publicación de un artículo semanal en el diario *Ya* y en los demás periódicos de la cadena de la Editorial Católica. Se debatió el nombre del grupo, y alguien propuso el de Tácito, que había sido el historiador de la decadencia del imperio romano. Se trataba de una sutileza que pensé que la mayoría de los lectores de nuestros artículos no entenderían. El grupo se reuniría un día por semana para debatir la propuesta de artículo, cuyo borrador presentaría alguno de los miembros. No había más reglas. Era imposible que aquello funcionara, pero funcionó. Aquella reunión fue el comienzo de mi breve y poco exitosa participación —siempre *amateur*— en la vida política de aquella apasionante época.

Las reuniones de Tácito comenzaron a celebrarse en junio de 1973 en el bajo de la calle Santiago Bernabéu 4; los artículos aparecieron con regularidad hasta el año 1977. El miembro del grupo más trabajador, su *alma mater*, era José Luis Álvarez; el más brillante, el diplomático Gabriel Cañadas. En 1975 se publicó una edición de los artículos aparecidos hasta ese año. Yo fui un tácito muy trabajador.

Mi primer artículo se publicó en septiembre de 1973 y tenía como argumento la necesidad de modificar la legislación en materia de inversiones extranjeras. Escribí muchos más. Hace poco, Pablo González-Pola publicó una edición con notas, muy bien hecha, con la totalidad de los artículos publicados. En el libro aparezco en el listado de los tácitos. Hay, sin embargo, nombres de personas que jamás vi en las reuniones de Santiago Bernabéu 4. No hace mucho se celebró un acto en homenaje al grupo Tácito organizado por la ACDP y no fui invitado. Sin duda fue un error porque el libro que acabo de mencionar, en el que aparezco citado fue editado por el CEU. ¿Debería tomármelo como cura de humildad? No creo en las curas de humildad.

Tácito acentuó mi interés por la política; me planteé dedicarme a ella profesionalmente; una vez muerto Franco era el momento. Pero lo pensé mejor y la perspectiva de ocupar a tiempo completo un cargo público me echó pronto para atrás; comprendí que sería un error. A mí lo que me divertía era «estar en la pomada», como vulgarmente se dice, pero no pasar ocho, diez, o doce horas diarias en la oficina de un edificio público.

Cuando a Adolfo Suárez, un político puro, le encargaron la formación del primer gobierno de la democracia, quiso que estuviera compuesto por dos tipos de personas: un primer grupo formado por gentes como él, provenientes del régimen franquista y conocedores de todos sus recovecos; y un segundo grupo de prestigiosos profesionales. Suárez le encomendó a Alfonso Osorio —por supuesto abogado del Estado— el reclutamiento de este segundo grupo de ministros. Osorio usó como caladero principal el grupo Tácito. Landelino Lavilla, letrado del Consejo de Estado y con gran prestigio entre sus compañeros de oposición, fue propuesto como ministro de justicia. Yo coincidía con Landelino en las reuniones del consejo de administración de la Editorial Católica y en las de Tácito. Landelino trabajaba entonces en los servicios jurídicos de alguna de las sociedades del grupo industrial de Banesto; creo que en Carburos Metálicos, pero no estoy seguro.

A diferencia de lo que representa la ENA en Francia, y las grandes universidades en América o Inglaterra, el máximo prestigio intelectual se alcanzaba en España con las oposiciones, es decir, haber demostrado saberse de memoria un par de códigos y varios centenares de temas, resumidos lo suficientemente para poder ser declamados en diez minutos. Después de una tentación inicial, desistí de opositar.

JEFE DE GABINETE SIN NOMBRAMIENTO

Al salir de una reunión del consejo de administración de la Editorial Católica, Landelino me informó de su inminente nombramiento como Ministro de Justicia. Le agradecí la confidencia. Me anunció que ya había hablado con las personas que ocuparían los altos cargos del ministerio, todas provenientes de los más prestigiosos cuerpos del Estado, por supuesto por oposición, *comme il faut*. Debo decir que las personas elegidas eran de primera clase y a todas las recuerdo con cariño: José Antonio Ortega, letrado del Consejo de Estado, había sido mi profesor de Derecho Natural y luego coincidí con él en Tácito. Miguel Herrero, también letrado del Consejo de Estado, era brillante y con gran sentido del humor; participé con él en mis primeros mítines electorales; luego él siguió en política con el PP. Rafael Mendizábal, además de una gran carrera en la judicatura, era un escritor más que notable. Fernando Cotta, simpático e ingenioso, era también miembro de la carrera judicial. Eduardo Zulueta, elegante y culto diplomático, se ocupó de la dirección general de asuntos eclesiásticos, muy complicada en aquellos momentos. José Luis Martínez Gil, era un prestigioso notario de Madrid. Por último, Jesús Haddad, se hizo cargo de la Dirección General de Prisiones y fue asesinado por el GRAPO.

Para completar los cargos de su ministerio, Landelino necesitaba un jefe de gabinete y me preguntó si yo aceptaría serlo. Para que yo no me sintiera ofendido por ofrecerme el cargo de menor rango del equipo, se justificó haciéndome ver que yo era, con mucho, el de menor edad de todo el grupo. Pensé con rapidez y concluí que sería un grave error despreciar un camino claro para entrar en política. Contesté allí mismo que aceptaba con tres condiciones: que no hubiera nombramiento oficial; que no recibiera retribución alguna; y que pudiera compatibilizar el cargo con mi trabajo de abogado en el despacho J&A Garrigues. Landelino aceptó mis condiciones y me convertí en el único jefe de gabinete que no fue nombrado por disposición publicada en el BOE, y que no tenía una dedicación exclusiva. En esos términos, el cargo era perfecto para mí: tendría poca visibilidad, lo que me facilitaba poder seguir trabajando en el bufete; pero al mismo tiempo era un puesto privilegiado para seguir de cerca la política. Y así fue. Desde mi puesto de jefe de gabinete del ministro de Justicia asistí, en primera fila, al proceso de transición a la democracia. Algunas veces se convocaban reuniones de los jefes de gabinete de los ministros del Gobierno, y mi caso despertaba sorpresa entre mis colegas.

La transición era un proceso con dos líneas de actuación perfectamente diferenciadas: la política y la jurídica. La operación política la llevó personalmente, de la mano, Suárez, con la ayuda de Rodolfo Martín Villa, que conocía mejor que nadie la aguja de marear en el régimen de Franco. Rodolfo, político extremadamente inteligente, había usado coche oficial desde su estancia en la universidad como presidente del SEU[13], era consciente de la inevitabilidad del cambio, y contribuyó de manera decisiva al proceso de implantación de la nueva democracia.

La segunda dimensión del proceso de transición, la dimensión jurídica, fue la responsabilidad de Landelino, con lo que yo me encontré en el ministerio donde se preparaban las leyes de la reforma política, es decir, en el centro de la «pomada». Era un puesto ideal. Desde un primer momento, la transición se concibió como un tránsito ajustado a la ley vigente y no como una ruptura de esta; fue un invento de Torcuato Fernández Miranda, el gran artífice del proceso junto con Suárez. «A la ley, desde la ley» era el lema, convertido en mantra de los reformistas. Se trataba de un inteligente artificio formal que servía de disculpa a los procuradores en Cortes y a los demás altos funcionarios franquistas para olvidar su adhesión inquebrantable al régimen anterior, y poder votar, dignamente, a favor del establecimiento de un régimen democrático, hasta entonces abominable. ¡Todo por España!, por supuesto. Eso fue lo que sucedió.

LAS PRIMERAS LEYES DE LA TRANSICIÓN: LA LEY DE AMNISTÍA Y LA LEY ELECTORAL

En 1976, si la transición a la democracia quería triunfar, necesitaba de manera urgente poner en la calle a los presos políticos de la dictadura. No se esperó a la aprobación de la Constitución. Fue una medida inmediata del gobierno Suárez. En el trabajo de redacción del texto del proyecto de ley de amnistía, Miguel Herrero fue decisivo. Los presos puramente políticos no planteaban problema alguno, y estaban incluidos en la ley sin excepción.

El problema lo presentaban los etarras condenados por terrorismo. Mientras se trabajaba en el proyecto, hubo una reunión en el ministerio de Justicia entre Landelino Lavilla y Ajuriaguerra, presidente del PNV. Insistía este en la necesidad de que la ley tuviera la mayor amplitud posible. Era impresionante el conocimiento que tenía de los componentes de la banda terrorista ETA: «este es un buen chico; este otro es poco listo, lo liaron», etc. etc. El tema se zanjó excluyendo de la amnistía a los condenados por delitos de sangre. Aunque esto no es del todo cierto, porque la amnistía se aplicaba a las autoridades, funcionarios y agentes del orden público, por delitos cometidos con motivo u ocasión de la investigación y persecución de los actos incluidos en la Ley, sin excluir expresamente los delitos de sangre. El carácter «asimétrico» de la Ley provocó críticas, pero era necesario andar con pies de plomo si no se quería provocar un golpe militar, que al final tuvo lugar.

La Ley de Amnistía fue decisiva para la transición, pero también fue, sin duda alguna, una de las razones del golpe de Estado frustrado del 23F. Las amnistías han sido frecuentes en España. Las han estudiado, entre otros, el profesor Daniel Escribano y Manuel Torres Aguilar. La primera amnistía se otorgó en 1832 por la reina regente María Cristina. Se volvieron a conceder en 1837 y 1840 con motivo de las guerras carlistas. Siempre por delitos políticos se otorgaron las de 1854, 1856, 1869, 1870, 1874, 1890, 1906, 1914, 1930, 1931, 1934, 1936 y 1939. En otras palabras, las amnistías han sido concedidas bajo gobiernos de todas las tendencias —desde el del Frente Popular hasta Franco incluido— y bajo constituciones del más diverso signo.

Solamente se menciona la posibilidad de amnistías en la constitución republicana de 1932. En las demás no se prohíben; simplemente, se ignoran.

La última ley de amnistía aprobada por el Congreso en 2024, a propuesta del gobierno socialista de Pedro Sánchez, se aplica a los sucesos que tuvieron lugar en Cataluña en 2017, culminados con un, sedicente, referéndum, para poder votar la independencia de Cataluña sin contar con la Constitución vigente. Se insiste en la inconstitucionalidad de la ley de amnistía de 2024, por el hecho de que la posibilidad de esta medida de gracia no se contempla en la Constitución vigente de 1978; pero, como acabo de señalar, ese es el caso de todas las constituciones bajo las que se concedieron las anteriores amnistías, con la única excepción de la Constitución de 1932 de la República; en las demás no hay referencia alguna a esta medida de gracia.

Los redactores del anteproyecto de la vigente constitución de 1978 siguieron la tradición mayoritaria y acordaron expresamente «no constitucionalizar la cuestión de la amnistía», es decir, ni prohibirla ni regularla. El argumento de que la amnistía de 2024 es ilegal porque no se contempla en la Constitución vigente, carece, en mi opinión, de valor. Tampoco es un argumento válido la prohibición de indultos generales, que sí contiene nuestra Constitución actual. Son medidas diferentes. La amnistía es una decisión política con la que se pretende obtener un bien para la nación; las que se concedieron con motivo de las guerras carlistas son el mejor ejemplo; en todas ellas se busca una reconciliación, el olvido del pasado a cambio de un futuro en paz. El indulto es un perdón del condenado sin consideración alguna, política o de otra naturaleza, al interés general.

La amnistía concedida por el gobierno socialista no es anticonstitucional, porque la Constitución vigente no la prohíbe. Pero, lo que es más grave, es una ley prevaricadora: no se concede a cambio del compromiso de los amnistiados de no volver a promover la declaración unilateral de la independencia de Cataluña; desde el primer día los beneficiarios de la amnistía han proclamado que seguirán empleando medios anticonstitucionales para conseguir la independencia. La amnistía de 2024 no se otorga en beneficio del país como medio de acabar con el conflicto catalán; es una cesión para que Sánchez pueda contar con los votos de los independentistas, que necesita para ocupar la presidencia del gobierno. Es una cesión vergonzosa en la que jamás habían caído los predecesores de Sánchez; aunque sentó las bases de la amnistía con su Ley para la Memoria Histórica, ni siquiera Zapatero llegó a este extremo.

Los viejos líderes socialistas se manifestaron en contra de la amnistía, pero ni siquiera amagan con dejar de permanecer al partido. Ser socialista en España fue y sigue siendo una religión que se practica con el rigor y la disciplina de un monasterio medieval: cumpliendo las reglas sin protestar.

Recuerdo las reuniones a las que asistí con Landelino y Miguel Herrero sobre el borrador de la ley electoral de 1977. Miguel Herrero fue el promotor de la fórmula D'Hondt. En una de las reuniones, Landelino, que no acababa de entender bien el procedimiento del reparto de restos —que es la originalidad de la ley D'Hondt— le preguntó a Miguel en qué países se aplicaba. Miguel con su ironía característica contestó con seriedad: «Se aplica en muchos países con gran experiencia democrática, por ejemplo el Congo Belga». Pensé que a Landelino le daba un patatús.

Se propuso que, para aclarar las dudas que pudiesen surgir en la aplicación de la ley D'Hondt, se incluyese como anexo de la ley electoral el ejemplo de una votación teórica entre partidos imaginarios, en una circunscripción también imaginaria. No creo que haya muchas leyes que incorporen un ejemplo tan preciso del resultado que produciría su aplicación, haciendo uso de un caso teórico; nuestra ley electoral es, muy posiblemente, la única ley que lleve incorporada su propia interpretación auténtica.

Miguel Herrero también formaba parte de la comisión que preparó el proyecto de texto constitucional de 1978. Despachaba con Landelino las propuestas que luego llevaría a la comisión.

Le agradezco a Miguel Herrero el comentario que hace sobre mi persona en sus *Memorias de estío*, cuando trata de esas reuniones en el ministerio. Asistí a muchas de las mismas, en las que aprendí de los conocimientos y sutilezas de Miguel. Lo vuelvo a repetir: Miguel es una de las personas más inteligentes que he conocido.

EL ASESINATO DE JESÚS HADDAD

Recuerdo con cariño a todos mis compañeros del ministerio, pero especialmente a Jesús Haddad, Director General de Instituciones Penitenciarias. Era un tipo estupendo en todos los sentidos: valiente, con buen humor, trabajador, inteligente.

La revolución de las prisiones era noticia diaria en los periódicos. Acompañé a Jesús Haddad en su visita a las dos más conflictivas, Granada y Carabanchel. El espectáculo en Carabanchel, con los presos amotinados sobre las cubiertas arrojando tejas a la policía que trataba de controlar aquel desmadre, era impresionante. La revolución en las prisiones comenzó como un fenómeno incontenible. Los idealistas creaban un ambiente en el que se exageraban hasta extremos absurdos los principios de los tratadistas decimonónicos; sus exigencias respondían a un romanticismo imposible de llevar a la práctica, porque los fondos habilitados en los presupuestos para mejorar las prisiones llegaban tarde y eran insuficientes. Los funcionarios se sentían cohibidos y la población reclusa se crecía y exigía mejoras en las cárceles imposibles de atender con la celeridad con la que se reclamaban.

En todas las cárceles había presos conflictivos capaces de organizar revueltas violentas. Supongo que ese sigue siendo hoy el caso. En aquellas fechas se asociaron con un evidente apoyo exterior y crearon la COPEL, la Coordinadora de Presos en Lucha. Vaya usted a saber quién dirigía aquello. Lo más probable es que se tratara de alguno de los grupos ultraizquierdistas de los que entonces había cantidad. ¿Quién les financiaba? De nuevo, vaya usted a saber. Después de cada revuelta, por puro cansancio, los presos deponían su actitud, se entregaban, y volvían a las celdas.

Recuerdo que en la revuelta de una prisión, el director del centro llamaba cada poco a Jesús Haddad y pedía instrucciones. En una de las llamadas transmitió el mensaje de algunos presos, que se habían encerrado en la lavandería de la prisión: amenazaban con suicidarse bebiendo lejía si no se les liberaba. Jesús Haddad ordenó al director que les explicase que la muerte les llegaría después de unos espantosos sufrimientos, pero que, entre tanto, la policía aprovecharía para entrar, llevarlos a la enfermería a intentar salvarles con lavados de estómago; ahora bien, debían de ser conscientes de que, incluso en caso de evitar la muerte, no podrían volver a comer durante mucho tiempo; quizá durante el resto de su vida tendrían que alimentarse con una sonda.

Al poco tiempo el director volvió a llamar: los presos amotinados habían decidido salir de la lavandería siempre que se les diese la cena, y que, después, como todos los martes, se les permitiese ver *Cantares*, programa de canción española en televisión; Lauren Postigo, director del programa, llevaba a las más famosas folclóricas de la época. Por sus intervenciones largas y barrocas, se le conocía como «Lauren castigo». Se accedió a la petición de los presos.

Un día me vino a ver el chofer de Jesús Haddad y me contó que su jefe había despedido a los escoltas que tenía asignados por el Ministerio de la Gobernación. El chofer estaba muy preocupado, y con razón, como se demostró a los dos días.

Hablé con Jesús, que, muy educadamente, se mantuvo en su posición; le resultaba insoportable ir acompañado de dos policías cuando asistía al cine o iba a cenar con su mujer. Informé inmediatamente a Landelino; le llamó a su despacho, y Jesús insistió en las molestias que le suponía vivir acompañado, permanentemente, por dos policías; pero Landelino se mantuvo firme, le ordenó que aceptase la escolta, y llamó a Rodolfo Martín Villa para que de inmediato volvieran a asignarle los correspondientes funcionarios policiales. Rodolfo le aseguró que los escoltas se reincorporarían inmediatamente a su trabajo. No hubo lugar a ello. Al día siguiente, al salir de su casa, asesinaron a Jesús Haddad. No se supo si los asesinos eran miembros del GRAPO o de la COPEL. La mujer de Haddad, que diariamente le despedía desde la ventana, presenció el asesinato.

Todos los cargos del ministerio, yo incluido, nos ofrecimos para sustituir a Jesús Haddad. Landelino no quería prescindir de nadie que ya estuviera ocupando un puesto en el ministerio. Le indiqué que, a mi juicio, en ese caso el candidato ideal era Carlos García Valdés; había sido compañero mío de facultad, y de tienda de campaña en las milicias universitarias, donde nos hicimos grandes amigos. Carlos era un defensor especialmente radicalizado de la reforma penitenciaria, con contacto directo con los líderes de la revolución carcelaria. Se había convertido en una nueva Concepción Arenal y alentaba las manifestaciones y huelgas de presos en exigencia de una reforma radical e inmediata de la política penitenciaria, que era imposible de poner en práctica con la urgencia que pretendía.

Landelino se sorprendió de la propuesta, pero comprendió sus enormes ventajas; llamó a Suárez a quien le encantó la idea y dio su conformidad. Me reuní con Carlos que aceptó sin dudarlo. A los pocos días, García Valdés era el nuevo director General de Instituciones Penitenciarias; con su nombramiento el grave problema de las prisiones se solucionó; al poco tiempo la revolución de las cárceles cesó como por arte de magia. Carlos impulsó una nueva Ley de Instituciones Penitenciarias que incluía las medidas de reeducación y de reinserción por las que había luchado como activista.

Yo hablaba con Carlos con frecuencia y le hacía ver que mejorar las medidas de reinserción social de los presos implicaba reconocer que los presos eran unos seres marginados, por lo que, mientras no estuvieran preparados para su reinserción debían de seguir tratados como socialmente desarraigados y peligrosos. Ese razonamiento le irritaba mucho. Solo habían pasado unas semanas desde su nombramiento cuando trataron de asesinarlo: salió del ministerio en el coche oficial seguido de otro coche con sus escoltas; subían por la calle de San Bernardo y pararon en el primer semáforo; en la acera de enfrente tres sicarios de la COPEL tiraron de pistolas y comenzaron a disparar; la escolta de García-Valdés bajó del coche y dispararon a su vez para repeler el ataque. Milagrosamente, no hubo ningún herido. Creo que ese día García-Valdés empezó a matizar sus revolucionarias propuestas para humanizar el régimen carcelario.

El intento de asesinato de García Valdés no fue la única vez que sentí de cerca el terrorismo. Los anuncios de bombas en el ministerio eran cosa usual, aunque habitualmente falsos. El GRAPO y la ETA no solían anunciar las bombas, pero en el ministerio de Justicia sufríamos el terrorismo de la Coordinadora de Presos en Lucha, a la que ya me he referido, que tenía sus propias costumbres. A los pocos días de empezar a desempeñar mi nuevo oficio en el ministerio, en julio de 1976, hubo una colocación masiva de bombas en diversos edificios públicos, entre ellos el ministerio de justicia. Estallaron de madrugada el 18 de julio; la colocada en nuestro edificio causó daños en las instalaciones de la Dirección General de Instituciones Penitenciarias. Nunca se detuvo a los autores.

El siguiente incidente de atentado que viví se produjo unos meses después. Llamaron por teléfono para anunciar la colocación de la bomba. Ni el ministro ni el subsecretario estaban en el ministerio, y el jefe de seguridad me vino a ver para pedir instrucciones. Llamé a la policía que ordenó el desalojo del ministerio a toda prisa; al poco tiempo llegó un grupo de artificieros. No dieron mucha credibilidad a la llamada, pero me pidieron que reuniera a los bedeles porque necesitaban el mayor número posible de personas para «peinar» el ministerio; en aquellos tiempos muchos de los bedeles solían ser guardias civiles jubilados. Así lo hice, y, una vez en la sala de reuniones, tuvo lugar la siguiente conversación, cuasi-surrealista.

—Nos dividiremos por grupos —dijo el jefe de los artificieros—. Lo importante es mirar debajo de sillas y mesas porque, muy probablemente, se trata de Goma-2, y esos son lugares típicos para su colocación.

—¿Cómo podremos identificar la bomba? —pregunté.

—Hay un dato infalible para saber que se trata de una bomba —contestó el artificiero—, la Goma-2 despide el «conocido» olor a almendras amargas.

—¿Cómo dice usted? —le pregunté alarmado.

—Sí hombre, sí —me respondió—, el olor de almendras amargas, es un olor inconfundible.

Comprendí que aquello tenía muchas probabilidades de terminar en tragedia. En efecto, la bomba estalló, pero por fortuna, no era excesivamente potente y solo hubo dos bedeles heridos de poca gravedad.

ASESINATO DE LOS ABOGADOS DE ATOCHA Y DE MATEU ISTURIZ

Los atentados terroristas eran cosa frecuente en aquellos tiempos, y uno acaba acostumbrándose a todo. En enero de 1977 un grupo de abogados laboralistas con un despacho en la órbita del PC fueron asesinados a tiros por miembros de un grupo radical derechista. Pasaron a ser conocidos como los «abogados de Atocha». Antonio Pedrol quería que la capilla ardiente de los compañeros asesinados estuviera en el Colegio de Abogados; consideraba que tratándose de abogados el colegio estaba obligado a ello. El gobierno se negaba porque el Colegio de Abogados estaba situado en el edificio del Palacio de Justicia en la plaza de Santa Bárbara, lo que aumentaría la notoriedad de la capilla ardiente en un momento en el que el PC aun no estaba legalizado. Pedrol recibió el apoyo unánime de la Junta de gobierno del Colegio, a la que yo pertenecía, e inició una negociación a dos bandas: una con el ministro del Interior y otra con el de Justicia. Eso era típico de Pedrol. Pasaba de un ministro a otro según veía más posibilidades de ganar terreno en la negociación.

En las conversaciones entre Pedrol y Landelino, como ministro de Justicia, yo hacía de intermediario. Landelino se limitaba a dar traslado a Suárez y no adoptaba ninguna posición propia que pudiera comprometerle, lo que con razón desesperaba a Pedrol. El decano me insistía en que hiciera ver al ministro la absoluta razonabilidad de la decisión que habíamos tomado en la Junta de Gobierno, y yo le contestaba que Martín Villa, y no Landelino, era el mejor camino para llegar a un acuerdo con el gobierno. Me hizo caso.

Suárez tenía asumido que la legalización del PC era inevitable; ya había iniciado las negociaciones con ese fin y la legalización se formalizó tres meses después, el famoso sábado santo rojo. Suárez era consciente de que negarse a que la capilla ardiente tuviera notoriedad generaría un conflicto público. Con buen criterio cedió finalmente y los cuerpos de los abogados asesinados permanecieron expuestos en el Palacio de Justicia hasta su entierro. El PC hizo una exhibición de su poder de convocatoria; la capilla ardiente fue visitada por miles de personas. Esto lo aprovechó Carrillo para plantear una segunda exigencia, que, a priori, era de imposible aceptación por el gobierno: exigía que en el entierro, presumiblemente multitudinario, el servicio de orden no lo prestara la policía nacional —los odiados grises— sino miembros del PC. En este punto Carrillo era inflexible. Finalmente, el sentido práctico de Suárez y de Martín Villa hizo posible el acuerdo.

El día del entierro una hilera de jóvenes del PC, aún no legalizado, jalonó el trayecto de los coches fúnebres. Una inmensa comitiva los seguía en total silencio. A la puerta del palacio de justicia me encontré con Álvaro Bereijo, catedrático de Derecho Financiero y viejo amigo de Cedeira. No acababa de dar crédito a lo que veía. Aquel entierro facilitó la legalización del PC, que fue un hito decisivo en el éxito de la transición; pero, al mismo tiempo, fue un paso, también decisivo, en el camino que nos condujo al golpe de estado del 23F.

Un asesinato de significación política opuesta a la de los abogados de Atocha, fue el del magistrado del Supremo, Mateu Isturiz, a manos de terroristas. Había formado parte del odiado Tribunal de Orden Público. La capilla ardiente se instaló en la sede del Tribunal Supremo, sin que esta vez nadie dudase de la procedencia de la medida. El palacio de justicia, como puede verse, llevaba el camino de convertirse en un tanatorio de profesionales del Derecho. Acudí con Landelino a la capilla ardiente para dar el pésame a la familia Mateu. Uno de los hijos, vestido de militar, nos negó la mano cuando hicimos el ademán de estrechársela; se cuadró y llevó la mano a su gorra saludando militarmente. Era una manifestación de lo que sentía una parte del ejército y una parte de la derecha española; los políticos de UCD eran para ellos unos traidores y los responsables de todos aquellos desmanes, que consideraban consecuencia del insensato desmantelamiento del régimen franquista.

LA PAZ RELIGIOSA

A diferencia del PSOE, los comunistas habían tenido una actividad política considerable durante el franquismo, sobre todo en la organización de la movilización estudiantil y en el ámbito sindical. Comisiones Obreras fue de hecho un importante interlocutor en los temas empresariales, a pesar de carecer de reconocimiento legal. La aprobación de los acuerdos con la Santa Sede es otro ejemplo, muy expresivo, de la influencia del PC en el proceso de la Transición Política. Mantener la paz religiosa era un requisito esencial para el éxito de la transición.

El cardenal Tarancón manejaba con habilidad las relaciones de la Conferencia Episcopal con los partidos. La ultraderecha puso de moda el lema «Tarancón al paredón». Suárez era consciente de la influencia de la Iglesia y Marcelino Oreja, como ministro de Asuntos Exteriores, negoció con gran eficacia y discreción los acuerdos que debían sustituir al viejo Concordato de 1953. La Dirección General de Asuntos Eclesiásticos del Ministerio de Justicia intervino en el proceso en un segundo plano.

El 13 de septiembre de 1979 llegó el momento decisivo de la ratificación de los acuerdos por el Congreso de los Diputados. Existía temor de que hubiese problemas en obtener los votos necesarios para la ratificación. La negativa del PSOE a dar su voto favorable era inamovible. Marcelino habló con Carrillo, mucho más inteligente y flexible, y le pidió el voto favorable del grupo comunista en el Congreso. Carrillo contestó que el PC estaba obligado a votar en contra, pero que si había riesgo de que no se alcanzara la mayoría necesaria para la ratificación, el PC se abstendría en la votación; le aseguró a Oreja que, bajo ningún concepto, quería correr el riesgo de «reabrir una nueva guerra religiosa». Los acuerdos con la Iglesia pudieron ser aprobados en las Cortes sin necesidad del voto favorable de los diputados del PC.

ESCRITOR DE DISCURSOS Y DE OTROS PAPELES

Mi misión principal como jefe de gabinete del ministro de Justicia fue la de *speechwriter* y preparador de notas y papeles sobre los más variados temas. En una ocasión, me llamó Landelino y me pidió que le preparara una nota sobre una cuestión —no recuerdo exactamente cuál— cuyo debate se había planteado en el Consejo de Ministros, que se celebraba en Castellana 3. Preparé la nota, me fui al edificio de Presidencia y me senté en una salita anexa en la que se celebraba el consejo, a la espera de que saliera Landelino. La puerta estaba entreabierta y se oía perfectamente la discusión, que, sinceramente, no recuerdo de qué iba. Durante mi espera, los ministros salían de vez en cuando para tomar algún canapé, o simplemente para estirar las piernas. El ministro de Hacienda, Paco Fernández Ordóñez, salió, me saludó, y tomó el teléfono; habló con alguien al que informó detalladamente del debate que tenía lugar en ese momento en el Consejo de Ministros. *El País* publicó al día siguiente una información del asunto con gran detalle, citando «fuentes próximas al gobierno». Paco Ordóñez era el filtrador de noticias mayor del reino. Sus compañeros de gobierno lo sabían y trataban de darle la menor información posible. Joaquín Garrigues Walker le preguntaba de vez en cuando con su proverbial sentido del humor: «¿Paco, cuántas veces me has traicionado hoy?».

Preparé para Landelino una considerable cantidad de discursos con motivo de muy variadas ocasiones. Él introducía correcciones en mi borrador hasta conseguir un texto que le gustase. Era muy meticuloso y los discursos acababan siendo francamente buenos. El más importante de todos en los que intervine fue el de la apertura de tribunales de 1977, que se celebraba y se sigue celebrando, según centenaria costumbre, el 15 de septiembre. Era un discurso en el que debían de fijarse las líneas jurídicas de la transición política que había anunciado Suárez. A Rafael Arias Salgado le pidió Landelino otro borrador.

Para trabajar en el discurso, me quedé en Madrid el mes de agosto y viajaba a Cedeira los fines de semana. De la combinación de los dos borradores, el de Arias Salgado y el mío, salió un buen discurso que tuvo una gran repercusión en la prensa. En mi borrador se sugería como ejemplo a seguir durante el proceso de transición, las reglas de la moral provisional cartesiana enunciadas en el *Discurso del Método*. Me siento orgulloso de haber introducido a Descartes en nuestra transición.

Ese verano, mientras yo trabajaba en el discurso, Rafael Mendizábal entró un día en mi despachito y me puso encima de la mesa un contrato en el que, por mi trabajo en la preparación del discurso, se me retribuía con diez mil pesetas. Fue inútil tratar de rechazarlas. Es la única cantidad que he percibido por mi dedicación a la política. Rafael Mendizábal me propuso para la cruz de San Raimundo de Peñafort; apoyaron la petición todos los directores generales, lo que me emocionó mucho. Landelino, de quien debería haber partido la idea, me la concedió. Conservo mi gratitud a Rafael Mendizábal y a los demás compañeros con los que conviví en el ministerio.

VIAJAR CON NIÑITOS SOBRE LAS PIERNAS

En la mayoría de las ocasiones, los discursos que Landelino pronunciaba tenían como finalidad las inauguraciones de nuevos edificios de juzgados en alguna ciudad. A veces yo le acompañaba en los viajes. La partida presupuestaria no alcanzaba siempre para el pago de billetes en avión. El jefe de la secretaría sacaba el dinero de la caja del Servicio del Libro de Familia, que dependía del ministerio; tan pronto como era posible, los fondos se reintegraban. Se trataba de una práctica técnicamente malversadora, aunque fuera temporalmente. Nunca dejó de reintegrarse el dinero a la caja del Servicio del Libro de Familia. En alguno de los viajes usábamos los *mystère* del Ejército del Aire, de que disponía el gobierno para viajes oficiales de los ministros.

Recuerdo que, en un viaje a Palma de Mallorca, no procedía pedir el *mystère*, porque el viaje era para un acto del partido. En el vuelo de Iberia no había billetes. Propuso entonces el jefe de la secretaría requisarlos de acuerdo con el derecho que tenían los miembros del gobierno. Le hice ver que no era legítimo requisar los pasajes al tratarse de un viaje del partido, con independencia del perjuicio que causaríamos a los pobres viajeros expropiados, que se iban a quedar sin vuelo en época de vacaciones. Convencí a Landelino de ir al aeropuerto y resolver el asunto como muchas veces lo había visto hacer en Estados Unidos: ponernos en la cola del mostrador de embarque y tratar de comprarle los billetes a algún viajero, ofreciéndole un razonable sobreprecio. Landelino aceptó refunfuñando.

Llegamos al aeropuerto y la cola en el mostrador de embarque era larguísima; el cabreo de Landelino crecía. Me acerqué a una señora que iba delante de nosotros en la cola acompañada de tres niñitos, el menor en brazos. Le ofrecí comprarle los billetes de dos de sus niños con un buen sobreprecio y con el compromiso de que los llevaríamos sentados sobre nuestras rodillas. Llamamos al supervisor del vuelo que se sorprendió, pero aunque no era un jurista, entendió de inmediato el principio de que el que puede lo más puede lo menos: un ministro podía requisar dos billetes y aquello era una requisa parcial. Aceptó.

Embarcamos; a un niño lo puse sobre mis rodillas y el segundo le correspondió al escolta. El pequeño siguió en brazos de su madre. En un momento en el que me levanté para ir al servicio, me sustituyó Landelino como padre amantísimo. Todos los pasajeros pudieron observar cómo en la nueva democracia los ministros viajaban en turista, y con niños en brazos. En honor de Landelino diré que se comportó, haciéndole cucamonas a los niñitos. Por fortuna no se hicieron pis durante el viaje; en caso contrario mi carrera política hubiese terminado aquel mismo día.

UNA MALA ELECCIÓN DE MENTOR POLÍTICO

Ya he dicho que yo no tenía la menor intención de hacer una carrera política que me alejara de mi ejercicio profesional de abogado y de mi participación en el mundo de los negocios. Con mi régimen de designación extraoficial de jefe de gabinete, nunca antes vista, me fue posible combinar mi actividad pública con la privada. En cuanto a la pública, elegir a Landelino como mentor en mi carrera política fue un gran error que pagué caro. No hubiera podido elegir a nadie peor. Jamás me echó una mano cuando me hizo falta.

Yo tenía ilusión por ser diputado. Era, además, un trabajo a tiempo parcial con mi despacho de jefe de gabinete a poca distancia del bufete. En las primeras elecciones generales de 1977, la composición de las listas electorales de UCD fue una labor muy complicada; había que complacer a las decenas de partidos, grupos y grupitos que se habían integrado en UCD. La confección de las listas se delegó en Calvo Sotelo. La de Madrid era una lista larga de treinta y dos nombres; siendo conservador, se esperaba que solo obtuvieran escaño los doce primeros puestos de la lista; siendo muy optimista, hasta catorce. Le pedí a Landelino que hablara con Calvo Sotelo para que me dieran un puesto con seguridad de obtener escaño. Me aseguró que lo haría. No hizo nada. Me situaron en el puesto dieciséis y me quedé fuera; de acuerdo con lo previsto solo salieron elegidos los doce primeros de la lista. Mi enfado fue grande.

Pensé en olvidarme de la política, pero Landelino fue nombrado presidente del Congreso, y, como era de esperar, me ofreció de nuevo el puesto de jefe de gabinete. Mi primer impulso fue mandar a Landelino a tomar viento fresco; pero algunas veces, no siempre, me acuerdo de dos grandes principios que hay que aplicar en la vida, y muy especialmente en la vida política. El primero de esos principios es: quien dice la verdad se queda sin ella. El segundo es: nunca dejarse llevar por las emociones del momento, sino hacer un análisis frío y egoísta de las ventajas y desventajas de cada decisión. A partir de esos principios, aceptar el cargo de jefe de gabinete de presidente del Congreso era una decisión acertada y así se demostró.

Disfruté mucho durante el tiempo que estuve en el Congreso; mi puesto me permitió seguir de cerca la apasionante vida política de aquellos años; Conservé además mi libertad de horario, y, como el Congreso estaba a cinco minutos del bufete, podía ir y venir cuantas veces quisiera a lo largo del día. Mi trabajo era menor que en el ministerio, porque los Letrados de las Cortes y una buena secretaría me liberaban de muchas de las tareas que yo había cumplido en el Ministerio de Justicia; pasé a tener más tiempo para dedicación al bufete. En el Congreso, a diferencia de lo que sucedía en el Ministerio, había un presupuesto generoso para contratar personal de apoyo. Lo usé para incorporar al gabinete de la presidencia del Congreso a mi buen amigo, el diplomático Ramón Gandarias. Fue un colaborador estupendo y me liberó de una gran parte de mi trabajo.

DIPUTADO FRUSTRADO EN CÁDIZ

Al fallecer mi padre tuve que ocuparme de los negocios familiares y estaba obligado a viajar con frecuencia a Cádiz. Asumí la dirección de UCD de la provincia y en las siguientes elecciones de 1979 decidí presentarme a diputado por esa demarcación. Esto me obligaba a pasar en Cádiz uno o dos días a la semana, al menos; mi ritmo de trabajo pasó a ser delirante. Cómo pude sobrevivir con aquel régimen de vida es lo más parecido a un milagro. Incluyo dentro del milagro uno de mis vuelos semanales a Jerez en el que ocupaba un asiento junto al periodista de Grupo 16, Pepe Oneto, gaditano y fácilmente reconocible por su largo flequillo rubio. Nada más despegar, el comandante nos anunció que se había producido un problema con el tren de aterrizaje. Comenzamos a dar vueltas para consumir combustible, y, finalmente, nos prepararon para un aterrizaje de emergencia que, por fortuna, se realizó sin el menor problema. A las dos horas nos llamaron para embarcar en otro avión; de todo el pasaje, que eran unas treinta o cuarenta personas, solamente embarcamos Oneto y yo.

Para preparar las elecciones de 1979 trabajé duramente durante un par de años, recorriéndome la provincia de Cádiz de pueblo en pueblo. Cuando se convocaron las elecciones, el gobierno decidió que la candidatura por Cádiz la encabezaría el ministro García-Diez, segoviano, socialdemócrata, antipático, sin el menor tirón popular en Cádiz; supongo que tampoco en Segovia o en cualquier otra parte gozaría de simpatía. En el segundo puesto iría yo.

Conociendo cómo funcionaba UCD, le pedí a Landelino que llamara a Suárez para que no surgiera ninguna sorpresa de última hora. No lo hizo, y, sin tiempo para reaccionar, el día de presentación de la lista de candidatos, antes de cumplirse el plazo, cambiaron el orden y me situaron en tercer lugar; el número dos pasó a ser el alcalde de Vejer, Antonio Morillo; del grupo de «aplaudidores» de García Díez.

Me volqué a pesar de todo en la campaña electoral en la que García-Díez prácticamente no apareció. En los mítines, salvo en Vejer el pueblo de Morillo, yo hacía de orador principal. Conseguí que Suárez viniera a Cádiz durante la campaña, y que el Gobierno acelerara la adjudicación del segundo puente sobre la bahía y suprimiera el peaje. Todo fue inútil. No salí por un puñado de votos, no recuerdo el número exacto, pero no pasaron mucho de los cien. Miguel Herrero se ofreció a llevarme el contencioso electoral, un recurso inmediato ante la Audiencia para reclamar la validez de unos votos a mi favor que se habían anulado injustamente. Perdimos el recurso, pero siempre se lo he agradecido mucho a Miguel.

A pesar de que, como de costumbre, Landelino no me había ayudado nada, decidí continuar en el cargo de Jefe de Gabinete del presidente del Congreso; eso sí, dedicándole menos tiempo. En el bar del Congreso coincidía con los principales políticos del momento. Tierno Galván iba al bar nada más empezar la sesión, en la que se aburría a muerte; consideraba a su partido, el PSP, de un nivel intelectual y doctrinal muy superior al PSOE, a cuyos miembros despreciaba y les llamaba «los Botejara»; este era el apellido de una familia de barrio que se había hecho popular en aquellos años por un programa cómico de televisión; a Tierno me lo encontraba también, a menudo, almorzando angulas y solomillo en Casa Ciriaco, en la calle Mayor. El segundo de a bordo del PSP era Raúl Morodo, hijo de una señora que trabajó para mi abuela en su casa de Cedeira. Más adelante, siendo Zapatero presidente de gobierno, Morodo fue embajador en Venezuela donde protagonizó un sonado escándalo.

Con Carrillo también me tomé más de un café y ese contacto me sirvió para acordar más adelante el uso compartido de un avión particular en la campaña electoral de 1982.

La legislatura se presentaba movida. Calvo Sotelo, con mezcla de sorna galaica, mala leche y algo de irreverencia, decía que cuando Landelino presidía el pleno «estaba expuesto»; este es el término que, como es sabido, se usa para la Sagrada Forma, cuando es expuesta en la custodia a la adoración de los fieles. Cuando Landelino estaba expuesto, yo me sentaba en su mesa por si había alguna llamada por el teléfono rojo; esta era la línea que conectaba al rey, a los miembros del gobierno, y a las demás autoridades del país. En realidad solo el dial del teléfono era de color rojo, el resto era blanco.

Un día, entró Suárez en el despacho de Landelino para hacer una llamada. Al terminar me ofreció tomarnos un café. Bebía un promedio de diez o doce cafés al día. Nos sentamos en una mesita de reuniones. Aproveché para expresarle mi disgusto por la trapacería que García Díez me había hecho con la lista de candidatos de Cádiz al Congreso. Se quedó en silencio unos segundos, y me preguntó si me apetecería trabajar en la Moncloa. Le agradecí la oferta, pero le hice ver que quería seguir siendo socio activo de Garrigues, y que en la Moncloa compaginar ambos trabajos sería imposible. Me contestó que lo entendía y añadió: «No depender al cien por cien de la política es una decisión inteligente; Antes o después, la política se acaba y no hay nada más deprimente que un político en paro». Era un presagio.

Pasaron los años. Suárez, ya fuera de la política, me llamó por teléfono y almorzamos. Me planteó, directamente, su deseo de incorporarse a un despacho de abogados y J&A Garrigues le gustaba mucho como opción. Me pareció una gran suerte la posibilidad de poder contar con él, que continuaba siendo un gran personaje, y en cualquier bufete, sería sin duda un gran activo; era muy conocido en Hispanoamérica y nosotros teníamos el propósito de aumentar nuestro mercado de clientes de aquellos países.

Le conté nuestro almuerzo a Antonio Garrigues. Me recordó nuestra tradición de huir de cualquier signo de politización del bufete; argumenté que esa tradición no se le había aplicado ni a él ni a mí, y que la etapa política de Suárez estaba más que finalizada; era ya historia, pero conservaba el aura de haber sido el hombre que protagonizó la transición a la democracia; esto le daba un gran prestigio, tanto en España como en el extranjero. Comprendí que no le hacía gracia la presencia de Suárez en el despacho. No obstante, acordamos reunirnos con él.

Se celebró la reunión. Antonio estuvo muy amable, pero desde el primer momento, intuí que aquello no iba a funcionar. Mi instinto estaba en lo cierto. Antonio se saltó el acuerdo, al que habíamos llegado, de dejar el tema de la retribución para una conversación posterior; sin que Suárez le preguntara nada, le hizo un planteamiento de posibles condiciones económicas, que era una oferta destinada a no ser aceptada. Suárez quedó en pensarlo. A los pocos días me llamó, volvimos a almorzar, me agradeció mi interés, pero me dijo que lo había pensado mejor y que había decidido incorporarse al despacho que estaba en proceso de fundar su hijo. Fue una respuesta elegante, que le retrataba. Lamenté profundamente aquel final. Creo que fue uno de los pocos errores que le he visto cometer a Antonio durante tantos años.

O quizá el error era mío, vaya usted a saber.

Recuerdo a Adolfo Suárez con el cariño y la admiración que le debemos los españoles, sobre todo los que vivimos aquella época.

EL TRISTE FINAL DE UCD

Me libré de milagro del golpe del 23F. Estaba en Garrigues y, al enterarme de la entrada de Tejero y sus guardias, me fui corriendo al Congreso. No me dejó pasar la Guardia Civil que ya había formado un cordón rodeando la zona e impidiendo el acceso. Me acredité ante un número como jefe de gabinete del presidente del Congreso, pidiendo que me dejara pasar; se fue hasta la puerta para hablar con un superior, volvió, y me dijo que era imposible.

Asistí durante un rato al espectáculo de José María García, encima del capot de un seiscientos a las puertas del Palace, radiando el golpe con la pasión que ponía en su programa radiofónico. Entré en el hotel. En un salón se habían reunido políticos de todos los partidos sin saber qué hacer. El viejo socialista Ramón Rubial mencionó, según me dijeron —yo no lo oí— que en los años veinte se había planeado por los anarquistas volar el congreso poniendo una bomba en la red de alcantarillado que pasaba justamente por debajo del hemiciclo. Se acordó pedir un plano de la red al ayuntamiento.

Me fui al *Ya* para seguir desde el periódico la evolución de los acontecimientos. Nos enteramos de que Milans del Bosch, capitán general de Valencia, se había adherido a Tejero, y, por un momento, pareció que el golpe triunfaba. A la vista de la nueva situación, alguien sugirió cambiar el titular del editorial de la edición urgente del *Ya* que íbamos a sacar: en lugar de «No, pero» el titular sería «Sí, pero». Flexibilidad ideológica.

Volví al Palace y asistí a la rendición de los golpistas; fue la imagen de la rendición de Breda del famoso cuadro de Velázquez. En mi despacho preparé un borrador de las palabras que Landelino pronunció al reanudarse la sesión interrumpida por la entrada de Tejero y sus guardias.

Empezó el fin de UCD. En el funesto Congreso de Palma de Mallorca, al que asistí, Suárez resultó derrotado. Aunque ganó la lista encabezada por Landelino, este no dio en ningún momento imagen de vencedor con futuro. Suárez dimitió y Calvo Sotelo asumió la presidencia del gobierno. Pronto demostró su falta de fe en supervivencia del centro como opción de gobierno. Disolvió el parlamento y convocó elecciones generales para octubre de 1982.

Como en cualquier competición, nada hay peor en unas elecciones que uno de los participantes dé la imagen de no creer en la victoria. El presidente de la república italiana, Sandro Pertini, asistió en la tribuna del Bernabéu a la final del mundial de fútbol, que ganó Italia. Actuaba como un forofo simpático animando a la selección de su país y contrastaba con el hieratismo lejano de Calvo Sotelo, que parecía que se había tragado un palo. Pertini le dijo que había oído noticias de que pensaba adelantar las elecciones, y Calvo Sotelo le confirmó que ese era, en efecto, su propósito. Entonces tuvo lugar este diálogo según testigos próximos:

—Pertini: Presidente, se dice que va a convocar usted elecciones. Las ganará su partido, lógicamente.

—Calvo Sotelo: No. Las perderá con seguridad.

—Pertini: ¿Y entonces, para qué las convoca?

Calvo Sotelo no contestó.

LA DIRECCIÓN DE UNA CAMPAÑA ELECTORAL

Se disolvió el parlamento y se convocaron elecciones. La lista de Madrid la encabezaba Landelino. Se auspiciaba un fracaso rotundo de UCD, pero me atraía vivir la experiencia de las elecciones y acepté ocuparme de la coordinación de la campaña electoral. Partíamos del desprestigio de un UCD fraccionado y de la ausencia de Suárez, que encabezaba la lista del CDS, el nuevo partido que había fundado. Un líder como Landelino no generaba precisamente el entusiasmo de las masas; el segundo de la lista de Madrid, Calvo Sotelo, despertaba menos entusiasmo popular aún.

Al margen de todos esos detalles, nuestro principal problema era que estábamos en quiebra. Unas elecciones son caras, muy caras. Mi primera tarea fue acompañar a Marcelino Oreja a una reunión en Santander a la que asistieron los representantes de todos los grandes bancos. Tuvo lugar en el Promontorio, la magnífica residencia de los Botín. Explicamos brevemente a los banqueros la angustiosa necesidad de dinero que tenía UCD para poder financiar la campaña. Intentamos hacerles ver que era imprescindible que UCD pudiera al menos alcanzar una representación suficiente en el Congreso para ejercer una oposición eficaz y tener opción de volver al poder en cuatro años.

Alfonso Osorio actuó como portavoz de los banqueros, que no abrieron la boca. Osorio ya se había pasado, como otros muchos, a la Alianza Popular de Fraga. A nuestra petición, la respuesta de Osorio, fue que el fin de UCD y su desastrosa política centrista era inevitable; lo mejor era asumir la victoria del PSOE como un mal menor temporal, porque, con seguridad, a los cuatro años Alianza Popular recuperaría el gobierno; el país reclamaba una alternativa clara de derecha y nada de chapuzas centristas como UCD; la alternativa al PSOE solo podía ser Alianza Popular. Los banqueros aceptaron el planteamiento de Osorio. No lo dijeron expresamente, pero ya se sabe que, de acuerdo con el viejo principio romano, el que calla otorga. El silencio suponía la negativa a financiar nuestra campaña. Condenaron a UCD a la imposible tarea de afrontar unas elecciones sin medios económicos. Hacer una campaña electoral sin dinero es, simplemente, imposible.

A pesar de ello, asumí con entusiasmo la coordinación de la campaña electoral, que me parecía una experiencia única e irrepetible. Dejé claro que mi función excluiría las cuestiones económicas que se encargaron a otras personas. Con el fin de ahorrar dinero limité mi equipo a tres colaboradores solamente: mi hermana Teresa, muy inteligente y con un buen currículo académico, cuya experiencia laboral empezaba y terminaba en su condición de ama de casa; Tomás Gaitán de Ayala, importante empresario agrícola, ajeno por completo a cualquier actividad política; y el diplomático Ramón Gandarias, que ya me había acompañado en el gabinete de la presidencia del Congreso. Todos trabajaríamos gratis, salvo Ramón Gandarias que percibía su remuneración de funcionario público «en comisión de servicio». Gandarias imitaba a Landelino de manera magistral, con su tono grave, profesoral, buscando la palabra precisa, y la «redondez» de la frase; asumió las relaciones con los medios de comunicación, tarea nada fácil. Teresa puso orden en el caos de una oficina electoral; y, por último, Tomás demostró ser un hábil gestor de algo tan complicado como son los viajes y los mítines electorales; Landelino estaba encantado con su presencia en el equipo, y no digamos yo, que me libré de la incómoda tarea de acompañarle de provincia en provincia.

Alquilamos un piso en la calle Cedaceros que tuvimos que abandonar por algo más barato en la cercana calle de Arlabán. Los escasos fondos de UCD nos permitieron hacer frente a la fianza del piso, pero el remanente no daba para pagar ni la décima parte de los gastos de viajes, carteles, etc. Álvaro Alonso Castrillo consiguió unos créditos bancarios con su aval solidario. Los créditos fueron impagados a su vencimiento y Álvaro tuvo que hacer frente a los avales, lo que le supuso un gravísimo perjuicio patrimonial.

Cuando la situación era ya desesperada, Landelino recibió la llamada de una conocida pareja de «conseguidores», Alfonso Navalón y Diego Selva. Llamaban en nombre de José María Ruiz Mateos, que se ofrecía a colaborar en la financiación de la campaña. Landelino les remitió a mí. Esa misma mañana uno de la pareja, Navalón o Selva, no recuerdo cuál de ellos, me telefoneó. Me reiteró el deseo de Ruiz Mateos de colaborar con UCD y de hacer una contribución de modo inmediato. Le pedí que me dijera en qué banco del grupo Rumasa quería que abriésemos una cuenta para ingresar el dinero. Me dijo que era innecesario y que debíamos quedar esa misma mañana en el parque del Retiro, en un quiosco próximo al estanque; él estaría en una mesita tomándose una caña, y allí me entregaría «el maletín». Colgamos, y me fui a ver a Landelino. Le conté la conversación y le recordé que había aceptado ocuparme de coordinar la campaña excluyendo la gestión económica; por tanto, ni yo ni nadie de mi equipo iría al Retiro a recoger ningún maletín.

Otra persona fue al Retiro. Volvió con el maletín, de cuyo contenido no quise enterarme. Este episodio del Retiro lo recordé cuando condenaron a Mario Conde por la supuesta entrega de un maletín con dinero destinado a financiar al partido de Suárez. En un capítulo anterior he contado este episodio. Conde no lo pudo probar; era impensable que Suárez hubiese firmado recibo alguno. El tribunal modificó la jurisprudencia que existía hasta entonces, y esto le supuso a Conde una dura condena de cárcel. Nunca fui amigo de Conde, pero lo sentí mucho.

Mi equipo demostró que la inteligencia, si se acompaña de entusiasmo, suple la falta de experiencia en cualquier tarea, por complicada que sea. Mis tres colaboradores tenían mucha inteligencia y desbordaron un entusiasmo motivador. A los tres les guardo un agradecimiento que nunca caducará; se subieron por amistad en un barco que naufragaba inexorablemente, y desempeñaron su trabajo con una eficiencia y un saber hacer propios de profesionales avezados en algo tan complicado como es una campaña electoral. Tomás fue un gestor de campaña magnífico; supongo que la experiencia le vino bien años después cuando participó en las elecciones a la Junta Directiva del Real Madrid.

Como no teníamos dinero para alquilar un avión —imprescindible en una campaña electoral— acordamos con el PC compartir el suyo; ellos adelantaban el dinero y nosotros les pagaríamos la mitad lo antes posible. En Valencia hubo unas inundaciones y era imprescindible que los candidatos comparecieran allí de modo inmediato. Había que negociar con el PC el orden del uso del avión para llegar a Valencia; que Landelino y Carrillo fuesen en el mismo avión era políticamente imposible. Tomás Gaitán de Ayala habló con Carrillo. Acordaron que, como ellos eran los que pagaban el avión, irían los primeros, pero asumían el compromiso de esperar en el aeropuerto hasta que el avión volviera a Madrid a recoger a Landelino; de este modo ambos candidatos se dirigirían a la ciudad al mismo tiempo para saludar a los afectados. Así se hizo.

Las elecciones las ganan o las pierden los candidatos. Las ideas son importantes, pero lo decisivo son los candidatos. En su libro sobre Milei, recuerda Carlos Rodríguez Braun, un comentario del expresidente de la Unión Europea, Jean Claude Juncker, que Rodríguez Braun califica de cínico: «las ideas son importantes, pero si se aplican se pierden las elecciones». Por una vez y sin que sirva de precedente, disiento de mi buen amigo Rodríguez Braun. Opino que hoy en día lo cínico no es el comentario; sería cínico no reconocer la verdad de lo que dice Juncker sobre la escasa influencia de las ideologías en las elecciones.

El proyecto centrista de UCD, que Landelino había contribuido a hundir en el célebre congreso del partido en Palma de Mallorca, era un proyecto definitivamente acabado; además, Landelino no era un buen candidato. Hay pocos casos en la historia de una derrota electoral tan humillante como la sufrida por UCD en las elecciones en octubre de 1982. El PSOE ganó de largo las elecciones y Felipe González ocupó el poder con vocación de eternidad; duró en el gobierno doce años y no cuatro, como había profetizado Osorio en la reunión en casa de Botín a la que me he referido más arriba. Osorio no demostró grandes facultades de aurúspice.

Las elecciones de 1982 fueron el descabello del centro y el final de la carrera política de sus líderes. Algunos se pasaron a Alianza Popular y continuaron allí su carrera. Para mí, la política siempre había sido una ocupación a tiempo parcial y triunfar en cualquier actividad con una dedicación a tiempo parcial es muy difícil, por no decir imposible. Lo sospechaba, pero lo confirmé con toda certeza.

Al día siguiente de las elecciones recogí mis papeles en el piso de Arlabán para no volver nunca más. Tomás Gaitán de Ayala me sugirió que tuviéramos una comida de despedida con Landelino y todos los miembros del equipo electoral. La celebramos en el Nuevo Club.

Durante el almuerzo recordé la frase que Adolfo Suárez me dijo cuando habíamos hablado de su posible entrada en J&A Garrigues: «Antes o después la política se acaba, y no hay nada más deprimente que un político en paro». Yo había dejado de ser un político amateur, pero no me había convertido en un político en paro; el ejercicio de la profesión de abogado en el despacho de J&A Garrigues nunca había dejado de ser mi actividad principal, y me resultó muy sencillo volver a dedicarle todo mi tiempo a la abogacía a partir de entonces.

Mucho tiempo después volví a coincidir con Landelino. Fue una tarde en el Club Siglo XXI. Me preguntó por qué no le llamaba nunca. Abrí los brazos con ese gesto que hace a menudo mi buen amigo Antonio Garrigues, que quiere decir algo así como: pues esto es lo que hay.

Jamás volví a ver a Landelino.

Jamás volví a tener actividad política alguna.

Notas

1 *Desde la última vuelta del camino.* Editorial Planeta Calvet. 1970.

2 A la izquierda tornaron diligentes / haciendo al jefe, cual señal secreta, / un apretón de lengua con los dientes, / haciendo este de su culo una trompeta.

3 *Desde la última vuelta del camino.* Editorial Planeta Calvet. 1970.

4 Uno de los pocos clubes que nunca añadieron el «Real» a su nombre.

5 En el foro la renta se denomina laudemio y se paga generalmente en especie.

6 El embajador alemán en época de Felipe González, nacido en Madrid, puso de moda el término convoluto para referirse a los paquetes de supuestos billetes transferidos desde Alemania a ciertos partidos políticos españoles).

7 Segismundo es hijo José Luis Álvarez, gran jurista, notario, alcalde de Madrid, ministro y muchas otras cosas más; le quise como amigo y le admiré como maestro; Segismundo sigue sus pasos.

8 *Desde la última vuelta del camino.* Editorial Planeta Calvet. 1970.

9 En realidad de su padre Justino Azcárate.

10 Posteriormente la L de OHL.

11 En el aseguramiento el colocador garantiza que las acciones serán vendidas a un precio mínimo, y si este no se alcanza, el colocador se obliga a comprar las acciones al precio garantizado. Era una práctica común que pronto se dejó de utilizar.

12 *Desde la última vuelta del camino.* Editorial Planeta Calvet. 1970.

13 El Sindicato Español Universitario (SEU) fue una organización estudiantil nacionalsindicalista creada durante la Segunda República Española, impulsada por José Antonio Primo de Rivera con el objetivo de introducir los principios fundamentales del nacionalsindicalismo en la Universidad.

Este libro se terminó de imprimir el 15 de mayo de 2025, día en que se celebra a San Isidro Labrador, patrono de los campos, y a aquellos maestros que, como el arado en la tierra, surcan las mentes con paciencia y sabiduría. Una coincidencia oportuna, el labrador y el docente comparten la fe en lo que no se ve —la semilla bajo la tierra, la idea en el alma— y la terquedad de creer en frutos lejanos. Daniel deposita aquí sus palabras como quien deja caer granos en los surcos: sin certeza de cosecha, pero con la obstinación del que ha aprendido que la justicia y la literatura son, al fin, actos de esperanza. Que estas páginas, pues, sean memoria fértil. En un mundo donde lo efímero se consume con avidez, quede este testimonio como quien planta un castaño de indias: árbol de sombra generosa y fruto amargo, siempre fiel a su naturaleza.